Familienrezepte glutenfrei

Familienrezepte glutenfrei

pikant und süß

AT Verlag

Dieses Buch ist dem Andenken meiner Großeltern mütterlicherseits, Angel und Miren, gewidmet, die mir so unglaublich viel über Familie und Kochen beigebracht haben. Ebenso widme ich es meinen Großeltern väterlicherseits, Juan José und Dolores, die mich gelehrt haben, die Jahreszeiten und das einfache Leben zu schätzen.

Inhalt

EINLEITUNG
Ein Leben rund ums Essen

Wenn ich heute darüber nachdenke, wie ich an diesen Punkt in meinem Leben gekommen bin – nämlich Rezepte zu schreiben und sie fotografisch festzuhalten –, kann ich ehrlich sagen, dass es ebenso unerwartet wie wohl unvermeidbar war. Meine Reise vollzog sich auf verschlungenen Wegen, die mich aber immer irgendwie in die Küche führten. Kein Wunder, schließlich bin ich Enkelin, Tochter, Nichte und Cousine von Konditoren und Landwirten.

Es begann in der Konditorei meiner Großeltern mütterlicherseits in einer kleinen baskischen Gemeinde nahe der spanisch-französischen Grenze. Mein Großvater Angel und meine Großmutter Miren, die acht Kinder hatten, eröffneten ihr Geschäft im Jahr 1949. Im Lauf der Jahre wurde der Laden mehrmals umgebaut und renoviert, doch ich sehe ihn noch immer mit seinen alten Holztheken und den Bonbongläsern vor mir. Es gab eine eigene Schokoladentheke, hinter der wir Kinder uns immer versteckten und das Kommen und Gehen der Kunden beobachteten. Im rückwärtigen Teil hinter dem Laden befanden sich zwei Küchen. Der Großteil der Arbeit spielte sich in der Backstube mit ihren Öfen, Rührgeräten und dem typischen Konditorwerkzeug ab. Daneben befand sich die Küche, in der meine Großmutter kochte. Hier war der Treffpunkt der Familie, hier aßen wir gemeinsam und bewirteten Gäste. Meine Großeltern haben nicht nur ein Familienunternehmen aufgebaut, sondern auch einen Ort, an dem sich das ganze Dorf traf.

Wenn wir Kinder nicht in der Schule waren, verbrachten wir die meiste Zeit im Laden der Großeltern. Dort gingen die Menschen ein und aus, dort war immer Leben und auf dem Herd stand immer ein Topf, in dem Milch mit Zimt und Vanille köchelte und einen süßen Duft verströmte. Hier trafen sich Priester und Radikale, Künstler und ganz einfach Menschen, die sich nach einem Gespräch und guter Küche sehnten. Die Arbeitstische, auf denen sonst Kekse mit Buttercreme und Eclairs mit Pudding-Sahne-Creme gefüllt wurden, wurden dann rasch mit geblümten Wachstüchern abgedeckt

und darauf *raciones* (kleine Gerichte), *pintxos* (Tapas) und süße Köstlichkeiten zu einem unkomplizierten Imbiss aufgetischt. Bunt zusammengewürfeltes Besteck und Stühle unterschiedlichster Art verbreiteten eine herzliche, zwanglose Atmosphäre, in der das Essen die Hauptrolle spielte.

Jeden Sonntag besuchten wir den Bauernhof meiner Großeltern väterlicherseits in einem Dorf namens Zeberio. Mein Großvater Juan José nahm mich zum Eiereinsammeln mit in den Hühnerstall, und zusammen molken wir die Kühe. Ich liebte es, die Wälder hinter dem Haus zu durchstreifen und meiner Großmutter Dolores im Garten zu helfen. Hier gab es, was die jeweilige Jahreszeit zu bieten hatte: Kürbisse und Feigen im Herbst, Lauch und Kartoffeln im Winter, Erbsen im Frühling und die süßesten wilden Erdbeeren und aromatische Tomaten im Sommer. Ich liebte das Gefühl der kalten Erde an meinen Händen und sogar den Geruch von frischem Dung – das war für mich ganz einfach Natur pur. Von meinen Großeltern habe ich viel über die Jahreszeiten gelernt, über Vorratshaltung und das Konservieren von Lebensmitteln. Sie waren arm und führten ein bescheidenes Leben, aber sie teilten ihre Liebe zum Essen und zur Familie.

Das Prinzip, viele kleine Gerichte zum Teilen auf den Tisch zu bringen, ist in der baskischen Kultur tief verwurzelt. Die Straße, in der ich aufwuchs, ist nur dreihundert Meter lang – und doch gibt es hier ganze dreizehn Kneipen und Restaurants. Und alle wetteifern darum, die besten *pintxos, raciones* und *bocadillos* (belegte Brötchen) zu servieren. Am Sonntagvormittag vor dem Mittagessen, das normalerweise nie vor drei Uhr nachmittags begann, zog man von Bar zu Bar, um Wein und Häppchen zu genießen. Auf den Theken türmte sich eine köstliche Auswahl an kleinen Speisen aus den besten Zutaten, die die Region zu bieten hatte. Ein wahres Kaleidoskop frischer Aromen und Texturen.

Essen hat mich schon immer fasziniert – sowohl seine Zubereitung als auch der Verzehr. Eine meiner frühesten Erinnerungen an Essen ist, dass ich meiner Großmutter und meiner Mutter bei der Zubereitung des Weihnachtsmahls helfen durfte. Ich stand auf einem grünen Holzhocker, wälzte Artischocken in verklopftem Ei und Mehl und reichte sie meiner Mama, die sie anschließend frittierte. Ich arbeitete gerne mit den Händen und genoss die fröhliche Stimmung in der Küche. Mit der Zeit erarbeitete ich mir das Vertrauen meiner Mutter und wurde an den Wochenenden mit der Zubereitung der Familienmahlzeiten betraut. Manchmal saßen fünfzehn Esser am Tisch: meine Großeltern, meine Eltern, meine älteren Brüder Jokin und Jon, Onkeln und Tanten. Ich liebte es, sie alle zu bekochen. Die Teller waren meine weiße Leinwand – die Formen und Farben der Lebensmittel faszinierten mich. Ich türmte Salate auf, wählte frische Kräuter als Verzierung, kreierte ausgefallene Vinaigrettes und versuchte, meinen Gerichten viele unterschiedliche Texturen zu geben.

Obwohl ich mir meiner Kochleidenschaft immer bewusst war, dachte ich nie daran, sie zum Beruf zu machen. Ich studierte Wirtschaftswissenschaften, und nach meinem Hochschulabschluss im Jahr 1998 packte ich zwei Koffer mit Kleidern und Kochbüchern und überquerte den Atlantik, um Chad, meine große Liebe, zu heiraten. Ich fühlte mich hin- und hergerissen zwischen meinen starken familiären Bindungen und meinem neuen Leben in den Vereinigten Staaten. Das Kochen erdete mich dabei und gab mir das Gefühl, meiner Familie zu Hause nahe zu sein.

Bald wurde mir klar, dass es mehr als nur ein Hobby war. Ich fasste mir ein Herz und meldete mich bei einer Kochschule an. Kurz darauf landete ich in der Patisserieabteilung des »Ritz-Carlton« in Palm Beach, wo ich drei Jahre lang arbeitete – die intensivsten, kreativsten und bereicherndsten Jahre meines Lebens. Ich lebte und atmete Mehl, Butter und Zucker – ein Traum war Wirklichkeit geworden.

Nach der Geburt meines Sohnes Jon im Jahr 2006 gab ich mein Leben als Profi-Köchin auf, um ganz Mutter zu sein. Natürlich kochte ich jeden Tag für meine Familie, aber ich vermisste das tägliche Backen in der Hotelküche. Andererseits hatte ich großen Respekt davor, in diese fordernde Umgebung zurückzukehren. Zu diesem Zeitpunkt bekam ich eine E-Mail von meiner Freundin Robyn, die mein Leben veränderte. »Schau dir mal diesen Blog an«, schrieb sie und fügte den Link zu einer Cupcake-Bäckerei in San Francisco bei. Ich hatte keine Ahnung, was ein Blog war, aber ich war fasziniert. Eine Website, auf der es um Rezepte und Geschichten geht, die andere kommentieren können? Das wollte ich auch machen! Im Januar 2008 startete ich meinen eigenen Blog, den ich nach den Düften meiner Kindheit »Cannelle et Vanille« (Zimt und Vanille) nannte. Mein Blog war voller Nostalgie, Familiengeschichten und natürlich Backrezepte. Bald hatte ich eine kleine, aber sehr treue Gefolgschaft und verbrachte viele schöne Stunden mit dem Beantworten von Fragen rund um Macarons und ähnliche Themen. Mein Blog war mir immer sehr wichtig, und dass ich dieses Buch geschrieben habe, verdanke ich zu großen Teilen meinem Blog.

Glutenfrei leben

Nach der Geburt meiner Tochter Miren im Jahr 2009 litt ich unter einer Reihe gesundheitlicher Beschwerden, von denen Schwindel die schlimmste war. Bei mir wurde Hashimoto-Thyreoiditis, eine Autoimmunerkrankung der Schilddrüse, sowie eine autoimmune Innenohrstörung diagnostiziert; daher die Schwindelanfälle, die von Tinnitus und Hörverlust gefolgt wurden. Ich musste viele Tage im Bett verbringen, konnte weder Auto fahren noch – viel schlimmer – mich um meine Kinder kümmern. Innerhalb von sechs Monaten mussten meine Eltern zweimal herüberfliegen, um uns zu unterstützen. Ich war verzweifelt.

Nach zahllosen Arztbesuchen und ausführlichen Untersuchungen wurde bei mir eine Glutenintoleranz festgestellt. Es war für mich eine unglaubliche Erleichterung zu erfahren, dass Gluten – etwas absolut Fassbares, das ich problemlos von heute auf morgen aus meinem Leben verbannen konnte – die Ursache all dieser schlimmen Symptome war. Da Glutenintoleranz oft genetisch bedingt ist, ließ ich auch meinen Sohn Jon testen. Wie befürchtet, leidet auch er unter Glutenunverträglichkeit. Die Ärzte erklärten mir, dass man glutenintolerant sein kann, ohne jemals die typischen Magen-Darm-Symptome zu entwickeln. Dennoch können die jahrelangen, durch Glutenkonsum verursachten Entzündungen im Körper zu chronischen Krankheiten oder sogar Krebs führen. Somit war die Sache klar: Es war für uns alle höchste Zeit für einen neuen Lebensstil.

Jill, meine beste Freundin, lebte mit ihrer Familie bereits einige Jahre glutenfrei; an sie konnte ich mich mit meinen Fragen wenden. Mit ihrer Unterstützung verwandelte ich

unsere Küche binnen kürzester Zeit in eine »glutenfreie Zone«. Weizenmehl, Nudeln, Sojasauce, Haferflocken und alles andere, was Gluten enthält, verschenkte ich an Nachbarn und Freunde. Die Packungsangaben wurden wichtiger als je zuvor. Das Thema Essen entwickelte sich zu einer kniffligen Angelegenheit, und ich traute niemandem – die Erinnerung an meine Schwindelanfälle war noch zu frisch. Aus dem Fluch wurde schließlich ein Segen. Heute kochen wir zu Hause so viel wie nie zuvor; wenn wir auswärts essen gehen, dann nur in Lokale, deren Küchenchefs wir kennen und denen wir vertrauen.

Als ich zum ersten Mal vor dem »Glutenfrei«-Regal im Supermarkt stand, war ich richtig aufgeregt. Lebensmittel einkaufen ist eine meiner Lieblingsbeschäftigungen – und hier eröffnete sich mir ein riesiges Experimentierfeld. Ich füllte meinen Einkaufswagen mit Quinoa, Amarant, Buchweizen und Hirse – ich konnte es kaum erwarten, damit meinen ersten Kuchen zu backen. Die ersten Versuche verliefen nach dem Trial-and-Error-Prinzip, doch bald stellte ich fest, dass ich die meisten meiner Lieblingsrezepte entsprechend anpassen konnte. Ich entwickelte ein besonderes Gespür dafür, auch wenn ich die Zusammenhänge nicht wissenschaftlich genau erklären konnte. »Das sind die besten Kokos-Doughnuts meines Lebens«, erklärte meine Freundin Karen, der ich einige der süßen Kringel zum Probeessen vorbeibrachte. »Kaum zu glauben, dass die glutenfrei sein sollen!« Diese Worte fühlten sich für mich wie ein Sieg an.

Der Schritt zum glutenfreien Kochen fiel mir nicht sehr schwer, da sich auch die baskische Küche meiner Kindheit hauptsächlich frischer Zutaten und einfacher Methoden bedient. Außer in Brot oder in Gerichten mit Brot findet man kaum glutenhaltige Zutaten. An dieser Küche orientierte ich mich: viel Gemüse, Hülsenfrüchte und Fisch. Und wir hatten nie das Gefühl, auf etwas verzichten zu müssen. Das war auch meine Strategie:

Ich konzentrierte mich auf all das Neue, das wir nun genossen, anstatt dem nachzutrauern, was nun eben nicht mehr ging.

Bei Jons Lieblingsgericht Nudeln mit Tomatensauce verwende ich Quinoa-Spaghetti, die traditioneller Pasta sehr ähnlich sind. Ich fand leckeres glutenfreies Brot, aus dem ich Mini-Käsetoasts zubereite, die es zu der Linsensuppe gibt, die meine Kinder sehr mögen.

Mein Blog, der auch immer Spiegel meines Lebens ist, reflektierte unsere neue Ernährungsweise. Je mehr glutenfreie Rezepte ich veröffentlichte, desto größer wurde meine Leserschaft. Ich bekam E-Mails von Lesern, die ähnliche Erfahrungen gemacht hatten, und ich war glücklich, ihnen von meinen persönlichen Erfahrungen zu berichten. Ich stellte fest, dass es unzählige Menschen gibt, die sich gesund und glutenfrei ernähren möchten, ohne Kompromisse in Sachen Aroma und Textur zu machen. Mit Vergnügen nahm ich diese Herausforderung an.

Dieses Buch ist eine Hommage an die unendlichen Möglichkeiten des glutenfreien Kochens und Backens. Während dieser unglaublichen Reise habe ich so viel gelernt – und jetzt ist der Moment gekommen, dieses Wissen mit anderen zu teilen.

So nutzen Sie dieses Buch

Die Gliederung dieses Buchs spiegelt den Segen und die Fülle der Jahreszeiten wider und zeigt, wie wir zu Hause gekocht haben. Im Winter kommen Kürbis, Äpfel und herzhafte Eintöpfe mit Hülsenfrüchten und Fleisch auf den Tisch. Geschmortes Wurzelgemüse und dunkelgrünes Blattgemüse gehören ebenso zu dieser Jahreszeit. Im Frühling genießen wir zartes, junges Gemüse und Blüten. Der Sommer bringt uns ein Füllhorn an dunkelroten Beeren, tief gerippten Tomaten alter Sorten und fangfrischem Fisch. Das Angebot der Bauernmärkte bestimmt den Speiseplan.

In diesem Buch finden Sie viele Ideen, Techniken und Tipps – zum Beispiel wie man ein Ei perfekt wachsweich kocht, wie man einen wunderbar cremigen Risotto zubereitet oder so köstliche Macarons wie in Paris bäckt. Viele Tipps verraten Ihnen auch, wie man die Rezepte mit anderen Zutaten, die man gerade zur Hand hat, abwandeln kann. Nichts macht mich glücklicher, als zu wissen, dass meine Rezepte andere zum Experimentieren inspirieren.

Die Rezepte lassen sich auch in kleineren Mengen zubereiten – so wie die *pinxtos* und kleinen Gerichte, die man im Baskenland in vielen Lokalen findet, eine Symphonie kleiner Häppchen mit unterschiedlichem Biss und einander ergänzenden Aromen. Diese Gerichte koche ich für Freunde oder für meine Familie. Wenn ich viele Gäste habe, brauche ich Rezepte, die mich nicht zum Sklaven in meiner eigenen Küche machen. Dann wird der Tisch zum Buffet, auf dem ich verschiedene Suppen, Salate oder mit *Patatas bravas* gefüllte Papiertütchen (siehe Seite 118) auftische. Die meisten dieser Rezepte lassen sich im Voraus zubereiten.

Ein Gericht stellt immer den Mittelpunkt der Mahlzeit dar; alles andere stimme ich harmonisch darauf ab. So macht der Red Snapper aus dem Ofen mit Kartoffeln, Fenchel und Shiso (Seite 253) immer Eindruck. Ich kombiniere ihn mit ergänzenden Gerichten wie kleinen Schälchen mit Cremesuppe mit gegrilltem Mais und Kräutern (Seite 235) oder Focaccia mit Kirschtomaten (Seite 232).

Die süßen Köstlichkeiten sind Adaptionen einiger meiner Lieblingsdesserts; dank der Vollkorn- und Nussmehle, die ich benutze, stecken sie voller Aromen und verschiedener Texturen. Diese Naschereien, die schnell zubereitet sind, gibt es bei uns regelmäßig – da helfen auch die Kinder gerne in der Küche mit.

Für Backwaren verwende ich ausschließlich glutenfreie Mehle, aber wenn Sie Gluten vertragen, können Sie die Gewichtsanteile der angegebenen glutenfreien Mehlsorten auch zusammenzählen und die Gesamtmenge durch Weizenmehl ersetzen. Möglicherweise weichen Konsistenz und Farbe des fertigen Gebäcks dann etwas von meiner Version ab, aber im Großen und Ganzen erlauben die Rezepte solche Abwandlungen problemlos.

Teig ausrollen

Aus Gesprächen mit Freunden und Backunerfahrenen weiß ich, dass viele sich vor dem Ausrollen von Kuchenteig für Tartes oder Quiches scheuen. Die Mahnungen, den Teig nicht zu stark zu kneten, da er sonst hart wird, scheinen sich in die Gedächtnisse eingebrannt zu haben. In der Tat ist es so, dass Teig niemals zu kräftig oder zu lange bearbeitet werden darf, wenn er die gewünschte Konsistenz erhalten soll. Aber lassen Sie sich davon trotzdem keine Angst einjagen! Beim Ausrollen muss er zwangsläufig gerollt und bearbeitet werden. Bevor Sie die erste Tarte in Angriff nehmen, lesen Sie am besten die folgenden Tipps zum Thema Teig ausrollen.

Das in Weizenmehl (ebenso wie in anderen Getreidesorten) enthaltene Gluten ist ein Eiweiß, das in Verbindung mit Wasser endlos lange Eiweißketten bildet, die den Teig elastisch machen. Und das ist auch gut, denn so lässt sich der Teig ausrollen, ohne dass er auseinanderfällt. Werden diese Eiweiße allerdings zu sehr bearbeitet, bilden sich zu viele Eiweißstränge, die den Teig und die Krume hart machen. Beim glutenfreien Backen stellt sich die umgekehrte Herausforderung: Es gibt nicht genug bindende Eiweiße, die den Teig so elastisch machen, dass er sich gut ausrollen lässt. Es kann daher hilfreich sein, Verdickungs- und Klebemittel wie Xanthangummi oder Guarkernmehl hinzuzufügen. Ich allerdings verzichte in Kuchenteigen lieber auf diese Zusätze, da ich die sich daraus ergebende Konsistenz nicht so sehr mag.

Durch das Lagern im Kühlschrank wird die im Teig enthaltene Butter fest, was zur Folge hat, dass speziell glutenfreie Teige beim Ausrollen leicht brüchig sein können. Falls der Teig sehr brüchig ist, lassen Sie ihn wieder etwas warm werden und verkneten Sie ihn erneut, um ihm mehr Elastizität zu geben. Aber lassen Sie ihn nicht zu warm oder zu weich werden – denn dann fällt er auseinander.

Stellen Sie den Teig falls nötig kalt und rollen Sie ihn dann nochmals rasch aus. Bestäuben Sie die (möglichst kalte) Arbeitsfläche und das Nudelholz mit braunem Reismehl. Beginnen Sie in der Mitte des Teigs und arbeiten Sie sich nach außen vor. Drehen Sie den Teig nach ein paar Mal Ausrollen um jeweils 90 Grad, sodass er nicht an der Arbeitsfläche festklebt.

Legen Sie den Teig um den Teigroller und heben Sie ihn so über die Backform. Dann setzen Sie den Teig flach in die Form und schlagen die Kanten um. Den am Rand überstehenden Teig schneiden Sie mit einem scharfen Messer ab. Dann drücken Sie den Teig behutsam dem Rand entlang fest.

Es ist wichtig, die mit dem Teig ausgelegte Form vor dem Backen nochmals kalt zu stellen, damit die Butter wieder fest wird.

Zutaten

Die folgenden Zutaten finden Sie in zahlreichen Rezepten dieses Buchs. Die meisten von ihnen können Sie gut auf Vorrat lagern.

Mehle, Stärken, Bindemittel

AMARANTMEHL ist fein gemahlener Amarant, der wie Quinoa kein Getreide, sondern ein Fuchsschwanzgewächs ist, das wegen seiner Blätter und Samen kultiviert wird. Amarantmehl enthält viel Eiweiß und Ballaststoffe und verleiht Backwaren ein nussiges Aroma.

BUCHWEIZENMEHL enthält viele Ballast- und Nährstoffe, besitzt eine kräftige braune Farbe und ein nussiges Aroma. Ich mische es gerne mit weniger kräftigen Mehlsorten. Es harmoniert wunderbar mit Schokolade und Früchten. Buchweizen ist kein Getreide, sondern stammt aus der Familie der Knöterichgewächse und ist mit Rhabarber und Sauerampfer verwandt.

CHIASAMEN sind das neue Superfood. Sie sind so reich an Omega-3-Fettsäuren, dass selbst Leinsamen nicht mithalten können. Da Chiasamen viele Antioxidantien enthalten, kann man sie sehr lange lagern, ohne dass sie ranzig werden. Mit Wasser vermischt, nehmen sie eine gelartige Konsistenz an und wirken in Speisen bindend, ähnlich wie Xanthangummi. Aus diesem Grund verwende ich sie in Hefeteigen, die etwas mehr Zusammenhalt und Elastizität benötigen.

GEMAHLENE HASELNÜSSE ergeben wegen der brauen Häutchen der Nüsse ein braun gesprenkeltes Mehl – es ist mein bevorzugtes Nussmehl. Werden Haselnüsse selbst gemahlen, müssen sie wirklich sehr fein gemahlen sein, da die Konsistenz des fertigen Gebäcks andernfalls deutlich abweichen kann.

GEMAHLENE MANDELN verleihen Gebäck Protein und Fette und eignen sich für Kekse, Tartes, Kuchen, Muffins und andere Arten von Backwaren. Man kann die rohen, blanchierten, geschälten Mandeln selbst mahlen, allerdings müssen sie wirklich sehr fein gemahlen sein, da die Konsistenz des fertigen Gebäcks andernfalls deutlich abweichen kann.

HAFERMEHL ist von Natur aus glutenfrei, doch aufgrund der Verarbeitungskette und der Kontaminationsrisiken ist Hafer oft stark mit Gluten durchsetzt. Wenn Sie sehr empfindlich sind, kaufen Sie nur zertifiziertes glutenfreies Hafermehl. Toll für Kekse, Scones und Muffins.

HIRSEMEHL ist leuchtend gelb und schmeckt süßlich. Toll in Muffins und Kuchen.

KARTOFFELSTÄRKE wird als Verdickungsmittel eingesetzt und gibt Backwaren eine wunderbare Konsistenz.

KASTANIENMEHL ist im Reformhaus oder Bioladen oder über den Internethandel erhältlich. Es hat in der italienischen Küche Tradition und wurde rasch zu einer meiner Lieblingszutaten. Selbst in kleinen Mengen gibt es Gebäck ein warmes, nussiges Aroma. Ich liebe es in Kuchen und Pfannkuchen.

KOKOSMEHL enthält viel Eiweiß und Ballaststoffe und sorgt für sehr zarte und zugleich aromatische Backwaren. Kokosmehl lässt Teige sehr schnell dick werden, denn es absorbiert mehr Wasser als andere Mehle. Ersetzt man Kokosmehl durch eine andere Mehlsorte, muss man dem Teig 20 Prozent mehr Flüssigkeit beifügen.

LEINMEHL ist reich an Omega-3-Fettsäuren und kann, mit Wasser vermischt, in Backwaren anstelle von Eiern verwendet werden.

MAISSTÄRKE besitzt eine feinere Konsistenz als Maismehl und sorgt für eine luftige Textur.

QUINOAFLOCKEN werden aus dampfgerolltem Quinoa hergestellt. Sie geben Muffins, Kuchen und Keksen eine tolle Konsistenz – und sie kommen auch in mein Müsli.

QUINOAMEHL ist wegen seines besonderen Aromas und seines hohen Eiweißgehalts eine meiner Lieblingsmehlsorten für süße wie pikante Backwaren. Es wird aus den Samenkörnern der Quinoapflanze, eines Fuchsschwanzgewächses, hergestellt.

SORGHUMMEHL ist ein mildes, nur ganz leicht süßlich schmeckendes, besonders eiweißreiches Hirsemehl. Es ist toll in Keksen und Tartes und verleiht Backwaren eine knusprige Konsistenz.

SÜSSREISMEHL hat einen höheren Stärkeanteil als andere Reismehle. Ich verwende es zum Andicken von Saucen und als Grundlage für Mehlschwitze.

TAPIOKASTÄRKE ist ein Verdickungsmittel. Es verleiht Gebäck eine schöne Kruste.

TEFFMEHL wird in der äthiopischen Küche häufig verwendet. Es besitzt ein malziges Aroma und eine hellbraune Färbung. Mit seinem erdigen Aroma harmoniert es gut mit Nüssen und Schokolade. Toll für Muffins und schnelles Brot.

VOLLKORNREISMEHL ist mein Lieblingsmehl. Wenn es sehr fein gemahlen ist (Qualität extrafein), gibt es dem Gebäck keine körnige Struktur, sondern nur ein süßliches, nussiges Aroma. In dieser feinen Mahlung habe ich es bisher nur bei Authentic Foods (www.authenticfoods.com) gefunden. Sie können auch eine weniger feine Mahlung verwenden, doch das Gebäck wird dann mürber und krümeliger.

XANTHANGUMMI ist ein pflanzliches Gummi, das Gluten ähnelt. Da ich es schwer verdaulich finde und es außerdem Backwaren eine eher gummiartige Konsistenz verleiht, verzichte ich in meinen Rezepten so weit wie möglich darauf. Manchmal ist jedoch eine kleine Menge davon notwendig; das Brioche-Rezept auf Seite 130 ist das einzige in diesem Buch, in dem es Verwendung findet.

Süßungsmittel

BACKZUCKER (Feinkristallzucker) ist sehr feinkörnig und wird verwendet, wenn sich der Zucker schnell mit den anderen Zutaten verbinden muss. Ich verwende ihn hauptsächlich für Meringue und Eiscreme, wenn der Zucker nicht erhitzt wird. Im fertigen Gebäck bleiben keine körnigen Zuckerpartikel zurück.

DEMERARAZUCKER ist ein unraffinierter Rohrzucker, der durch die Extraktion des Saftes aus dem Zuckerrohr gewonnen wird. Er besteht aus winzigen, hell bernsteinfarbenen Zuckerkristallen. Ich stelle daraus Karamell her oder bestreue Gebäck damit.

DUNKELBRAUNER ZUCKER ist die dunklere, zusätzlich mit Melasse versetzte Version des hellbraunen Rohzuckers.

DUNKLER MUSCOVADOZUCKER ist unraffinierter Rohrzucker, der dunkler, klebriger und grobkörniger als brauner Rohzucker ist. Er macht Backwaren saftiger und haltbarer und harmoniert gut mit Schokolade, Kaffee und Karamell.

HONIG kaufe ich auf dem Bauernmarkt. Ich bevorzuge Rohhonig.

HELLER BRAUNER ZUCKER ist raffinierter Rohrzucker, dem nach dem Raffinadeprozess wieder Melasse beigefügt wird. Er ist hellbraun und hat eine sandähnliche, feuchte Konsistenz.

ROHRZUCKER, auch unraffinierter Zucker genannt, ist mein Alltagszucker. Er ist etwas grobkörniger als weißer Raffinadezucker, der in den Rezepten an seiner Stelle verwendet werden kann.

PUDERZUCKER ist sehr fein gemahlener Zucker, der meistens etwas Stärke enthält, um die Klumpenbildung zu verhindern. Ich verwende ihn in Rezepten, in denen der Zucker sich schnell auflösen und mit den anderen Zutaten verbinden muss, und außerdem zum Bestäuben von Gebäck oder Desserts.

PALMZUCKER hat den niedrigsten glykämischen Index aller Zuckerarten. Er ist dunkelbraun, absorbiert im Gegensatz zu hellbraunem Zucker keine Feuchtigkeit und hat ein wunderbares Karamellaroma. Toll in Verbindung mit Schokolade, Karamell und Nüssen.

Salze

FEINES MEERSALZ ist mein Salz für jeden Tag. Immer wenn in diesem Buch von Salz die Rede ist, ist feines Meersalz gemeint. Meist benutze ich ein in der Bretagne von Hand geerntetes Salz; es ist hellgrau, nur minimal raffiniert, leicht feucht und besitzt viele Mineralien. In Backwaren verteilt es sich sehr gleichmäßig.

FLEUR DE SEL (wörtlich »Salzblüte«) wird in Frankreich, vor allem in der Bretagne, von Hand geerntet, indem man die nach dem Verdunsten des Meerwassers entstandene Salzkruste abkratzt. Fleur de sel ist sehr zart, fein flockig und besitzt eine knackige Konsistenz. Ich verwende es hauptsächlich zum Garnieren oder zum Würzen fertiger Gerichte.

Öle

KOKOSÖL habe ich immer im Vorrat. Zum Backen verwende ich raffiniertes Kokosöl, unraffiniertes verbrennt zu schnell.

OLIVENÖL extra vergine ist in meiner Küche so etwas wie ein Grundnahrungsmittel. Meine Mutter verwendete immer Olivenöl – zum Braten, Backen und für Dressings. Ich habe stets mehrere Sorten zur Hand, darunter ein gutes Allzwecköl sowie feinere Sorten für Salate und zum Abschmecken der Gerichte. Ich bevorzuge spanische Olivenöle, ganz einfach weil ich sie am besten kenne.

ANDERE ÖLE wie Pistazien-, Haselnuss-, Trüffel- oder Kürbiskernöl sind wunderbar zum Beträufeln von Suppen, Salaten und Nudelgerichten. Sie sind relativ teuer, aber da man sie nur sparsam verwendet, auch ergiebig.

Schokolade

Als ich in der Patisserie arbeitete, lernte ich die feinen Unterschiede zwischen den verschiedenen Schokoladensorten und -marken kennen. Mit Kuvertüre, unentbehrlich in der Profiküche, hatte ich täglich zu tun. Kuvertüre hat einen höheren Kakaoanteil als gewöhnliche Schokolade, deshalb knackt sie schöner und fühlt sich im Mund geschmeidiger an. Kuvertüre ich etwas schwieriger zu finden und auch teurer, aber ich verwende sie immer noch.

Ich kaufe immer Tafelschokolade, die ich bei Bedarf zerkleinere. Ich bewahre sie fest verpackt an einem trockenen, kühlen Ort auf – so hält sie sich länger. Valrhona, El Rey und Callebaut sind meine bevorzugten Marken.

KAKAOPULVER wird durch Mahlen gerösteter Kakaobohnen gewonnen. Bei diesem Prozess bleibt die natürliche Säure erhalten, es wird daher auf der Packung oft als »natürliches Kakaopulver« bezeichnet. Nach holländischem Verfahren hergestelltem Kakaopulver wird im Gegensatz dazu Alkali zugesetzt, um die Säure zu neutralisieren. Der Hauptunterschied besteht darin, dass natürliches Kakaopulver zusammen mit Natron weiterverarbeitet werden muss, das mit der Säure reagiert, während holländisches Kakaopulver mit Backpulver verarbeitet werden muss (sofern sich unter den Zutaten keine andere Säure befindet – dann kann man auch Natron verwenden).

SCHWARZES KAKAOPULVER (auch »Black Powder« genannt) ist eine meiner jüngsten Entdeckungen. Dieses sehr dunkle, reichhaltige Pulver macht Kuchen und Kekse himmlisch saftig. Es wird normalerweise zusammen mit dem gängigen Kakaopulver verarbeitet, aber ich verwende es oft auch allein. Das Gebäck wird intensiv schwarz. Erhältlich im Internethandel (zum Beispiel über www.schoki-express.com).

VOLLMILCHSCHOKOLADE enthält mehr Zucker und Milchpulver als andere Schokoladensorten. Vollmilchschokolade harmoniert großartig mit säuerlichem Obst wie Zitronen und Passionsfrüchten.

WEISSE SCHOKOLADE enthält keine Kakaomasse, sondern lediglich Kakaobutter, Milch und Zucker, weshalb manche behaupten, sie sei gar keine »echte« Schokolade. Ich persönlich bin kein großer Fan von weißer Schokolade; sie ist mir zu süß. Dennoch passt sie in kleinen Mengen gut als Schicht zwischen Teigboden und Obstbelag. Achten Sie beim Kauf darauf, dass die weiße Schokolade tatsächlich Kakaobutter enthält; manche Hersteller ersetzen sie durch Pflanzenfett.

ZARTBITTERSCHOKOLADE enthält Kakaomasse, Kakaobutter, Zucker und manchmal Lecithin als Emulgator. Zartbitterschokolade verwende ich immer dann, wenn ich ein intensives Schokoladenaroma brauche. Es gibt sie mittlerweile in vielen verschiedenen Abstufungen des Kakaoanteils.

Gewürze

Kaufen Sie Gewürze immer in kleinen Mengen im Ganzen, das heißt in der ungemahlenen, unzerkleinerten Form, damit sie möglichst frisch und aromatisch bleiben. Ich mahle meine Gewürze kurz vor der Verwendung in einer eigens dafür reservierten Kaffeemühle. So entfalten sie ihre ätherischen Öle und Aromen genau dann, wenn sie gebraucht werden.

Vanilleschoten sind ein echter Luxus, die einem Rezept eine ganz besondere Note geben können. Machen Sie einen Bogen um die kleinen getrockneten Schoten, die man im Supermarkt findet, kaufen Sie sie besser im Spezialhandel, im Reformhaus oder Bioladen und bewahren Sie sie möglichst luftdicht verpackt auf. Achten Sie darauf, dass die Schoten dunkel gefärbt, geschmeidig, biegbar und prall sind. Das Mark sollte klebrig sein und Millionen winziger Samenkörner enthalten. Probieren Sie unterschiedliche Sorten, um Ihren Favoriten zu finden. Um die Schoten optimal auszunutzen, lesen Sie den Abschnitt »Vanilleschoten wiederverwenden« (Seite 138).

Kokosmilch

Kokosmilch wird durch Auspressen von gemahlenem Kokosnussfleisch (eventuell unter Zugabe von etwas Wasser) hergestellt und besitzt einen sehr hohen Fettgehalt. Toll zum Backen, in Suppen und Eintöpfen. In meinen Rezepten verwende ich ungesüßte, nicht fettreduzierte Kokosmilch aus der Dose oder dem Tetrapack. Dort setzt sich das Fett auf dem Wasser ab; schütteln Sie Dose oder Tetrapack daher vor dem Öffnen kräftig, damit eine homogene Mischung entsteht. In vielen Rezepten ersetze ich Rahm durch Kokosmilch.

Getrocknete Hülsenfrüchte

Getrocknete Bohnen sind fester Bestandteil meiner Vorratshaltung; ich brauche sie mindestens zweimal pro Woche. Bohnen sind ein vorzüglicher pflanzlicher Eiweißlieferant. Große getrocknete Bohnen wie Cannellini-, Flageolet- oder Pintobohnen müssen stundenlang einweichen – deshalb ist gute Planung und Vorbereitung gefragt. Die Zubereitung selbst ist aber völlig unkompliziert. Kleinere Hülsenfrüchte wie Linsen müssen nicht eingeweicht werden; sie eignen sich auch für ein schnelles Essen. Weiße und rote Linsen garen innerhalb von 20 Minuten; die grünen Puy-Linsen benötigen etwa 40 Minuten. Auch mit Bohnen aus der Dose kann man ein schnelles Essen oder einen Dip auf den Tisch zaubern; getrocknete Bohnen besitzen allerdings ein besseres Aroma und eine ansprechendere Konsistenz.

Eier

Ich träume von einem kleinen Stück Land, auf dem ich meine eigenen frei laufenden Hühner halten und jeden Morgen die frischen Eier einsammeln könnte. Bis dieser Traum wahr wird, kaufe ich die Eier bei örtlichen Bauern. Alle in meinen Rezepten verwendeten Eier stammen von frei laufenden Hühnern. Jedes Ei hat eine andere Größe und Farbe, und ihre dunkelorangefarbenen Dotter geben meiner Tortilla eine unwiderstehliche goldene Färbung.

Unterstützen Sie wo immer möglich die Bauern aus Ihrer Region. Frische Eier machen einen enormen Unterschied in Farbe und Geschmack. Auch wenn die Größe immer etwas variiert, sollten Sie für die Rezepte in diesem Buch möglichst große Eier auswählen.

Küchenausstattung

Wenn ich nach meinen wichtigsten Küchenwerkzeugen gefragt werden, antworte ich immer: »Scharfe Messer und eine saubere Arbeitsfläche.« Ich scheue vor allzu vielen Gerätschaften in meiner Küche zurück, denn sie verleiten mich nur zu deren zwanghaft exzessivem Gebrauch. Wahrscheinlich liegt es daran, dass ich in einer perfekt organisierten Backstube aufgewachsen bin, gefolgt von vielen Jahren unter strengen französischen und deutschen Küchenchefs.

Viele wissen nicht, dass Profiköche immer ihre eigenen Messer und Küchenwerkzeuge mitbringen müssen. Alles muss mit Namen beschriftet sein, da es »Küchendiebe« gibt, die gerne mal ein frisch geschliffenes Hundert-Dollar-Messer oder eine aus Paris mitgebrachte Backform mitgehen lassen. Das passiert immer und überall. Mein »Werkzeugkasten« war und ist tatsächlich immer noch ein echter roter Metall-Werkzeugkasten mit vier Schüben. Der Baumarkt ist auch für Köche interessant ... Viele der Utensilien für die Schokoladenverarbeitung (wie Spachtel, lange Metalllineale und scharfe Cutter oder Teppichmesser) stammen aus dem Baumarkt.

Nach dem Tod meines Großvaters Angel im Jahr 2002 wünschte ich mir seine alten Kuchenformen – schwarze Metallformen, die sicher älter als fünfzig Jahre waren. Meine Mama hob sie für mich auf. Unzählige wunderbare Tortenböden wurden schon darin gebacken; für mich sind diese Formen mein kostbarster Schatz.

BACKBLECHE besitze ich einige; sie sind aus Aluminium und passen perfekt sowohl in meinen Ofen wie auch in meinen Kühlschrank.

Eine **EISMASCHINE** ist für mich unverzichtbar, da ich selbst gemachte Eiscremes und Sorbets liebe. Ich habe das einfachste Modell von Cuisinart, bei dem die Schüssel 24 Stunden vor ihrem Einsatz in den Tiefkühler muss. Das ist zwar weder besonders schnell noch sehr bequem – aber das Preis-Leistungs-Verhältnis stimmt bei diesem Modell.

Ein **GEMÜSEHOBEL** (in der Profiküche auch »Mandoline« genannt) ist ideal für Salate oder Wurzelgemüse-Chips. Er besteht aus zwei parallelen Klingen, von denen eine verstellbar ist; so kann man Gemüse hauchdünn und gleichmäßig aufschneiden oder hobeln. Meist wird diverses Zubehör mitgeliefert. Vorsicht: Die Klinge ist extrem scharf; daher immer den mitgelieferten Handschutz benutzen!

KASTENFORM: Beim glutenfreien Backen muss man dem Gebäck beim Aufgehen manchmal etwas auf die Sprünge helfen; dies kann man mit einer normalen Kastenform unterstützen. Eine solche von 23 cm Länge und 10 cm Breite (an der breitesten Stelle gemessen) benutze ich für die meisten Kuchen und Brote.

KUCHEN- ODER TARTEFORMEN besitze ich in allen erdenklichen Formen und Größen. Was Sie auf alle Fälle brauchen, ist eine runde Tarteform von 22 cm Durchmesser und mehrere kleine Formen von 10 cm Durchmesser, jeweils mit herausnehmbarem Boden. Erhältlich in Spezialgeschäften oder online.

Die **KÜCHENMASCHINE** ist bei mir immer einsatzbereit. Mit ihr rühre ich Eier, Butter und Zucker schaumig, schlage Rahm steif und knete Brotteige. Ich besitze die klassische Küchenmachine von KitchenAid, die nun schon seit zehn Jahren mein treuer Begleiter ist. Wenn Sie keine Küchenmaschine haben, tun es für viele Funktionen auch ein Handrührgerät und ein Mixer.

Als Zubehör zur Küchenmaschine oder als separates Gerät ist auch der Blitzhacker, ein elektrischer Zerkleinerer mit rotierendem zweiflügeligem Messer sehr nützlich (wie z. B. jener von Moulinex oder von Cuisinart, den ich besitze). Er hilft schnell und effizient bei der Herstellung aller Arten von Pürees, beim Mahlen von Nüssen oder Käse, beim Zerkleinern von Kräutern, Zwiebeln oder Gemüse. Sehr oft benutze ich übrigens die sogenannte »Pulse«-Funktion zum raschen stoßweisen Mischen, Vermengen und Durchlüften von Zutaten, zum Beispiel auch bei der Herstellung von Teigen.

Eine **KÜCHENWAAGE**, idealerweise mit digitaler Anzeige, ist eines der wichtigsten Werkzeuge des Bäckers. Exaktes Abwiegen der Zutaten garantiert hier ein gutes Ergebnis. Sie glauben mir nicht? Versuchen Sie Folgendes: Geben Sie drei verschiedenen Menschen denselben Messbecher in die Hand und lassen Sie sie eine Tasse Quinoamehl abmessen – die Gewichte werden deutlich voneinander abweichen, und die Backergebnisse dann natürlich ebenso. Küchenwaagen sind nicht teuer, und die Investition lohnt sich. Wenn Sie weiterhin den Messbecher bevorzugen, füllen Sie das Mehl locker mit dem Löffel ein und drücken Sie es nicht fest – sonst erhalten Sie eine zu große Menge.

Ein **NUDELHOLZ** (Teigrolle, Wallholz) ist unverzichtbar zum Ausrollen von Teig. Ich besitze mehrere davon. Mein Tipp: Testen Sie sie im Geschäft und kaufen Sie das Modell, das Ihnen am besten in der Hand liegt.

RINGFORMEN (Tortenringe, Metallringe) sind eine praktische Hilfe zum Herstellen von Mousse-Torten und von kleinen Portionen-Törtchen. Damit sich der Inhalt gut löst, legt man die Form mit Pergament- oder Backpapier aus.

SILIKONMATTEN UND -FORMEN sind eine tolle Hilfe beim Backen von Keksen und Kuchen. Silikonmatten sind in unterschiedlichen Größen erhältlich; meine haben die Größe der Backbleche. Sie sind leicht zu reinigen, aber schneiden Sie niemals darauf. Daneben habe ich noch eine Auswahl kleiner spezieller Silikonformen (etwa für Madeleines oder Financiers). Diese sind in Spezialgeschäften oder online erhältlich.

SPRITZBEUTEL UND TÜLLEN benutze ich nicht nur zum Verzieren, sondern auch zum Füllen von Torten und zum Abfüllen von Teig in kleinere Backförmchen. Das geht schneller und ist sauberer. Ich bevorzuge wiederverwendbare Spritzbeutel und besitze mehrere Tüllen; die runde Lochtülle und die Sterntülle benutze ich am häufigsten.

Als ich dieses Buch schrieb, hatte ich einen elektrischen Backofen. Ich träumte immer von einem Gasofen, aber es sollte nicht sein. Die in den Rezepten angegebenen Back- und Garzeiten variieren von Ofen zu Ofen. Setzen Sie Ihren gesunden Menschenverstand, Ihre Augen, Ihre Nase und Ihre Geschmacksknospen ein – dann werden Sie richtigliegen!

Herbst

HERBST
Pikant

Pochierte Eier und Tomaten mit Coppa und Brie • In Olivenöl pochierte Kirsch- oder Pflaumentomaten • Geschmorter Rosenkohl mit schwarzem Quinoa, Birnen und knuspriger Chorizo • Körnerbrot • Herbstlicher Panzanella-Salat • Fenchel-Lauch-Risotto mit Petersilienpesto • Pikanter Fischeintopf mit Cannellinibohnen • Rustikale Haselnussschnitten mit Feigen und Rohschinken • Pastinaken-Apfel-Suppe mit Senf-Croûtons • Steckrüben-Pastinaken-Püree mit Käse und Pilzen • Süßkartoffelsoufflé mit Ziegenkäse und Kräutern • Cremige Rote-Linsen-Kürbis-Suppe mit violetten Kartoffelchips und Jakobsmuscheln • Shiitake-Lauch-Quiche • Sonntagseintopf mit Rindfleisch • Selleriesuppe mit Knoblauch, Safran und Curry-Garnelen • Tortilla mit Spinat und Kürbis

Für mich war immer der Herbst und nicht der Frühling die Jahreszeit, in der sich alles neu anfühlt, in der der Kreislauf von Neuem beginnt. Die kühlen Tage nach der Sommerhitze, das wunderschön gefärbte Laub und die vertraute Routine des Schulanfangs spiegeln sich auch in meinen Herbstrezepten wider: Ich bin auf der Suche nach Behaglichkeit und Wärme, in der Küche suche ich nach bodenständigen Aromen. Die Natur schenkt uns mit Kürbissen, Äpfeln und Wurzelgemüse jetzt herrliche Farben: tiefes Rot, erdiges Braun und samtigen Purpur.

Ich erinnere mich an die Apfelbäume und Haselnusssträucher, die die Straße auf meinem Schulweg säumten – den knisternden, trockenen Laubteppich unter den Füßen und den kräftigen Duft der Äpfel und das kamillenähnliche Aroma der Quitten in der Nase. Meine Freundinnen Iratxe, Arkaitz und ich waren Träumerinnen, Romantikerinnen, die nach der Schule stundenlang in der frischen Herbstluft im Laub spielen konnten und unseren ganzen Mut zusammennahmen, um in Nachbars Garten ein, zwei Äpfel zu stibitzen. »Was hast du denn so lange gemacht? Es ist schon nach sechs«, empfing mich meine besorgte Mutter dann. »Hier ist dein *bocadillo.* Beeil dich! Du kommst sonst zu spät zum Schwimmunterricht.« Eigentlich wollte ich die warme Bäckerei, in der es nach Hefe, Zimt und Vanille duftete, gar nicht mehr verlassen. Aber ich wusste, dass mich nach dem Schwimmen eine köstliche Suppe erwartete. Im Herbst gab es immer Suppe.

Ich könnte an jedem Tag des Jahres Suppe essen – das ist keine Übertreibung. Und in den kalten Monaten tun wir das tatsächlich. Ein Topf, in dem Suppe köchelt, macht ein Zuhause sogleich gemütlich und versammelt die Familie um den Tisch. *»Amatxu«,* sagen meine Kinder (sie benutzen das baskische Wort für »Mama«), »gibt es heute Suppe?« Also koche ich die Rote-Linsen-Kürbis-Suppe und garniere sie mit violetten Kartoffelchips. Und dazu gibt es geröstetes Brot oder dick überbackenen Käsetoast.

Pochierte Eier und Tomaten mit Coppa und Brie

Es war ein nebliger früher Herbstmorgen. Meine Großmutter Dolores stand am holzbefeuerten Herd, auf dem Tisch ein Korb voller Eier, die sie einige Minuten zuvor eingesammelt hatte. Auf dem Herd schmurgelten in einer gusseisernen Stielpfanne Tomaten und Knoblauch in reichlich Olivenöl. Auf dem kühlen Dachboden lagerte Dolores viele Gläser dieser in Olivenöl pochierten Tomaten. Die Tomaten wurden im Spätsommer geerntet und so für die kalten Monate haltbar gemacht. Sie waren in ihrer Küche allgegenwärtig – wahrscheinlich weil sie im Garten so reichlich gediehen und schnell zubereitet waren. Großmutter schlug ein paar Eier auf, ließ sie zu den Tomaten in die Pfanne gleiten und in der Hitze langsam pochieren. »Nimm dir ein Stück Brot, setz dich mit uns an den Tisch und erzähle von deiner Woche«, pflegte sie zu sagen.

Für 4 Portionen

- 125 ml Vollrahm oder Sahne extra
- 90 g Brie (mindestens 75 % Fettgeahlt, z. B. Brillat-Savarin)
- 16 dünne Scheiben Coppa (ca. 70 g)
- 8 Eier
- 12 in Olivenöl pochierte Kirschtomaten oder 8 in Olivenöl pochierte Pflaumentomaten, halbiert (siehe unten)
- schwarzer Pfeffer aus der Mühle

1 Den Backofen auf 200 Grad vorheizen. 4 nicht allzu kleine Auflaufformen (so groß, dass jeweils 2 Eier nebeneinander hineinpassen) mit Olivenöl ausstreichen und auf ein Backblech stellen.

2 In jede Form 2 EL Rahm geben. Den Brie in gut ½ cm dicke Scheiben schneiden und in die Formen legen.

3 Die Seitenwände der Formen mit jeweils 4 Scheiben Coppa auskleiden. In jede Form 2 aufgeschlagene Eier gleiten lassen und die geschmorten Tomaten oder Tomatenhälften darauf verteilen. Die Eier pfeffern.

4 Im vorgeheizten Ofen 12–15 Minuten backen, bis das Eiweiß gestockt, das Eigelb aber noch weich ist. Sofort servieren.

IN OLIVENÖL POCHIERTE KIRSCH- ODER PFLAUMENTOMATEN

Den Backofen auf 150 Grad vorheizen. 500 g halbierte Pflaumen- oder ganze Kirschtomaten (gerne die schwarze Sorte, wenn sie erhältlich ist) in eine tiefe Pfanne geben, sodass sie eng beisammenliegen. Die Tomaten mit Olivenöl bedecken. 2 geschälte Knoblauchzehen und 1 großen Zweig Rosmarin dazugeben und mit Alufolie bedecken. Je nach Größe der Tomaten im Ofen 20–30 Minuten backen, bis sich die Haut der Tomaten löst und die Tomaten aufplatzen. Nicht wenden, da sie sonst matschig werden. Die Tomaten in sterilisierte Gläser füllen und vollständig mit dem Olivenöl bedecken. Die Gläser gut verschließen und in einem 5 cm hoch mit Wasser gefüllten Topf 45 Minuten köcheln lassen. Die Gläser sollen sich nicht berühren. Dann die Gläser vorsichtig herausnehmen und auf einem Gitter vollständig abkühlen lassen. Die pochierten Tomaten halten sich so mehrere Monate.

Geschmorter Rosenkohl mit schwarzem Quinoa, Birnen und knuspriger Chorizo

Dies ist im Herbst eines meiner liebsten Mittagsgerichte. Ich bereite es in unterschiedlichen Variationen oft für mich allein zu. Ich finde, dass schwarzes Quinoa mit seinem erdigeren Aroma und seiner kernigen Konsistenz besser zu Schmorgemüse passt als weißes.

Für 6 Portionen

¼ l Wasser
100 g schwarzes Quinoa, abgespült
Salz
450 g Rosenkohl, äußere Blätter entfernt, halbiert
3 EL Olivenöl
90 g spanische Chorizo, in etwa ½ cm dicke Scheiben geschnitten
2 Birnen (z. B. Kaiser Alexander oder Anjou), entkernt und fein geschnitten
Saft von ½ Zitrone
½ Bund Rucola

1 Den Backofen auf 200 Grad vorheizen. Das Wasser in einem kleinen Topf bei mittlerer Hitze zum Kochen bringen. Quinoa und ¼ TL Salz hinzufügen, die Hitze etwas reduzieren und das Quinoa zugedeckt 20–25 Minuten garen, bis das Wasser vollständig aufgesaugt ist. Mit einer Gabel auflockern und beiseitestellen.

2 Den Rosenkohl mit 2 EL des Olivenöls und ¼ TL Salz auf einem Backblech vermischen und gleichmäßig darauf verteilen. Im vorgeheizten Ofen 20 Minuten goldbraun schmoren.

3 Nochmals 1 EL Olivenöl in einem kleinen Topf bei mittlerer bis hoher Temperatur erhitzen und darin die Chorizoscheiben etwa 3 Minuten knusprig anbraten.

4 Das Quinoa, den geschmorten Rosenkohl, die Chorizo und die Birnen zusammen mit Zitronensaft und Rucola in einer großen Schüssel mischen und warm servieren.

Körnerbrot

Der Duft von ofenfrischem Brot macht ein Haus zu einem Zuhause. Eine meiner frühesten Kindheitserinnerungen hat mit Brot zu tun. Ich war drei oder vier Jahre alt und stand im Klassenzimmer brav in der Reihe, um nach Schulschluss zum Mittagessen nach Hause zu gehen. Jeden Mittag zur selben Zeit fuhr der Dorfbäcker mit seinem R4 vor der Schule vor. Er hupte zwei Mal und alle Nachbarn strömten herbei, um ihr Baguette zu kaufen.

Dieses Brot enthält viele verschiedene Körner und Samen. Herzhaft und doch erstaunlich leicht, lässt es sich auch wunderbar rösten und zu Croûtons verarbeiten.

Für eine Kastenform von 22 cm Länge

50 g Vollkornhirse
5 EL kochendes Wasser
1½ EL gemahlene Chiasamen
185 ml Wasser, 45 Grad warm
4 TL Trockenhefe
1 TL Rohrzucker
140 g extrafeines Vollkornreismehl
100 g Quinoamehl
70 g Teffmehl
40 g Kartoffelstärke
40 g gemahlene Mandeln
3 EL Tapiokastärke
1 EL Mohnsamen
1 EL Sesamkörner
1 EL Fenchelsamen
2 TL Salz
2 Eier (Raumtemperatur)
2 EL Honig
zusätzlich extrafeines Vollkornreismehl zum Bestäuben

1 Die Hirse und 3 EL des kochenden Wassers in einer kleinen Schüssel verrühren und 15 Minuten stehen lassen.

2 Die gemahlenen Chiasamen und die restlichen 2 EL kochendes Wasser zu einer dicken Paste verrühren. Beiseitestellen.

3 In einer separaten Schüssel das warme Wasser mit Trockenhefe und Zucker verrühren und 10 Minuten stehen lassen, bis die Mischung leicht schaumig ist und Blasen bildet.

4 In der Rührschüssel der Küchenmaschine alle trockenen Zutaten, also Reismehl, Quinoamehl, Teffmehl, Kartoffelstärke, gemahlene Mandeln, Tapiokastärke, Mohn, Sesam, Fenchel und Salz vermischen.

5 Die Hirse abgießen und zusammen mit der Chiasamenpaste, der Hefemischung, den Eiern und dem Honig zu den trockenen Zutaten geben. Zuerst 30 Sekunden mit dem Flachrührer bei niedriger Geschwindigkeit vermischen. Dann auf hoher Stufe 1 Minute zu einem klebrigen Teig verarbeiten.

6 Den Teig in die eingeölte Kastenform füllen und die Oberfläche dünn mit Vollkornreismehl bestäuben. Die Form lose mit Klarsichtfolie abdecken und den Teig an einem warmen Ort 45 Minuten bis 1 Stunde gehen lassen, bis er sein Volumen verdoppelt hat.

7 Den Backofen auf 200 Grad vorheizen. Das Brot zuerst 10 Minuten bei 200 Grad backen, dann die Ofentemperatur auf 180 Grad senken und das Brot weitere 30 Minuten goldbraun backen, bis bei der Stäbchenprobe kein Teig mehr an einem Holzspieß kleben bleibt.

8 Das Brot in der Form auf einem Kuchengitter 15 Minuten stehen lassen, dann aus der Form stürzen und etwa 1 Stunde vollständig abkühlen lassen. Das Brot hält sich bei Raumtemperatur in Backpapier verpackt gut 2 Tage oder kann luftdicht verpackt eingefroren werden.

Herbstlicher Panzanella-Salat

So sehr ich Panzanella im Sommer mit saftigen Tomaten und Gurken liebe, so sehr mag ich auch diese herbstliche Version mit herzhaften Vollkorn-Croûtons, zartem Schmorkürbis, Roter und Gelber Bete, knackigem Apfel und Kürbiskernen, angemacht mit einer Kürbiskernöl-Apfelessig-Vinaigrette.

Für 4 Portionen

Für den Salat
- 6 Scheiben Körnerbrot (siehe Seite 34), etwa 2 cm dick geschnitten, gewürfelt
- 3 EL Olivenöl
- 5 junge Rote Beten, geschält und geviertelt
- 5 junge Gelbe Beten, geschält und geviertelt
- Salz
- ½ mittelgroßer Kürbis (Kabocha, Hokkaido oder Butternut), geschält, in Spalten geschnitten, entkernt
- ½ TL rote Chiliflocken
- 1 mittelgroßer Apfel (Granny Smith oder Golden Delicious), entkernt, in feine Schnitze geschnitten
- 40 g Beteblätter oder anderes grünes Blattgemüse
- 40 g rohe Kürbiskerne
- 1 EL frische Salbeiblätter
- 1 TL frische Thymianblätter
- 1 TL frische Oreganoblätter

Für die Vinaigrette
- 1 TL grobkörniger Dijonsenf
- 2 TL Apfelessig
- 2 TL Kürbiskernöl
- 60 ml Olivenöl
- 1 TL Salz

Den Salat zubereiten

1 Den Backofen auf 160 Grad vorheizen. Die Brotwürfel mit 1 EL des Olivenöls auf einem Backblech vermischen und im vorgeheizten Ofen 20 Minuten knusprig backen.

2 Die Ofentemperatur auf 200 Grad erhöhen. Die Beten mit 1 EL des Olivenöls und 1 Prise Salz auf einem Blech oder in einer Auflaufform vermischen und mit Alufolie bedeckt 45 Minuten im vorgeheizten Ofen gabelweich schmoren.

3 Die Kürbisspalten mit nochmals 1 EL des Olivenöls, 1 Prise Salz und den Chiliflocken vermischen und auf der unteren Einschubleiste des Ofens 20 Minuten mitschmoren, bis sie ebenfalls gabelweich sind.

4 Die Croûtons, die geschmorte Bete und den geschmorten Kürbis zusammen mit den Apfelschnitzen, dem Blattgemüse, den Kürbiskernen und den Kräutern in einer großen Schüssel vermischen.

Die Vinaigrette zubereiten

Senf, Essig, Kürbiskernöl, Olivenöl und Salz verrühren. Die Vinaigrette über den warmen Salat geben, behutsam unterheben und 10 Minuten ziehen lassen, damit die Brotwürfel die Flüssigkeit aufnehmen.

Fenchel-Lauch-Risotto mit Petersilienpesto

Immer wenn ich schnell etwas auf den Tisch bringen muss, gibt es Risotto. Risotto sättigt, ist vielseitig und meine Kinder lieben ihn! Das A und O bei Risotto ist eine würzige Brühe. Ich verwende hausgemachte Hühnerbrühe, die ich in großen Mengen koche und einfriere. Das Pestorezept ergibt mehr, als Sie als Beigabe für dieses Gericht brauchen; sie können es 5 Tage im Kühlschrank oder 1 Monat tiefgekühlt aufbewahren.

Für 4 Portionen

Für das Petersilienpesto
(ergibt ca. 250 g)
50 g Pinienkerne
1 Knoblauchzehe, geschält
30 g Petersilie, harte Stängel entfernt
30 g Parmesan, fein gerieben
½ TL Salz
125 ml Olivenöl

Für den Risotto
1¼–1½ l Hühnerbrühe
2 EL Butter (30 g)
1 mittelgroße Fenchelknolle, gewürfelt
½ Stange Lauch, gewürfelt
Salz
¼ TL gemahlener Koriander
300 g Risottoreis (Arborio)
60 ml trockener Weißwein
120 g Petersilienpesto
2 EL Mascarpone
gehobelter Parmesan und nach Belieben Petersilienblüten zum Garnieren

Das Pesto zubereiten

1 Die Pinienkerne in einer trockenen Pfanne bei mittlerer Hitze unter gelegentlichem Rühren etwa 3 Minuten hellbraun rösten, bis sie duften. Einige Minuten abkühlen lassen.

2 Pinienkerne, Knoblauch und Petersilie im Mixer fein pürieren. Parmesan und Salz hinzufügen und nochmals pürieren.

3 Bei laufendem Motor langsam das Olivenöl dazugießen, bis eine geschmeidige Paste entstanden ist.

Den Risotto zubereiten

1 Die Hühnerbrühe in einem mittelgroßen Topf bei mittlerer bis hoher Hitze zum Köcheln bringen, dann bei reduzierter Temperatur warm halten.

2 Die Butter in einem großen Topf bei mittlerer Hitze schmelzen und 2 Minuten leicht anbräunen, aber nicht verbrennen lassen.

3 Fenchel, Lauch, 1/2 TL Salz und Koriander einrühren und zugedeckt bei mittlerer Hitze etwa 5 Minuten weich dünsten, aber nicht bräunen. Den Reis zugeben und etwa 1 Minute rühren, sodass er rundum mit Butter umhüllt ist.

4 Den Weißwein zugeben und rühren, bis der Bodensatz im Topf gelöst ist. 125 ml der heißen Hühnerbrühe dazugießen und bei mittlerer Hitze rühren, bis der Reis die Brühe aufgesaugt hat. Weitere 125 ml Brühe zugießen und unter Rühren einkochen lassen und so weiter verfahren, bis der Reis bissfest gegart ist; dies dauert etwa 18 Minuten.

5 Zum Schluss das Petersilienpesto und den Mascarpone einrühren. Den Topf vom Herd nehmen und den Risotto mit Parmesan und nach Belieben mit Petersilie garniert servieren.

SELBST GEMACHTE HÜHNERBRÜHE

Eine herzhafte Hühnerbrühe zu kochen erfordert zwar etwas Zeit, ist aber nicht schwer. Und das Ergebnis ist köstlich! Ich kaufe ein ganzes Hühnchen und zerteile es selbst; Sie können dies aber auch vom Metzger besorgen lassen.
450 g Hühnerknochen auf einem Backblech bei 200 Grad im Ofen 30 Minuten goldbraun rösten, dann 20 Minuten abkühlen lassen. Die Knochen in einen großen Topf geben und mit kaltem Wasser bedecken. Würzgemüse und Kräuter wie gewürfelte Karotten, Zwiebeln, Knoblauch, Sellerie, Petersilie und Thymian hinzufügen; salzen und pfeffern; dabei bedenken, dass die Aromen sich beim Einkochen noch konzentrieren. Zum Kochen bringen und bei mittlerer Hitze ohne Deckel 3 Stunden, ohne zu rühren, ganz leise köcheln lassen. Zwischendurch immer wieder den Schaum abschöpfen. Zuletzt die Brühe durch ein Haarsieb abgießen und abkühlen lassen. In passende Behälter füllen und einfrieren; so hält sie sich bis zu 3 Monate.

Pikanter Fischeintopf mit Cannellinibohnen

Dieses Rezept ist von einem klassischen baskischen Gericht namens potxas con almejas inspiriert, Dicke weiße Bohnen mit Muscheln sowie viel Knoblauch und Petersilie. In dieser Version sind Tomaten, rote Paprika und Red Snapper mit von der Partie. Ich verwende eine etwas größere Sorte Cannellinibohnen. Die Garzeit richtet sich nach der Größe und der Sorte.

Für 4–6 Portionen

- 190 g getrocknete Cannellinibohnen
- 3 EL Olivenöl
- 1 kleine Zwiebel, gewürfelt
- 2 Knoblauchzehen, gepresst
- 1 Stange Sellerie, gewürfelt
- 220 g frische oder Dosentomaten, gewürfelt
- 1 Lorbeerblatt
- 3 Zweige Thymian
- ½–1 TL rote Chiliflocken (je nachdem, wie feurig man es mag)
- 60 ml trockener Weißwein
- Salz
- 450 g Venusmuscheln, gründlich gewaschen
- 225 g Filet vom Gelbschwanz- oder Red Snapper, mundgerecht zerkleinert
- gehackte Petersilie zum Garnieren
- Aïoli (Seite 118) und geröstetes Körnerbrot (Seite 34) zum Servieren

1 Die Cannellinibohnen kalt abspülen, in einer Schüssel 5 cm hoch mit kaltem Wasser bedecken und über Nacht im Kühlschrank einweichen lassen.

2 Das Olivenöl in einem großen Topf bei mittlerer Temperatur erhitzen. Darin Zwiebel, Knoblauch und Sellerie 3 Minuten andünsten. Tomaten, Lorbeerblatt, Thymian und Chiliflocken dazugeben. Die eingeweichten Bohnen mit dem Einweichwasser sowie den Weißwein hinzufügen. Die Bohnen sollen gut 2 cm mit Wasser bedeckt sein; falls nötig noch mehr Wasser dazugießen.

3 Alles bei mittlerer bis hoher Temperatur zum Kochen bringen. Dann die Hitze reduzieren und die Bohnen zugedeckt 1½–2 Stunden weich garen. Zuletzt mit etwa ½ TL Salz abschmecken.

4 Den Eintopf erneut zum Köcheln bringen. Die Muscheln und den Fisch hinzufügen und zugedeckt 5 Minuten köcheln lassen, bis sich die Muscheln öffnen. Dann den Topf sofort vom Herd nehmen.

5 Mit Petersilie bestreut servieren. Dazu Aïoli und geröstetes Körnerbrot reichen.

ÜBER MUSCHELN

- Achten Sie beim Kauf darauf, dass die Muscheln geschlossen sind. Manchmal sind sie jedoch ganz leicht geöffnet, was nicht immer bedeutet, dass sie tot sind. Um festzustellen, ob sie noch leben, klopfen Sie zwei Muscheln sachte aneinander. Leben sie, schließen sie sich sofort. Bleiben sie offen, werfen Sie sie weg!
- Miesmuscheln reinigt man am besten, indem man sie in einer großen Schüssel mit kaltem Wasser übergießt. Genug Salz dazugeben, um das salzige Meerwasser zu simulieren. Vor dem Garen mindestens 30 Minuten kalt stellen. So löst sich der Sand. Vor dem Garen nochmals gründlich spülen.
- Muscheln, die sich beim Kochen nicht öffnen, wegwerfen!

Rustikale Haselnussschnitten mit Feigen und Rohschinken

Bei mir gibt es oft belegte Brote zu einer Suppe oder einem Salat, die so eine volle Mahlzeit ergeben. Hier eines meiner Lieblingsrezepte, in dem pikante Haselnussschnitten mit Feigen, Serranoschinken und Ziegenkäse gekrönt werden.

Für 4–6 Portionen

Für die Haselnussschnitten
150 g extrafeines Vollkornreismehl
35 g Hirsemehl
3 EL gemahlene Haselnüsse
2 EL Tapiokastärke
2 TL gemahlene Chiasamen
1 TL gehackte Petersilie
1 TL frische Thymianblätter
¾ TL Salz
¼ TL schwarzer Pfeffer aus der Mühle
110 g kalte Butter, etwa 1 cm groß gewürfelt
6–8 EL Eiswasser
Vollkornreismehl zum Bestäuben

Für den Belag
2 EL Haselnüsse
100 g cremiger Ziegenkäse
225 g Feigen, halbiert
6 dünne Scheiben Rohschinken (z. B. Serrano)
40 g Brunnenkresse, grobe Stängel entfernt
¼ kleine rote Zwiebel, in feine Streifen geschnitten
1 EL Olivenöl
2 TL Balsamicoessig

Den Teig herstellen

1 Alle Teigzutaten bis und mit Salz und Pfeffer in der Küchenmaschine oder im Blitzhacker vermengen und gründlich durchmischen. Die kalten Butterwürfel hinzufügen und untermischen, bis sie die Größe kleiner Erbsen haben. Dann 4 EL Eiswasser dazugeben und einarbeiten. Den Teig zusammendrücken, um zu sehen, ob er zusammenhält. Ist die Masse noch zu krümelig, fügen Sie einen weiteren Esslöffel Eiswasser hinzu.

2 Den Teig auf der Arbeitsfläche rasch durchkneten und zu einem Quadrat von 15 cm Kantenlänge formen. Den Teig dabei nicht zu stark bearbeiten; das Quadrat muss auch nicht perfekt sein. Den Teig zwischen Klarsichtfolie legen, flach drücken und 30 Minuten im Kühlschrank ruhen lassen.

3 Die Arbeitsfläche (am besten eine kalte Fläche wie Stein oder Marmor) und das Nudelholz dünn mit extrafeinem Vollkornreismehl bestäuben und den Teig zu einem Rechteck von etwa 17 x 25 cm und ½ cm Dicke ausrollen. Noch einmal: Auch dieses Rechteck muss nicht perfekt sein. Arbeiten Sie zügig, damit der Teig nicht zu weich wird. Bricht er, kleben Sie ihn wieder zusammen.

4 Den ausgerollten Teig auf ein mit Backpapier belegtes Blech geben und nach Belieben die Kanten geradeschneiden. Wiederum 20 Minuten kalt stellen, bis der Teig fest ist. Den Backofen auf 190 Grad vorheizen.

5 Den Teig 20–25 Minuten im vorgeheizten Ofen goldbraun backen. Nur leicht abkühlen lassen; auf dem noch leicht warmen Gebäck entfalten sich die Aromen am besten.

6 In der Zwischenzeit den Belag zubereiten; den Ofen nicht ausschalten.

Den Belag zubereiten

1 Die Ofentemperatur auf 180 Grad reduzieren. Die Haselnüsse auf einem Backblech verteilen und im Ofen 5–7 Minuten goldbraun rösten, bis sich die Haut zu lösen beginnt. Die Nüsse in ein sauberes Küchentuch geben und kräftig reiben, sodass sich die Haut löst. Abkühlen lassen und grob hacken.

2 Den Ziegenkäse in einer Schüssel geschmeidig rühren und auf den warmen Teigboden streichen.

3 Feigen, Schinken, Kresse, Zwiebel und geröstete Haselnüsse darauf verteilen. Alles mit Olivenöl und Balsamicoessig beträufeln. Dann den Teig in Portionsstücke schneiden und sofort servieren.

Pastinaken-Apfel-Suppe mit Senf-Croûtons

Pastinaken sind zu einer meiner Leidenschaften geworden, insbesondere, wenn sie wie hier gebraten oder geschmort sind. Sie schmecken süß und doch würzig und machen jede Suppe, jeden Eintopf und jeden Braten zu etwas Besonderem.

Für 6–8 Portionen

- 500 g Pastinaken
- 100 ml Olivenöl
- Salz und schwarzer Pfeffer aus der Mühle
- 1 mittelgroße Zwiebel, gewürfelt
- 2 Knoblauchzehen, gepresst
- 1 Stange Sellerie, gewürfelt
- 2 mittelgroße Äpfel (Pink Lady oder Granny Smith), geschält, entkernt und gewürfelt
- 2 mittelgroße mehligkochende Kartoffeln, geschält und gewürfelt
- 1¼ l Hühnerbrühe
- 1 TL gemahlener Koriander
- 1 TL Dijonsenf
- 1 TL frische Thymianblätter
- 3 Scheiben Körnerbrot (Seite 34) oder anderes glutenfreies Brot, in gut 1 cm große Würfel geschnitten
- grob geriebener Gruyère und Olivenöl zum Servieren

1 Den Backofen auf 200 Grad vorheizen. Die Pastinaken schälen und etwa 1 cm groß würfeln. Mit 1 EL des Olivenöls, ¼ TL Salz und ¼ TL Pfeffer auf einem Backblech vermischen. Im Ofen 30 Minuten backen; nach der halben Backzeit die Pastinaken wenden.

2 In einem großen Topf 2 EL des Olivenöls bei mittlerer Temperatur erhitzen und darin Zwiebel, Knoblauch und Sellerie 5 Minuten unter gelegentlichem Rühren andünsten, aber nicht bräunen.

3 Die geschmorten Pastinaken, die gewürfelten Äpfel und Kartoffeln, die Brühe, den Koriander, ½ TL Salz und ¼ TL Pfeffer hinzufügen und alles zum Kochen bringen. Dann die Temperatur auf mittlere bis niedrige Stufe senken und die Suppe zugedeckt 15 Minuten köcheln lassen, bis das Gemüse weich ist.

4 In der Zwischenzeit die Ofentemperatur auf 180 Grad reduzieren. In einer kleinen Schüssel den Senf, die restlichen 3 EL Olivenöl und den Thymian verrühren. Die Brotwürfel in dem Dressing wenden, auf einem Backblech verteilen und 15 Minuten im vorgeheizten Ofen goldbraun und knusprig rösten.

5 Die Suppe im Mixer pürieren und mit den Croûtons, mit Olivenöl beträufelt und mit Gruyère bestreut servieren. Im Kühlschrank hält sich die Suppe 3 Tage, tiefgekühlt bis zu 1 Monat.

Steckrüben-Pastinaken-Püree mit Käse und Pilzen

Die Mutter meiner Freundin Sandra war berühmt für ihren Hackfleischauflauf aus Rinderhack, Kartoffelpüree und Käse. Wenn ich während meiner Schulzeit bei Sandra übernachtete, gab es oft Reste dieses Auflaufs vom Vorabend als »Katerfrühstück«. Dieses Allheilmittel hat immer funktioniert. Hier ist eine leichtere Version aus pürierten Steckrüben, Pastinaken und Kartoffeln, mit Pilzen, Wein und Tomaten.

Für 6 Portionen

340 g gemischte Pilze (wilde oder kultivierte Sorten), Stiele entfernt und in Scheiben geschnitten
1 mittelgroße Steckrübe, geschält und 1 cm groß gewürfelt
2 mittelgroße Pastinaken, geschält und 1 cm groß gewürfelt
2 mittelgroße mehligkochende Kartoffeln, geschält und 1 cm groß gewürfelt
125 ml Crème fraîche (Raumtemperatur)
60 g Comté oder Gruyère, gerieben
Salz

3 EL Olivenöl
1 große Schalotte, fein gehackt
2 Knoblauchzehen, fein gehackt
3 Frühlingszwiebeln, gewürfelt
schwarzer Pfeffer aus der Mühle
½ TL frische Thymianblätter
½ TL frische gehackte Salbeiblätter
50 g Tomaten aus der Dose, abgetropft
2 TL Süßreismehl
60 ml trockener Rotwein
1 Bund Petersilie, fein gehackt
Sprossen zum Servieren

1 Die klein geschnittenen Pilzstiele in einem kleinen Topf in ½ l Wasser zum Kochen bringen, dann bei reduzierter Hitze zugedeckt 10 Minuten köcheln lassen. Den Sud abseihen und die Stiele wegwerfen. Den Sud zurück in den Topf geben und bei mittlerer bis hoher Temperatur auf die Hälfte einkochen. Beiseitestellen.

2 In der Zwischenzeit Steckrübe, Pastinaken und Kartoffeln in einem mittelgroßen Topf mit kaltem Wasser bedecken und zum Kochen bringen. Dann die Temperatur auf mittlere Stufe reduzieren und das Wurzelgemüse zugedeckt 15 Minuten gar kochen. Abtropfen lassen, in den Topf zurückgeben und sofort mit dem Kartoffelstampfer zerdrücken. Crème fraîche, geriebenen Käse und 1 TL Salz unterrühren. Falls nötig noch etwas Flüssigkeit dazugeben und nachsalzen. Das Püree warm halten.

3 Das Olivenöl in einer großen Pfanne erhitzen und darin Schalotte, Knoblauch und Frühlingszwiebeln bei mittlerer Hitze zugedeckt 3 Minuten dünsten. Die Pilze, ¾ TL Salz, ¼ TL Pfeffer, Thymian und Salbei hinzufügen und weitere 3 Minuten mitschmoren.

4 Tomaten und Süßreismehl einrühren und 1 Minute unter ständigem Rühren mitkochen. Dann den Pilzsud und den Rotwein dazugießen und 3 Minuten köcheln lassen, bis die Sauce eindickt. Petersilie einrühren.

5 Das Wurzelgemüsepüree in 6 Schalen oder tiefe Teller verteilen und die Pilze darauf anrichten. Mit Sprossen garniert servieren.

Süßkartoffelsoufflé mit Ziegenkäse und Kräutern

Hier verschmelzen salziger Ziegenkäse und mildes Süßkartoffelpüree: Was könnte delikater sein? Diese Soufflés sind eine perfekte Vorspeise oder – mit einem Salat serviert – ein leichtes Mittagessen.

Für 8 Portionen

- 2 große Süßkartoffeln (etwa 450 g), längs halbiert
- Butter und glutenfreie Semmelbrösel für die Förmchen
- 50 g Butter
- 3 EL Süßreismehl
- ¼ l Vollmilch oder Kokosmilch (Raumtemperatur)
- 4 Eier (Raumtemperatur)
- 90 g Ziegenkäse (Raumtemperatur)
- 1 EL fein gehackte Petersilie
- 2 TL fein gehackter frischer Schnittlauch
- 1¼ TL Salz
- ½ TL gemahlener Kreuzkümmel
- ¼ TL schwarzer Pfeffer aus der Mühle
- ⅛ TL geriebene Muskatnuss
- nach Belieben gehobelter Manchego und Petersilienblüten zum Garnieren

1 Den Backofen auf 200 Grad vorheizen. Die Süßkartoffeln mit der Schnittseite nach unten auf ein Backblech legen und im Ofen 25–30 Minuten gabelweich schmoren. Einige Minuten abkühlen lassen, dann schälen und im Mixer pürieren. 280 g Süßkartoffelpüree abwiegen und beiseitestellen. Die Ofentemperatur auf 180 Grad senken.

2 8 Souffléförmchen (je 180 ml Inhalt) mit weicher Butter fetten und mit Semmelbröseln ausstreuen; die Förmchen umdrehen und durch Klopfen überschüssige Semmelbrösel entfernen. Beiseitestellen.

3 Die Butter in einem kleinen Topf bei mittlerer bis hoher Temperatur schmelzen und das Süßreismehl mit einem Holzlöffel etwa 1 Minute einrühren. Dann die Milch oder Kokosmilch beifügen und alles klumpenfrei verrühren. Die Mischung zum Kochen bringen, sodass sie eindickt. Dann in eine große Schüssel gießen.

4 Die Eier trennen. Die Eigelbe, das Süßkartoffelpüree, den Ziegenkäse, Petersilie, Schnittlauch, Salz, Kreuzkümmel, Pfeffer und Muskatnuss einrühren.

5 Die Eiweiße bei mittlerer Geschwindigkeit schlagen, bis der Eischnee weiche Spitzen bildet – nicht zu stark schlagen, da der Eischnee sonst zu trocken und klumpig zum Unterheben wird.

6 Ein Drittel des Eischnees gründlich unter die Süßkartoffelmischung ziehen, dann den restlichen Eischnee unterheben; dabei darauf achten, dass möglichst viel Luft in der Masse bleibt.

7 Die Masse in die vorbereiteten Souffléförmchen verteilen und im vorgeheizten Ofen 15–20 Minuten backen; die Soufflés sollten dann schön aufgegangen und goldbraun sein. Ich serviere diese Soufflés gerne mit gehobeltem Manchego und Petersilienblüten garniert.

GLUTENFREIE SEMMELBRÖSEL HERSTELLEN

Suchen Sie sich Ihr bevorzugtes glutenfreies helles Sandwich-Brot (meines ist das von Udi's).
Es sollte leicht und locker sein, mit großen Luftblasen – ideal für Semmelbrösel.
Und so wird's gemacht: Den Backofen auf 160 Grad vorheizen, 6 Scheiben Brot auf ein Blech legen und 15 Minuten backen, bis es trocken, aber nicht geröstet ist. Auf Raumtemperatur abkühlen lassen und im Mixer oder Blitzhacker bis zur gewünschten Konsistenz zerkleinern. Ich mag gerne grobe Brösel, andere bevorzugen feines Pulver. Sie können auch Gewürze wie getrockneten Oregano, Knoblauchpulver oder schwarzen Pfeffer hinzufügen. Die Semmelbrösel lassen sich in einem luftdicht verschlossenen Behälter bis zu 1 Monat aufbewahren.

Cremige Rote-Linsen-Kürbis-Suppe mit violetten Kartoffelchips und Jakobsmuscheln

Rote Linsen habe ich erst vor einigen Jahren entdeckt. Da man sie vor dem Kochen nicht einweichen muss und sie im Nu gar sind, sind sie mein Patentrezept, wenn schnell etwas auf den Tisch muss. Rote Linsen ergeben tolle, eiweißreiche Suppen. Eine größere Portion dieser Suppe kann man auch als Hauptgericht servieren, vor allem zusammen mit den sättigenden Kartoffelchips und feinen Jakobsmuscheln.

Für 6 Portionen

- 90 ml Olivenöl
- 1 mittelgroße Schalotte
- 2 Knoblauchzehen, gepresst
- 2 mittelgroße Karotten, geschält und gewürfelt
- 1 Stange Sellerie, gewürfelt
- 1 TL frische Thymianblätter
- Salz und schwarzer Pfeffer aus der Mühle
- 200 g rote Linsen, abgespült
- 700 g Kürbis (Kabocha oder Butternut), geschält, halbiert, entkernt und gewürfelt
- 1 mittelgroße mehligkochende Kartoffel, geschält und gewürfelt
- 1½ l Hühnerbrühe
- 2 kleine violette oder gelbe Kartoffeln, hauchdünn geschnitten
- 120 g kleine Jakobsmuscheln
- Kürbiskernöl nach Belieben und Petersilienblüten zum Garnieren

1 In einem großen Topf 2 EL (30 ml) Olivenöl bei mittlerer Temperatur erhitzen und darin Schalotte, Knoblauch, Karotten, Sellerie, Thymian, ½ TL Salz und ½ TL Pfeffer unter gelegentlichem Rühren 5 Minuten andünsten.

2 Rote Linsen, Kürbis, Kartoffel, Hühnerbrühe und ½ TL Salz hinzufügen, zugedeckt zum Kochen bringen und bei niedriger Hitze 20 Minuten köcheln lassen, bis das Gemüse gar ist. Die Suppe im Mixer pürieren und falls nötig nochmals abschmecken. Warm halten.

3 Das restliche Olivenöl (60 ml) in einer kleinen Pfanne bei mittlerer Temperatur erhitzen und die Kartoffelscheiben portionsweise darin goldbraun frittieren. Auf Küchenpapier abtropfen lassen.

4 Das Öl bis auf einen kleinen Rest aus der Pfanne entfernen. Die Jakobsmuscheln salzen, pfeffern und bei mittlerer Hitze je nach Größe 30 Sekunden bis 1 Minute von jeder Seite braten.

5 Die Suppe in Tassen oder Schalen anrichten, Kartoffelchips und Jakobsmuscheln darauf verteilen, mit etwas Kürbiskernöl beträufeln, pfeffern und nach Belieben mit Petersilienblüten garniert servieren.

Die Suppe lässt sich im Kühlschrank 3 Tage oder tiefgekühlt bis zu 1 Monat aufbewahren.

WAS MAN MIT WINTERKÜRBIS ALLES MACHEN KANN

Eine herzhafte Hühnerbrühe zu kochen erfordert zwar etwas Zeit, ist aber nicht schwer. Ich kaufe ein ganzes Hühnchen und zerteile es selbst; Sie können dies aber auch vom Metzger besorgen lassen. 450 g Hühnerknochen auf einem Backblech bei 200 Grad im Ofen 30 Minuten goldbraun rösten, dann 20 Minuten abkühlen lassen. Die Knochen in einen großen Topf geben und mit kaltem Wasser bedecken. Würzgemüse und Kräuter wie gewürfelte Karotten, Zwiebeln, Knoblauch, Sellerie, Petersilie und Thymian hinzufügen; salzen und pfeffern; dabei bedenken, dass die Aromen sich beim Einkochen noch konzentrieren. Zum Kochen bringen und bei mittlerer Hitze ohne Deckel 3 Stunden, ohne zu rühren, leise köcheln lassen. Zwischendurch immer wieder den Schaum abschöpfen. Zuletzt die Brühe durch ein Haarsieb abgießen und abkühlen lassen. Tiefgekühlt hält sie sich bis zu 3 Monaten.

Shiitake-Lauch-Quiche

Pilzesammeln ist ein wichtiger Teil der baskischen Kultur. Wenn ich meine Familie besuche, durchstreife ich mit meinem Vater stundenlang die Wälder nach Pfifferlingen und Täublingen und lausche seinen Erklärungen zu den verschiedenen Sorten und den besten Sammelplätzen. Pilzesammeln hat etwas zenartig Meditatives. Zu Hause wird die Ausbeute dann mit den Verwandten geteilt, und dann folgen endlose Gespräche über die ergiebigsten Fundorte, die besten Zubereitungen und so weiter. Wie immer bildet das Essen den Mittelpunkt der Unterhaltung.

Für eine Quicheform von 22 cm Durchmesser

Für den Teig
90 g Vollkornreismehl
45 g Quinoamehl
40 g Kartoffelstärke
½ TL Salz
¼ TL schwarzer Pfeffer aus der Mühle
1 TL fein gehackte frische Rosmarinnadeln
1 TL frische Thymianblätter
110 g kalte Butter, ½ cm groß gewürfelt
6–8 EL Eiswasser
Vollkornreismehl zum Bestäuben

Für den Pilz-Lauch-Belag
1 EL Olivenöl
1 mittelgroße Stange Lauch, weißer und hellgrüner Teil gewürfelt
225 g Shiitakepilze, in Scheiben geschnitten und Stiele entfernt
2 Knoblauchzehen, gepresst
1 TL fein gehackte frische Rosmarinnadeln
1 TL fein gehackte frische Salbeiblätter
Salz und schwarzer Pfeffer aus der Mühle
60 ml trockener Weißwein
2 Eier
2 EL Maisstärke
¼ l Milch oder Kokosmilch
30 g Gruyère, gerieben
2 EL fein gehackte Petersilie
1 TL frische Thymianblätter

Den Teigboden herstellen

1 Mehle, Stärke, Salz, Pfeffer und Kräuter in der Küchenmaschine oder im Blitzhacker vermengen und gründlich durchmischen. Die kalten Butterwürfel hinzufügen und untermischen, bis sie Erbsengröße haben. Dann 6 EL Eiswasser zugeben und einarbeiten. Den Teig mit den Händen zu einem Klumpen verkneten. Ist die Masse noch zu krümelig, fügen Sie noch etwas Eiswasser hinzu.

2 Den Teig auf der Arbeitsfläche rasch durchkneten, zu einem Kreis formen, zwischen Klarsichtfolie legen und flach drücken. 1 Stunde im Kühlschrank ruhen lassen.

3 Die (idealerweise kalte) Arbeitsfläche mit etwas Vollkornreismehl bestäuben und den Teig etwa 3 mm dünn ausrollen. Bricht der Teig, drücken Sie ihn wieder zusammen. Den Teig in die Quicheform geben; überstehende Teigränder mit einem Messer abschneiden und den Teig in der Form weitere 30 Minuten kalt stellen. In der Zwischenzeit den Belag zubereiten.

Den Belag zubereiten

1 Den Backofen auf 200 Grad vorheizen. In einer Pfanne das Olivenöl erhitzen und darin den Lauch 3 Minuten andünsten, aber nicht bräunen.

2 Pilze, Knoblauch, Rosmarin, Salbei, ½ TL Salz und ¼ TL Pfeffer dazugeben und unter gelegentlichem Rühren 5 Minuten mitdünsten.

3 Den Weißwein dazugießen, den Pfannensatz damit lösen und den Wein etwa 1 Minute einkochen lassen; die Mischung etwas abkühlen lassen.

4 Eier und Maisstärke in einer Schüssel klumpenfrei verrühren. Milch, Käse, ¼ TL Salz, Petersilie und Thymian einrühren.

5 Die abgekühlte Pilz-Lauch-Mischung auf den Teigboden geben, mit der Eiermischung übergießen und alles gleichmäßig in der Form verteilen. Die Quiche im vorgeheizten Ofen 25–30 Minuten goldbraun backen. 20 Minuten abkühlen lassen, dann in Stücke aufschneiden.

Sonntagseintopf mit Rindfleisch

Wenn im Baskenland die Temperaturen fallen, bieten alle *Pintxo*-Bars in irgendeiner Form einen langsam geschmorten Rindfleischeintopf an, in kleinen, aber umso herzhafteren und gehaltvollen Portionen. Dieser kann mit Zunge, mit Kutteln und anderen Fleischteilen zubereitet sein.

»Ich gehe zum *hamaiketako* [zum zweiten Frühstück] in die Konditorei«, sagte ich eines faulen Sonntagmorgens zu meinem Bruder. Es war jene wunderbare Stunde, zu der alle bei meiner Großmutter Miren zusammenkamen, um einen Happen des Gerichts zu essen, das sie an diesem Tag gerade kochte. Der Duft des langsam vor sich hin köchelnden Schmortopfes zog mich magisch an. In der himmlisch tomatigen Brühe schwammen weich geschmorte Zwiebeln und würzige Kräuter – perfekt für ein herzhaftes zweites Frühstück.

Für 6 Portionen

- 1,2 kg Rinderschulter ohne Knochen oder anderes Schmorfleisch vom Rind, pariert, in 1½ cm große Würfel geschnitten
- Salz und schwarzer Pfeffer aus der Mühle
- 2 EL Süßreismehl
- 2 EL Olivenöl, falls nötig etwas mehr
- 1 mittelgroße Zwiebel, gewürfelt
- ½ mittelgroße grüne Paprika, gewürfelt
- 2 Knoblauchzehen, geschält
- 2 EL Tomatenmark
- 60 ml trockener Rotwein
- 2 EL fein gehackte Petersilie
- 4 Zweige Thymian
- 4 mittelgroße Karotten, geschält und gewürfelt
- 2 mittelgroße mehligkochende Kartoffeln, geschält und gewürfelt
- frische gemischte Kräuter zum Garnieren

1 Das Fleisch mindestens 30 Minuten vor der Zubereitung aus dem Kühlschrank nehmen und mit 1 TL Salz, 1 TL Pfeffer und anschließend dem Süßreismehl einreiben.

2 Eine dickwandige Schmorpfanne bei mittlerer bis hoher Temperatur erhitzen und das Olivenöl hineingeben. Das Fleisch in zwei Portionen rundum scharf anbraten; das Fleisch erst wenden, wenn es angebräunt ist; das Anbacken am Pfannenboden ist erwünscht für die Geschmacksentwicklung. Sobald das Fleisch rundum gebräunt ist, in eine Schüssel heben und mit der zweiten Portion ebenso verfahren.

3 Falls nötig nochmals 1 EL Öl in die Pfanne geben, Zwiebel, Paprika, Knoblauch und ½ TL Salz hinzufügen, umrühren und dabei den Bratensatz von Boden lösen. Das Gemüse bei mittlerer Hitze etwa 5 Minuten weich schmoren.

4 Das Tomatenmark einrühren und 1 Minute mitschmoren. Den Rotwein zugeben und 1 Minute mitkochen, dann das Fleisch zusammen mit 375 ml Wasser, Petersilie und Thymian zurück in die Pfanne geben. Die Flüssigkeit bei hoher Temperatur zum Kochen bringen, dann bei mittlerer bis niedriger Hitze zugedeckt 1 Stunde köcheln lassen.

5 Die gewürfelten Karotten und Kartoffeln hinzufügen, alles gut umrühren und zugedeckt 1 weitere Stunde schmoren, bis das Fleisch gabelweich ist. Nochmals abschmecken.

6 Den Eintopf warm mit frischen Kräutern bestreut servieren.

Im Kühlschrank hält sich der Eintopf 3 Tage. Aufgewärmt am nächsten Tag schmeckt er noch besser!

Selleriesuppe mit Knoblauch, Safran und Curry-Garnelen

Diese einfache Gemüsesuppe wird mit den richtigen Gewürzen zu etwas ganz Besonderem. Ich habe eine kleine Mühle, die ich ausschließlich zum Mahlen von Gewürzen verwende. Manchmal röste ich die Gewürze vor dem Mahlen leicht an, sodass sich die Aromen voll entfalten. Ich mahle immer nur kleine Mengen – dafür aber immer frisch.

Für 4 Portionen

1 Knolle Knoblauch
4 EL Olivenöl
1 mittelgroße Zwiebel, gewürfelt
1 Stange Sellerie, gewürfelt
Salz
¼–½ TL Safranfäden, nach Geschmack
½ TL gemahlener Koriander
500 g Knollensellerie, geschält und gewürfelt
2 mittelgroße mehligkochende Kartoffeln, geschält und gewürfelt
875 ml Hühnerbrühe
125 ml Kokosmilch
225 g rosa Garnelen aus Wildfang, geschält, Darm entfernt
½ TL Currypulver
grob gehackte Pistazienkerne und etwas Kokosmilch zum Garnieren

1 Den Backofen auf 200 Grad vorheizen. Den oberen Teil der Knoblauchknolle abschneiden, sodass das Fruchtfleisch sichtbar ist. Die äußeren Schalenschichten der Knolle entfernen. Die Schnittfläche der Knolle mit 1 TL Olivenöl beträufeln und in Alufolie verpackt 55 Minuten bis 1 Stunde im Ofen schmoren, bis das Fleisch goldbraun ist. Die Alufolie entfernen und die Knolle etwas abkühlen lassen, dann das Fleisch der Knoblauchzehen in eine Schüssel drücken. Beiseitestellen.

2 In einem Topf 2 EL Olivenöl bei mittlerer Temperatur erhitzen und darin Zwiebel, Stangensellerie und ¼ TL Salz unter gelegentlichem Rühren 5 Minuten andünsten.

3 Safran und Koriander einrühren und weitere 30 Sekunden unter Rühren mitdünsten. Den geschmorten Knoblauch, den Knollensellerie, die Kartoffeln, die Hühnerbrühe und ½ TL Salz hinzufügen. Die Flüssigkeit bei mittlerer bis starker Hitze zum Kochen bringen; anschließend bei mittlerer bis niedriger Hitze zugedeckt 15 Minuten kochen, bis das Gemüse gar ist.

4 Die Suppe im Mixer pürieren. Die Kokosmilch einrühren und falls nötig noch etwas mehr Flüssigkeit hinzufügen; nochmals abschmecken.

5 Unmittelbar vor dem Servieren die Garnelen in mundgerechte Größe schneiden und im Currypulver wenden. 2 TL Olivenöl in einer mittelgroßen Pfanne bei mittlerer bis hoher Temperatur erhitzen und die Garnelen 1 Minuten braten, bis sie nicht mehr glasig sind.

6 Die Suppe in Schalen verteilen, die Curry-Garnelen darauf anrichten, mit etwas Kokosmilch beträufeln und mit gehackten Pistazienkernen garnieren.

Tortilla mit Spinat und Kürbis

Die bekannte spanische Tortilla aus Zwiebeln, Kartoffeln und Eiern gehört zu den klassischen, unverzichtbaren *pintxos*, man bekommt sie in jeder Bar und in jedem Restaurant. Mit diesem Gericht sind wir aufgewachsen: Tortilla gab es an Schulfesten und auf Strandausflügen, und nach einer durchtanzten Nacht mit etwas zu viel Wein war Tortilla das Allheilmittel.

Hokkaido ist eine meiner liebsten Winterkürbissorten. Er ist kleiner als die meisten anderen Kürbisse, und seine Schale ist essbar. Ich mag ihn wegen seines erdigen Aromas und des samtigen, cremigen Fruchtfleischs. In diesem Rezept kombiniere ich Kartoffeln, Kürbis und Spinat; das Ergebnis ist eine etwas süßere Version der klassischen Tortilla. Tortilla wird übrigens im Gegensatz zur Frittata nicht im Ofen, sondern in der Pfanne auf dem Herd gegart.

Für 4 Portionen

125 ml Olivenöl
225 g mehligkochende Kartoffeln, geschält und gewürfelt
Salz
225 g Kürbis (Hokkaido oder Acorn), geschält und gewürfelt
4 Eier
60 g grob gehackte Spinatblätter

1 Das Olivenöl in einer beschichteten tiefen Pfanne von 20 cm Durchmesser bei mittlerer Temperatur erhitzen. Darin die Kartoffeln mit ½ TL Salz 5 Minuten unter gelegentlichem Rühren andünsten, aber nicht bräunen.

2 Den Kürbis und nochmals ½ TL Salz hinzufügen. Keine Sorge, wenn Ihnen die Pfanne übervoll erscheint – das Gemüse kocht ein. Unter gelegentlichem Rühren weitere 7 Minuten schmoren, bis das Gemüse weich ist.

3 In der Zwischenzeit die Eier in einer Schüssel verrühren. Das Gemüse aus der Pfanne heben, das Öl abtropfen lassen, das Gemüse zusammen mit dem Spinat zur Eimasse geben und alles gut mischen. (Das Öl bis auf einen kleinen Rest aus der Pfanne in einen Behälter abgießen; ich behalte es bis zu 3 Tage und verwende es für Suppen oder Eintöpfe. Beim zweiten Mal dann allerdings nur noch vorsichtig erhitzen.)

4 Die Herdtemperatur auf mittlere bis hohe Stufe erhöhen. Die Eiermischung zurück in die Pfanne geben und die Mischung in der Mitte der Tortilla mit einem Holzlöffel in Kreisbewegungen rühren. Sobald sie in der Mitte leicht stockt, nicht mehr weiterrühren und die Masse 1 Minute weiterstocken lassen. Einen Teller oder flachen Deckel passender Größe auf die Pfanne setzen, die Tortilla wenden und zurück in die Pfanne gleiten lassen. Anschließend von der anderen Seite noch etwa 2 Minuten garen, je nachdem wie weich oder fest Sie die Tortilla bevorzugen.

5 Die Tortilla aus der Pfanne auf einen sauberen Teller gleiten und 10 Minuten abkühlen lassen, dann in Stücke schneiden. Warm oder auf Raumtemperatur abgekühlt servieren.

HERBST
süß

Tarte tatin mit roten Pflaumen und Rosmarin • Gestürzter Apfelkuchen mit Joghurt-Olivenöl-Teig • Cranberry-Quinoa-Scones • Schokoladen-Haselnuss-Creme im Töpfchen • Gewürzmuffins mit Birnen und brauner Butter • In Karamell pochierte Birnen mit Chocolate-Chip-Meringue • Haselnuss-Butter-Toffee • Chocolate-Chip-Cookies mit Haselnuss-Butter-Toffee • Haselnuss-Butter-Toffee-Kuchen mit Nashi-Birne • Clafoutis mit kandierten Äpfeln und brauner Butter • Süßer Buttermilchrisotto mit Apfelkompott • Schokoladen-Süßkartoffel-Krapfen • Die perfekten Cookies • Schmorkürbis-Eiscreme • Quitten-Tartelettes • Flüssiges Schokoladensoufflé mit Roter Bete und Mandelbutter

Wenn die Tage kürzer werden und die Blätter zu fallen beginnen, sind Waldspaziergänge eine meiner Lieblingsbeschäftigungen. Ich mag die kühle, frische Luft und den Geruch von Regen. Meistens nehme ich eine Thermoskanne mit heißer Schokolade und eine kleine Nascherei mit: etwas Süßes mit fein-würzigem Geschmack, karamellfarben und knusprig-nussig. Zum Beispiel ein Stück gestürzter Apfelkuchen, wie ihn meine Mama früher immer backte.

In meiner Familie bedeutet Herbst, dass immer ein Korb voller Äpfel und Birnen auf dem Küchentisch steht, aus dem sich jeder bedienen kann. Perfekt zum Backen finde ich die alte Apfelsorte der Renetten oder Reinetten; ihr Fleisch ist weich und knackig zugleich, ein bisschen säuerlich und mürbe; oft ersetze ich sie auch durch die Sorte Pink Lady. »Ist er endlich fertig?«, fragt mein Sohn Jon ununterbrochen, wenn meine Mutter heute für uns Apfelkuchen bäckt. Doch ganz gleich, wie ungeduldig wir auch sein mögen – sie würde einen Apfelkuchen niemals warm aufschneiden. »Stell ihn raus auf den Balkon zum Abkühlen, dann geht es schneller«, sagt sie dann, ohne sich erweichen zu lassen. Auch die Nachbarn lieben den Duft von Zimt und Zucker …

Nach meinem Umzug in die USA lernte ich, mit Beeren, Kürbis und Süßkartoffeln zu backen. Das kannte ich aus meiner Kindheit nicht, aber schon bald liebte ich es. Auch diese Zutaten stehen für Wärme und Behaglichkeit. Wenn Halloween nicht mehr weit ist, nehmen die Naschereien die Farbe von Karamell an, so etwa das Haselnuss-Butter-Toffee von Seite 74. Unterstützt von seiner Schwester Miren bettelt Jon nach Schmorkürbis-Eiscreme (Seite 86) und Schokolade-Süßkartoffel-Krapfen (Seite 83). Ich möchte, dass sie die Jahreszeiten auch durch die Aromen und Düfte in unserer Küche begreifen lernen.

Tarte tatin mit roten Pflaumen und Rosmarin

Pflaumen begleiten uns über den Sommer hinaus und versüßen uns auch noch den Herbst. Auf den Bauernmärkten findet man unterschiedliche Sorten, alle mit dunkel samtiger Haut und süßem Fruchtfleisch. Die unerwartete Kombination von Pflaumen, Karamell und Rosmarin entzückte, als ich sie zum ersten Mal probierte, sogleich meine Geschmacksknospen: Sie schmeckt süß, erdig und säuerlich, alles in einem. Verwenden Sie Pflaumen, die schön reif sind, aber ihre Form dennoch halten – andernfalls werden sie zu schnell matschig.

Für eine Tarte von 23 cm Durchmesser

Für den Teigboden

- 100 g extrafeines Vollkornreismehl
- 40 g Sorghummehl
- 3 EL Tapiokastärke
- 1 EL naturbelassener Rohrzucker
- ¼ TL Salz
- 110 g kalte Butter, ½ cm groß gewürfelt
- 6–8 EL Eiswasser
- extrafeines Vollkornreismehl zum Ausrollen und Bestäuben

Für den Belag

- 100 g naturbelassener Rohrzucker
- 30 g Butter (Raumtemperatur)
- 2 Zweige Rosmarin, in 5 cm lange Stücke geschnitten
- 1 Vanilleschote, längs aufgeschnitten, Mark ausgekratzt
- 9–10 reife, aber feste rote Pflaumen (etwa 675 g), halbiert und entsteint

Den Teigboden zubereiten

1 Mehle, Stärke, Zucker und Salz in der Küchenmaschine oder im Blitzhacker vermengen und gründlich durchmischen. Die kalten Butterwürfel hinzufügen und rasch einarbeiten, bis sie Erbsengröße haben. Dann 6 EL Eiswasser zugeben und zügig unterkneten. Der Teig sollte sich zu einem Klumpen zusammendrücken lassen. Ist die Masse noch zu krümelig, fügen Sie etwas mehr Eiswasser hinzu.

2 Den Teig auf der Arbeitsfläche von Hand durchkneten und zu einer kreisförmigen Platte formen. In Klarsichtfolie wickeln, flach drücken und 1 Stunde im Kühlschrank ruhen lassen.

3 Den Teig auf einer kalten, mit feinem Vollkornreismehl bestäubten Unterlage etwa ½ cm dünn ausrollen und einen Kreis von 24 cm Durchmesser ausschneiden. Den Teig mit einer Gabel mehrmals einstechen und im Kühlschrank weitere 20 Minuten kalt stellen.

Den Belag zubereiten und die Tarte backen

1 Den Backofen auf 200 Grad vorheizen.

2 Den Boden einer Tarteform von 23 cm Durchmesser mit Backpapier auslegen.

3 Eine Pfanne bei mittlerer bis hoher Temperatur erhitzen. Die Hälfte des Zuckers gleichmäßig in die heiße Pfanne streuen und schmelzen lassen, dann den restlichen Zucker einstreuen und karamellisieren lassen. Sobald sich der Karamell bernsteinfarben färbt (Achtung: den Karamell nicht verbrennen lassen!), Butter, Rosmarinzweige, Vanilleschote und ausgekratztes Mark hinzufügen und die Pfanne schwenken, bis die Butter geschmolzen ist.

4 Die Pflaumen mit der Schnittseite nach unten auf den Karamell setzen und auf mittlerer Stufe 5 Minuten knapp weich schmoren; sie dürfen nicht matschig werden. Die Pfanne vom Herd nehmen. Rosmarin und Vanilleschote entfernen.

5 Die geschmorten Pflaumen mit der Schnittseite nach unten kreisförmig dicht aneinander in der mit Backpapier ausgelegten Form anordnen. Mit dem restlichen Karamell übergießen. Die Pflaumen mit dem Teig bedecken und den Teigrand ins Innere der Form klappen. Bricht oder reißt der Teig, an der betreffenden Stelle vorsichtig wieder zusammendrücken.

6 Die Tarte im vorgeheizten Ofen 35 Minuten backen, bis sich der Teig goldbraun färbt. Dann die Tarte vorsichtig auf ein Kuchengitter stürzen; der Karamell läuft dabei heraus, deshalb am besten über einem Stück Pergamentpapier oder einem Blech arbeiten. Das nun oben liegende Backpapier abziehen und die Tarte abkühlen lassen Warm oder abgekühlt servieren.

Gestürzter Apfelkuchen mit Joghurt-Olivenöl-Teig

In vielen Familien steht immer ein Kuchen oder etwas Süßes in der Küche bereit – bei uns zu Hause war es Mamas Olivenölkuchen. Sie backte diesen Rührkuchen nie nach Rezept, sondern nahm einfach einen Becher Joghurt, eine Handvoll Zucker, vier Eier … Das folgende Rezept ist von Mamas Kuchen inspiriert: in Butter geschmorte Äpfel und ein kerniger Vollkornteig – ganz schön gesund, wenn Sie mich fragen.

Für einen Kuchen von 20 cm Durchmesser

3 Äpfel (Pink Lady oder eine andere knackige Sorte)
30 g Butter
130 g naturbelassener Rohrzucker
1 Vanilleschote, längs aufgeschnitten, Mark ausgekratzt
100 g extrafeines Vollkornreismehl
40 g gemahlene Mandeln
40 g Kartoffelstärke
35 g Hirsemehl
2 EL Tapiokastärke
1 EL Backpulver
½ TL Natron
½ TL gemahlener Zimt
½ TL gemahlener Ingwer
¼ TL Salz
3 Eier
100 g Muscovado- oder dunkelbrauner Zucker
125 ml Vollmilchjoghurt
125 ml Olivenöl

1 Den Backofen auf 180 Grad vorheizen. Eine Backform von 20 cm Durchmesser dünn fetten und den Boden mit Backpapier belegen.

2 Die Äpfel entkernen und achteln. Die Butter zusammen mit 2 EL des Rohrzuckers und der ausgekratzten Vanilleschote (das Mark für den Teig aufbewahren) in einer großen Pfanne bei mittlerer Temperatur schmelzen; darin die Apfelspalten 7 Minuten andünsten, bis sie weich sind, aber die Form noch behalten. Der Zucker sollte nicht karamellisieren. 15 Minuten abkühlen lassen.

3 Den Boden der Form kreisförmig dicht mit den Apfelspalten belegen.

4 In einer großen Schüssel Reismehl, gemahlene Mandeln, Kartoffelstärke, Hirsemehl, Tapiokastärke, Backpulver, Natron, Zimt, Ingwer und Salz vermischen.

5 In einer separaten Schüssel die Eier mit den restlichen 100 g Zucker, Muscovadozucker, Joghurt, Öl und Vanillemark verrühren. Die Eiermasse zu den trockenen Zutaten geben und alles zu einem glatten Teig verarbeiten. Diesen in die Form füllen.

6 Den Kuchen 1 Stunde im vorgeheizten Ofen backen, bis bei der Stäbchenprobe kein Teig mehr an einem Holzspieß kleben bleibt. Den Kuchen aus dem Ofen nehmen und 15 Minuten in der Form abkühlen lassen, dann vorsichtig auf ein Kuchengitter stürzen und vollständig abkühlen lassen.

7 Der Kuchen hält sich gut verpackt im Kühlschrank 3 Tage; tiefgefroren lässt er sich bis zu 1 Monat aufbewahren.

Cranberry-Quinoa-Scones

Mit zwölf Jahren war ich zusammen mit meinen Brüdern das erste Mal in London. Wir wohnten bei Freunden der Familie, besuchten vormittags einen Englischkurs und erkundeten nachmittags und an den Wochenenden die Stadt. Unsere Gastmutter Iziar arbeitete in einem typisch englischen Tearoom mit Bäckerei und brachte jeden Abend nicht verkauftes Gebäck aus dem Café mit. Die Blaubeer-Muffins waren immer ein Frühstücks-Highlight und für die Verpflegung am Nachmittag gab es immer Scones – diese Tradition führe ich bis heute fort.

Für 10 Scones (ca. 5 cm Durchmesser)

140 g Butter
125 ml kalte Kokosmilch
1 TL frisch gepresster Zitronensaft
100 g Cranberrys
140 g extrafeines Vollkornreismehl
90 g Quinoaflocken
45 g Quinoamehl
40 g Tapiokastärke
70 g naturbelassener Rohrzucker
1 EL Backpulver
½ TL Natron
½ TL Salz
abgeriebene Schale von 1 Orange
2 Eier
1 EL Demerarazucker und Quinoaflocken zum Bestreuen

1 Die Butter bis zur Weiterverarbeitung 30 Minuten in den Tiefkühler stellen.

2 Kokosmilch und Zitronensaft in einer Schüssel verrühren und 5 Minuten kalt stellen.

3 Die Cranberrys in der Küchenmaschine oder im Blitzhacker grob hacken.

4 Reismehl, Quinoaflocken, Quinoamehl, Tapiokastärke, Zucker, Backpulver, Natron, Salz und Orangenschale in einer großen Schüssel vermischen. Die Butter aus dem Tiefkühler nehmen, auf der groben Reibe zur Mehlmischung reiben und mit dem Mehl vermengen, dabei rasch arbeiten, damit die Butter durch die Wärme der Hände nicht schmilzt.

5 1 Ei unter die Kokosmilchmischung rühren und diese mit einem Holzspatel unter die Mehl-Butter-Mischung ziehen, bis ein klebriger Teig entsteht. Die gehackten Cranberrys unterheben.

6 Den Backofen auf 200 Grad vorheizen.

7 Den Teig auf der Arbeitsfläche von Hand durchkneten, bis er zusammenhält, und etwa 2 cm dick ausrollen. Mit einem runden, immer wieder in Vollkornreismehl getauchten Ausstecher von 5 cm Durchmesser Scones ausstechen und diese auf ein mit Backpapier belegtes Blech setzen. Die Teigreste zusammenfügen, erneut ausrollen und ausstechen.

8 Das verbliebene Ei verklopfen und die Scones damit bestreichen. Mit Zucker und Quinoaflocken bestreuen.

9 Die Scones im vorgeheizten Ofen 18 Minuten goldbraun backen. 15 Minuten auf dem Blech abkühlen lassen, dann auf einem Kuchengitter vollständig abkühlen lassen. Bei Raumtemperatur bleiben sie 2 Tage frisch, tiefgekühlt lassen sie sich bis zu 1 Monat aufbewahren.

Schokoladen-Haselnuss-Creme im Töpfchen

Vanille- und Schokoladencreme sind in unserem Haus ein Grundnahrungsmittel. Ich sorge dafür, dass immer welche im Kühlschrank ist, wenn die Kinder nachmittags aus der Schule kommen. Da diese mit Kokosmilch, Eiern, Vollmilch- und Zartbitterschokolade, Haselnussbutter und Fleur de sel zubereitete Creme schön nahrhaft ist, habe ich absolut kein schlechtes Gewissen, sie meinen Kindern zu servieren.

Für 6 Förmchen à 120 ml Inhalt

- 30 g Haselnüsse
- ½ l Kokosmilch
- 1 Vanilleschote, längs aufgeschnitten, Mark ausgekratzt
- 1 Ei
- 2 Eigelb
- 50 g Palmzucker
- 2 EL Haselnussbutter (siehe Seite 69)
- 60 g Vollmilchschokolade, fein gehackt
- 60 g Zartbitterschokolade, fein gehackt
- ½ TL Fleur de sel

1 Den Backofen auf 180 Grad vorheizen. Die Haselnüsse im vorgeheizten Ofen auf einem Blech 5–7 Minuten goldbraun rösten, bis sie gut duften. Dann in ein sauberes Küchentuch geben und reiben, sodass sich die Haut löst. Abkühlen lassen und grob hacken. Die Ofentemperatur auf 150 Grad senken.

2 Die Kokosmilch zusammen mit der Vanilleschote und dem ausgekratzten Mark in einem Topf bei mittlerer Temperatur zum Köcheln bringen.

3 Ei, Eigelbe, Palmzucker und Haselnussbutter in einer Schüssel möglichst klumpenfrei verrühren.

4 Sobald die Kokosmilch köchelt, den Topf vom Herd nehmen und die Vanilleschote entfernen. Die gehackte Schokolade in die Milch geben und unter Rühren zum Schmelzen bringen.

5 Unter ständigem Rühren nun zuerst eine kleine Menge der Kokosmilchmischung zu der Eiermasse geben. Anschließend die restliche Kokosmilch einrühren und die Masse durch ein feines Haarsieb in eine saubere Schüssel streichen. Dann das Fleur de sel einrühren.

6 Die Creme in 6 ofenfeste Förmchen füllen, diese auf ein tiefes Blech oder in eine Saftpfanne stellen und bis zur halben Höhe der Förmchen mit heißem Wasser auffüllen.

7 Im vorgeheizten Ofen 30–40 Minuten backen, bis die Creme in der Mitte fest ist. Die Förmchen bei Raumtemperatur abkühlen lassen. Bei Raumtemperatur oder gekühlt servieren.

HAUSGEMACHTE NUSSBUTTER

Nussbutter lässt sich leicht selbst zubereiten. 2 Tassen Ihrer Lieblingsnüsse auf einem Backblech verteilen und im Ofen bei 180 Grad 5–10 Minuten goldbraun rösten. Dann die Nüsse in der Küchenmaschine, im Blitzhacker oder im Mixer zerkleinern. 1 EL Pflanzen- oder Nussöl (Haselnuss-, Mandel- oder Pistazienöl) und 1 Prise Salz hinzufügen und zu einer geschmeidigen Paste verarbeiten. Wer mag, süßt die Nussbutter mit 1 EL Honig.

Gewürzmuffins mit Birnen und brauner Butter

Diese Muffins verströmen einen warmen, herbstlichen Duft und stillen nachmittägliche Heißhungerattacken. Servieren Sie sie mit einer Tasse Ingwertee oder machen Sie sie mit einem Klecks gesüßter Buttercreme zu süßen Cupcakes.

Für 12 Muffins

- 140 g Butter
- 140 g extrafeines Vollkornreismehl
- 50 g gemahlene Mandeln
- 2 EL Tapiokastärke
- 1½ TL Backpulver
- ½ TL Salz
- ½ TL gemahlener Zimt
- ¼ TL gemahlener Ingwer
- ⅛ TL geriebene Muskatnuss
- ⅛ TL gemahlener Kardamom
- 2 Eier (Raumtemperatur)
- 100 g Ahornsirup
- 60 g hellbrauner Zucker
- 1 Vanilleschote, längs aufgeschnitten, Mark ausgekratzt
- 2 mittelgroße reife Birnen
- 2 EL gehackte ungesalzene Pistazienkerne zum Garnieren

1 Den Backofen auf 180 Grad vorheizen.

2 Die Butter in einem kleinen Topf bei mittlerer Temperatur erhitzen, bis sie zu bräunen beginnt und angenehm nussig reicht. Das dauert etwa 5 Minuten. Den Topf vom Herd nehmen und die braune Butter zum Abkühlen vorsichtig in eine saubere Schüssel umgießen.

3 Reismehl, gemahlene Mandeln, Tapiokastärke, Backpulver, Salz und sämtliche Gewürze in einer Schüssel vermischen.

4 In einer separaten Schüssel Eier, Ahornsirup, Zucker, Vanillemark und die braune Butter verrühren. Diese Mischung zur Mehlmischung geben und gut vermengen.

5 Die Birnen mit der Schale auf der Reibe direkt zum Teig reiben und sofort unterheben.

6 Papierbackförmchen in die Mulden eines Muffinblechs stellen und etwa zu drei Vierteln mit Teig füllen. Dann mit den gehackten Pistazienkernen bestreuen.

7 Die Muffins im vorgeheizten Ofen 20–25 Minuten backen, bis bei der Stäbchenprobe kein Teig mehr an einem Holzspieß oder Zahnstocher kleben bleibt. Aus dem Ofen nehmen und auf einem Kuchengitter vollständig abkühlen lassen. Diese Muffins halten sich im Kühlschrank gut verpackt 3 Tage.

In Karamell pochierte Birnen mit Chocolate-Chip-Meringue

Wenn ich ein neues Rezept entwickle, denke ich immer an die Texturen. In diesem Fall stellte ich mir eine Kombination aus weich, knackig und cremig vor. Auch die Geräusche spielen eine Rolle. Ich liebe es, die Texturen zu hören, wenn ich in etwas beiße. Diese pochierten Birnen sind himmlisch cremig, die Meringue steuert sowohl das knackige wie auch das zart schmelzende Element bei. Reichen Sie Schlagrahm dazu, wenn Sie möchten.

Für 6 Portionen

Für die Chocolate-Chip-Meringue
4 Eiweiß (Raumtemperatur)
1 Prise Salz
225 g feiner Backzucker
60 g Zartbitterschokolade, fein gehackt

Für die pochierten Birnen
450 g Demerarazucker
1 Vanilleschote, längs aufgeschnitten, Mark ausgekratzt
1 TL ganze rosa Pfefferkörner
2 ganze Sternanis
abgeriebene Schale von 1 Zitrone
12 kleine reife Birnen, geschält, Stiele daran belassen

Die Meringue zubereiten

1 Den Backofen auf 120 Grad vorheizen.

2 Die Eiweiße zusammen mit der Prise Salz mit den Quirlen des Handrührgeräts oder in der Küchenmaschine schlagen, bis der Eischnee weiche Spitzen bildet. Nach und nach unter ständigem Weiterrühren den Zucker hinzufügen; nicht zu viel auf einmal, da der Eischnee sonst zusammenfällt. Ist der ganze Zucker eingerührt, noch etwa 10 Minuten weiter schlagen, bis ein dicker, glänzender Eischnee entstanden ist. Zuletzt behutsam die fein gehackte Schokolade unterheben.

3 Ein Backblech mit Backpapier belegen. Mit einem Löffel 12 Eischneekleckse (jeweils mit 2–3 cm Abstand) auf das Blech setzen. Die Meringues im vorgeheizten Ofen 40–45 Minuten backen, bis sie sich gut vom Papier lösen lassen. Abkühlen lassen.

4 Die Meringues halten sich in einem luftdicht verschlossenen Behälter bis zu 1 Woche. Sie schmecken pur oder über Eiscreme oder andere sahnige Desserts gebröselt.

Den Karamell zubereiten und die Birnen pochieren

1 Ein Drittel des Demerarazuckers gleichmäßig auf den Boden eines mittelgroßen Topfes streuen und bei mittlerer bis hoher Temperatur ohne zu rühren schmelzen lassen. Sobald der Zucker geschmolzen ist, das zweite Drittel Zucker gleichmäßig in den Topf streuen und ebenso zum Schmelzen bringen. Dann mit dem letzten Drittel ebenso verfahren. Zum Schluss umrühren, sodass eine klumpenfreie Masse entsteht.

2 Vorsichtig (der Karamell kann spritzen!) 1 l Wasser zugießen. Falls der Karamell hart wird, ganz einfach weiter erhitzen und wieder zum Schmelzen bringen.

3 Die Vanilleschote samt ausgekratztem Mark, rosa Pfefferkörnern, Sternanis und Zitronenschale hinzufügen.

4 Die geschälten Birnen in den Karamellsirup legen und zugedeckt bei niedriger Hitze etwa 8 Minuten garen. Den Topf vom Herd nehmen und die Birnen im Sirup etwa 4 Minuten abkühlen lassen.

5 Die Meringues entweder ganz mit den pochierten Birnen anrichten oder zerbröselt darüberstreuen und warm oder auf Raumtemperatur abgekühlt servieren. Die Birnen lassen sich im Sirup zugedeckt im Kühlschrank bis zu 5 Tage aufbewahren.

Haselnuss-Butter-Toffee

Dieses Toffee schmeckt himmlisch, sei es ganz einfach so, pur, über Eiscreme gebröselt oder unter eine Mousse gemischt. In diesem Fall reicht eine halbe Portion – mit der anderen Hälfte kann man weitere feine Leckereien zubereiten (siehe folgende Rezepte).

Für 250 g

50 g Haselnüsse
70 g naturbelassener Rohrzucker
60 g Butter
Salz

1 Den Backofen auf 180 Grad vorheizen. Die Haselnüsse auf einem Backblech verteilen und im vorgeheizten Ofen 5–7 Minuten goldbraun rösten. Dann in ein sauberes Küchentuch geben und reiben, sodass sich die Haut löst.

2 Zucker, Butter, 2 EL Wasser und ¼ TL Salz in einem kleinen Topf verrühren und bei mittlerer bis hoher Temperatur unter Rühren erhitzen, bis sich der Zucker aufgelöst hat und die Butter geschmolzen ist.
Nun ohne weiteres Rühren die Masse weiter erhitzen, bis das Zuckerthermometer 150 Grad anzeigt. Die gerösteten Haselnüsse einrühren.
Die Masse auf ein mit Backpapier belegtes Blech oder eine Silikonmatte gießen und vollständig abkühlen lassen.

3 Das Toffee grob zerkleinern. Es hält sich in einem luftdicht verschlossenen Behälter bis zu 1 Woche.

Chocolate-Chip-Cookies mit Haselnuss-Butter-Toffee

Dies sind die Lieblingskekse meiner Kinder – weich und saftig, dazu ein Glas kalter Milch am Nachmittag … Muss ich mehr sagen?

Für etwa 24 Cookies

110 g Butter (Raumtemperatur)
125 g heller brauner Zucker
50 g naturbelassener Rohrzucker
½ TL Vanilleextrakt
1 Ei (Raumtemperatur)
140 g extrafeines Vollkornreismehl
55 g Kartoffelstärke
40 g Tapiokastärke
½ TL Salz
½ TL Natron
70 g gehacktes Haselnuss-Butter-Toffee (siehe Rezept Seite 74)
90 g Zartbitterschokoladentröpfchen

1 Butter, hellen Zucker und Rohrzucker mit dem Flachrührer bei mittlerer Geschwindigkeit etwa 2 Minuten schaumig rühren. Vanilleextrakt und das Ei einrühren.

2 Reismehl, Kartoffelstärke, Tapiokastärke, Salz und Natron in einer separaten Schüssel vermischen. Die Mehlmischung gründlich mit der Butter-Zucker-Masse vermengen. Das gehackte Haselnuss-Butter-Toffee und die Schokoladentröpfchen unterheben.

3 Den klebrigen Teig auf ein Stück Backpapier geben und mithilfe des Papiers zu einer Rolle von etwa 33 cm Länge und 5 cm Durchmesser formen. In das Backpapier eingewickelt mindestens 1 Stunde im Kühlschrank ruhen lassen.

4 Den Ofen auf 180 Grad vorheizen. Zwei Backbleche mit Backpapier oder Silikonmatten belegen.

5 Die Teigrolle in gut 1 cm dicke Scheiben schneiden und diese mit jeweils 5 cm Abstand auf die Backbleche legen. Im vorgeheizten Ofen 15 Minuten goldbraun backen. Aus dem Ofen nehmen und 10 Minuten auf den Blechen abkühlen lassen. In einem luftdicht verschlossenen Behälter halten sich die Cookies gut etwa 3 Tage (wenn sie so lange überleben!).

Haselnuss-Butter-Toffee-Kuchen mit Nashi-Birne

Dieses Rezept ist eine Variation des Joghurt-Olivenöl-Kuchens meiner Mama, das ich im Lauf der Jahre vielfach abgewandelt habe. Bei dieser Version hebe ich knackige Nashi-Birnen und Toffee unter den Teig, das den Kuchen herrlich karamellig schmecken lässt.

Sie kennen die Nashi-Birne nicht? Sie sieht ähnlich wie ein Apfel aus, ist aber keine Kreuzung zwischen Apfel und Birne, sondern eine asiatische Birnenart. Nashi-Birnen besitzen eine knackige Konsistenz wie Äpfel, enthalten aber mehr Wasser. Dünn aufgeschnitten, sind sie toll in Salaten.

Für 8 Mini-Gugelhupfformen oder 1 große Gugelhupfform

- 4 Eier
- 100 g naturbelassener Rohrzucker
- 100 g Demerarazucker
- 1 Vanilleschote, längs aufgeschnitten, Mark ausgekratzt
- 125 ml Vollmilch-Naturjoghurt
- 125 ml Olivenöl
- 100 g extrafeines Vollkornreismehl, plus 1 EL zusätzlich
- 70 g Sorghummehl
- 30 g Tapiokastärke
- 25 g gemahlene Haselnüsse
- 1 EL Backpulver
- ½ TL Salz
- 1 Nashi-Birne, geschält, entkernt, etwa 1 cm groß gewürfelt
- 70 g Haselnuss-Butter-Toffee (Rezept Seite 74), gehackt

1 Den Backofen auf 180 Grad vorheizen. Die Guglhupfform oder -formen buttern. 2 In einer großen Schüssel Eier, Rohrzucker, Demerarazucker, Vanillemark, Joghurt und Olivenöl verrühren.

2 In einer separaten Schüssel Mehle, Tapiokastärke, gemahlene Nüsse, Backpulver und Salz vermischen.

3 Die Eier-Zucker-Mischung mit der Mehlmischung verrühren. In einer kleinen Schüssel Birne, Toffee und den zusätzlichen Esslöffel Vollkornreismehl vermengen und unter den Teig heben.

4 Den Teig in die gefettete Form oder die Förmchen füllen. Die kleinen Formen im vorgeheizten Ofen 25–30 Minuten, die große Form 45–50 Minuten backen, bis bei der Stäbchenprobe kein Teig mehr an einem Holzspieß kleben bleibt. Aus dem Ofen nehmen, 15 Minuten in der Form abkühlen lassen, dann auf ein Kuchengitter stürzen und vollständig abkühlen lassen. Gut verpackt hält sich der Kuchen bei Raumtemperatur 3 Tage, tiefgekühlt bis zu 1 Monat.

Clafoutis mit kandierten Äpfeln und brauner Butter

Clafoutis ist eine typisch französische Dessertspeise, irgendwo zwischen Auflauf und Kuchen angesiedelt. Reichlich Eier, viel Milch und nur wenig Mehl sind die klassischen Zutaten. Und das bisschen Mehl lässt sich leicht durch eine glutenfreie Variante ersetzen. Beim Blättern in Thomas Kellers »The French Laundry Cookbook« stieß ich auf seine Eiscreme mit kandierten Äpfeln. Ich liebe kandierte Äpfel in jeder Form – und mit diesen Aromen im Kopf kreierte ich diesen Clafoutis mit brauner Butter und dem intensiven Geschmack reduzierten Apfelsafts.

Für 6 Portionen

½ l Apfelsaft ohne Zuckerzusatz
30 g Butter sowie Butter zum Fetten der Form
4 mittelgroße Granny-Smith-Äpfel (etwa 1 kg), geschält, entkernt und in ½ cm dicke Spalten geschnitten
3 EL naturbelassener Rohrzucker für die Äpfel
1 Vanilleschote, längs aufgeschnitten, Mark ausgekratzt
1 EL Apfelsaft
3 Eier
100 g naturbelassener Rohrzucker
35 g gemahlene Mandeln
30 g Tapiokastärke
½ TL Salz
185 ml Kokosmilch

1 Den Backofen auf 200 Grad vorheizen und eine Auflaufform von 26 cm Durchmesser buttern.

2 Den ½ l Apfelsaft in einem kleinen Topf bei hoher Temperatur etwa 12 Minuten auf ein Viertel (125 ml) einkochen. Abkühlen lassen.

3 In einer großen Pfanne die Butter bei mittlerer bis hoher Temperatur schmelzen, bis sie zu bräunen beginnt (das dauert etwa 3 Minuten). Die Apfelspalten, die 3 EL Zucker, die Hälfte des Vanillemarks und den zusätzlichen Esslöffel Apfelsaft dazugeben und bei mittlerer Hitze unter gelegentlichem Rühren 5–8 Minuten dünsten, bis die Äpfel weich, aber nicht matschig sind.

4 In einer Schüssel Eier, Zucker, das restliche Vanillemark, die gemahlenen Mandeln, die Tapiokastärke und das Salz zu einer cremigen Masse verrühren. Die Kokosmilch und den eingekochten Apfelsaft beifügen und gut unterrühren.

5 Die Masse in die vorbereitete Auflaufform füllen, mit den gedünsteten Apfelspalten belegen und mit dem Schmorsud beträufeln. Den Clafoutis im vorgeheizten Ofen 35–40 Minuten backen, bis er in der Mitte fest und am Rand schön gebräunt ist. Warm oder auf Raumtemperatur abgekühlt servieren.

Süßer Buttermilchrisotto mit Apfelkompott

Von diesem Risotto könnte ich den ganzen Topf alleine essen – und das auf einmal! Diese Süßspeise besitzt eine perfekte Balance aus süß und säuerlich, ist cremig und hat zugleich Biss. Wie viel Zucker und Apfelsaft man dem Apfelkompott beifügt, hängt von der Süße und Saftigkeit der verwendeten Apfelsorte ab. Am besten probieren Sie vor dem Kochen einen Apfel.

Für 4–6 Portionen

Für das Apfelkompott
- 3 mittelgroße Äpfel (Granny Smith, Pink Lady oder Reinette), geschält, entkernt und in Spalten geschnitten
- 60 ml Apfelsaft ohne Zuckerzusatz
- 2 EL frisch gepresster Zitronensaft
- 2 EL naturbelassener Rohrzucker
- ½ Vanilleschote, längs aufgeschnitten, Mark ausgekratzt
- 1 Zimtstange
- 2 EL Rosinen
- 2 EL gewürfelte Dörraprikosen

Für den Buttermilchrisotto
- 1⅛ l Vollmilch, falls nötig etwas mehr
- 75 g naturbelassener Rohrzucker
- 1 Vanilleschote, längs aufgeschnitten, Mark ausgekratzt
- 1 Zimtstange (die aus dem Kompott)
- Salz
- 30 g Butter
- 150 g Arborio-Reis
- ¼ l Vollmilch-Buttermilch oder Crème fraîche
- ungesalzene gehackte Pistazienkerne zum Garnieren

Das Kompott zubereiten

Alle Zutaten in einem Topf bei mittlerer Hitze unter gelegentlichem Rühren 10–12 Minuten köcheln, bis die Flüssigkeit verdampft ist und die Äpfel weich sind, aber noch Biss haben. Den Topf vom Herd nehmen. Zimtstange und Vanilleschote herausnehmen; die Zimtstange für den Risotto aufbewahren.

Den Risotto zubereiten

1 In einem Topf Milch, Zucker, Vanilleschote und Mark, Zimtstange und ¼ TL Salz bei mittlerer bis hoher Temperatur zu leisem Köcheln bringen, aber nicht aufkochen lassen. Dann die Temperatur auf niedrige Stufe senken und die Mischung warm halten, während der Risotto zubereitet wird.

2 Die Butter bei mittlerer Hitze in einem Topf schmelzen. Den Reis hinzufügen und 1 Minute unter Rühren andünsten, bis er vollständig mit Butter umhüllt ist.

3 Etwa 125 ml der warmen Milchmischung zum Reis geben und 2 Minuten rühren, bis der Reis die Milch aufgenommen hat. Unter Rühren eine weitere Portion der warmen Milch (ca. 60 ml) hinzufügen und wiederum in den Reis einziehen lassen; so fortfahren, bis die Milch aufgebraucht und der Risotto bissfest gegart ist. Das dauert 20–25 Minuten.

4 Den Topf vom Herd nehmen und die Buttermilch oder Crème fraîche einrühren. Zunächst ist der Risotto cremig und locker, dickt dann aber ein. Falls nötig etwas mehr Milch hinzufügen.

5 Zum Servieren den Risotto in Schälchen oder Gläser verteilen, darauf das Apfelkompott anrichten und mit Pistazienkernen bestreuen.

6 Reste des Risottos lassen sich einfrieren. Den Risotto vor dem erneuten Servieren bei niedriger Temperatur in einem Topf erhitzen und falls nötig noch etwas Milch dazugeben.

Schokoladen-Süßkartoffel-Krapfen

Am 1. November, Allerheiligen, dem Tag, an dem wir der Toten gedachten, gab es in der Bäckerei meines Großvaters immer *buñuelos*. Ich zählte jeweils die Tage, bis es so weit war. Vor der Bäckerei bildete sich eine lange Schlange, und alle freuten sich auf die gefüllten Zimtkrapfen.

Für 80 Krapfen

1 mittelgroße Süßkartoffel, längs halbiert
140 g extrafeines Vollkornreismehl
100 g Sorghummehl
80 g Kartoffelstärke
50 g gemahlene Haselnüsse
60 g Tapiokastärke
3 EL ungesüßtes schwarzes Kakaopulver oder normales Kakaopulver
2 TL Backpulver
1 TL Salz
1 TL Natron
¼ TL gemahlener Zimt
2 Eier (Raumtemperatur)
100 g naturbelassener Rohrzucker
125 ml Kokosmilch
60 ml Olivenöl
1 TL Vanilleextrakt
Vollkornreismehl zum Bestäuben
Pflanzenöl zum Ausbacken
Puderzucker zum Wälzen

1 Den Backofen auf 200 Grad vorheizen. Die Süßkartoffelhälften mit der Schnittseite nach unten auf ein Backblech legen und im Ofen 30 Minuten weich schmoren. Die Haut abziehen, das Fleisch mit einer Gabel zerquetschen und 125 g des Pürees abmessen.

2 Reismehl, Sorghummehl, Kartoffelstärke, gemahlene Haselnüsse, Tapiokastärke, Kakaopulver, Backpulver, Salz, Natron und Zimt in einer großen Schüssel vermischen.

3 Eier, Zucker, Kokosmilch, Olivenöl, Vanilleextrakt und Süßkartoffelpüree in einer separaten Schüssel vermengen. Die Masse zu der Mehlmischung geben und gründlich vermengen. Den Teig mit den Händen einige Male durchkneten, bis sich alles gut verbunden hat.

4 Die Arbeitsfläche dünn mit Reismehl bestäuben, den Teig daraufgeben und flach drücken. Der Teig ist klebrig, aber lassen Sie sich nicht dazu verleiten, mehr Mehl hinzuzufügen; das ist nicht nötig. Den Teig gut 1 cm dick ausrollen und mit einem Ausstecher von 3–4 cm Durchmesser Kreise ausstechen; dazu den Ausstecher immer wieder in Reismehl tauchen. Die Teigrondellen auf ein mit Backpapier belegtes Blech setzen. Die Teigreste verkneten, erneut ausrollen und weitere Rondellen ausstechen. 30 Minuten in den Kühlschrank stellen.

5 Einen gusseisernen Bräter 5 cm hoch mit Pflanzenöl füllen und dieses auf 160 Grad erhitzen. Behutsam und in kleineren Portionen die Teigrondellen hineingeben; sie werden zunächst zu Boden sinken und dann wieder auftauchen. Erscheinen sie an der Oberfläche, wendet man sie und lässt sie weitere 30 Sekunden bis 1 Minute ausbacken. Herausheben, auf Küchenpapier abtropfen und etwas abkühlen lassen, dann in Puderzucker wälzen. Die Krapfen am selben Tag verzehren oder gut verpackt bis zu 1 Monat tiefgekühlt aufbewahren.

Die perfekten Cookies

Diese Cookies haben alles, wonach sich meine Sinne sehnen. Außen knusprig, weich im Kern, von milder Süße und voller Schokoladenstückchen, Pekannüsse, Haferflocken und Kokosraspel. Zimt und Muskat geben Wärme und einen herbstlichen Duft.

Für 32 Cookies

- 110 g Butter (Raumtemperatur)
- 100 g naturbelassener Rohrzucker
- 100 g dunkler Muscovadozucker
- 1 TL Vanilleextrakt
- 1 Ei (Raumtemperatur)
- 70 g extrafeines Vollkornreismehl
- 45 g Buchweizenmehl
- 30 g Tapiokastärke
- 2 TL Backpulver
- 2 TL Natron
- 1 TL Salz
- 1 TL gemahlener Zimt
- ⅛ TL geriebene Muskatnuss
- 150 g kleine Schokoladentröpfchen
- 50 g glutenfreie Haferflocken
- 60 g Pekannüsse, grob gehackt
- 35 g ungesüßte Kokosflocken, klein geschnitten

1 Butter, Rohrzucker und Muscovadozucker in der Rührschüssel der Küchenmaschine mit dem Flachrührer bei mittlerer Rührgeschwindigkeit 3 Minuten luftig-cremig rühren.

2 Vanilleextrakt und Ei hinzufügen und unterrühren.

3 Reismehl, Buchweizenmehl, Tapiokastärke, Backpulver, Natron, Salz, Zimt und Muskatnuss hinzufügen und alles bei hoher Rührgeschwindigkeit zu einer homogenen Masse verarbeiten.

4 Schokoladentröpfchen, Haferflocken, Pekannüsse und Kokosflocken einrühren, sodass ein klebriger Teig entsteht.

5 Den Teig auf ein Stück Backpapier geben, zu einer etwa 40 cm langen und 5 cm dicken Rolle formen und 1 Stunde im Kühlschrank ruhen lassen.

6 Den Backofen auf 180 Grad vorheizen. Die Teigrolle in gut 1 cm dicke Scheiben schneiden. Diese mit jeweils 5 cm Abstand auf mit Backpapier belegte Backbleche geben und jeweils 2 Backbleche gemeinsam im vorgeheizten Ofen 8–10 Minuten backen. Die Cookies sehen dann noch weich und nicht vollständig durchgebacken aus, werden jedoch beim Abkühlen auf dem Blech fest. Bäckt man sie zu lange, werden sie sehr hart – und das mag keiner.

7 Die Cookies lassen sich in einem luftdicht verschlossenen Behälter bis zu 5 Tage aufbewahren. Den rohen Cookieteig kann man im Kühlschrank bis zu 5 Tage aufbewahren (oder gut verpackt im Tiefkühler bis zu 1 Monat).

COOKIETEIG EINFRIEREN

Während meiner Zeit in Profiküchen habe ich gelernt, wie wichtig es ist, immer frisch gebackene Cookies zur Hand zu haben – eine Regel, die inzwischen Teil meines täglichen Lebens und bei akutem Bedürfnis nach etwas Süßem die einzige Rettung ist.
Im Ritz-Carlton, wo die raffiniertesten Desserts auf der Karte standen, wurden trotzdem Unmengen an Cookies verlangt. Ich weiß nicht mehr, wie viele Kilo Keksteig wir jede Woche zubereiteten, aber es waren sehr viele. Es brauchte zwei Personen, um die gigantische Rührmaschine auf die Arbeitsfläche zu wuchten, wo wir eine Teigportion nach der anderen herstellten. Der Teig wurde zu Rollen geformt, gut verpackt und für die nächsten Tage eingefroren. Der Tiefkühler war immer gut bestückt mit Schokoladen-, Hafer-Rosinen-, Blaubeer-Schokolade- und »Cowboy«-Cookies (meine Lieblingssorte, aus Haferflocken, Chocolate Chips und Pekannüssen).
Eingefrorenen Teig einfach einige Stunden im Kühlschrank auftauen lassen, in Scheiben schneiden und backen – so hat man immer köstlich frische Cookies zur Hand.

Schmorkürbis-Eiscreme

Auch wenn es im Herbst kühler wird, überfällt mich dennoch oft die Lust auf Eis – allerdings auf eine herzhaftere Version mit Nüssen und hausgemachtem Karamell. »Pass auf, dass der Karamell nicht anbrennt«, kommentiert Jon quer durch den Raum. Er hat gesehen, dass ich den Topf unbeaufsichtigt auf dem Herd gelassen habe. Drei Kugeln Kürbiseis, ein paar zerbröselte Pekankekse, kandierte Pekannüsse und ein paar Kleckse Schlagrahm – das teilen wir gerne miteinander.

Für 8 Portionen

- 1 großer Kürbis (Zuckerkürbis, Hokkaido oder Butternut), etwa 1¼ kg
- 250 g Vollrahm oder Sahne extra
- ¼ l Milch
- 150 g heller brauner Zucker
- 1 TL frisch geriebener Ingwer
- 5 Eigelb
- 1 TL gemahlener Zimt
- ¼ TL Salz
- ⅛ TL geriebene Muskatnuss
- Pekankekse (nach Rezept Seite 134, Pistazienkerne durch Pekannüsse ersetzt)
- Karamellsauce und kandierte Pekannüsse (Seite 88) sowie Schlagsahne zum Servieren

Die Eiscreme zubereiten

1 Den Backofen auf 200 Grad vorheizen. Den Kürbis längs vierteln und die Kerne auskratzen. Den Kürbis auf ein Backblech legen und im vorgeheizten Ofen 45 Minuten bis 1 Stunde gabelweich schmoren; das Kürbisfleisch wird dabei leicht karamellisieren.

2 Den geschmorten Kürbis im Mixer fein pürieren (ergibt etwa 625 g). Davon 250 g abwiegen und bereithalten. Den Rest können Sie bis zu 3 Tage im Kühlschrank oder bis zu 3 Monate tiefgekühlt aufbewahren.

3 Rahm, Milch, 100 g Zucker und den Ingwer in einem Topf bei mittlerer bis hoher Temperatur zum Köcheln bringen.

4 Die Eigelbe, die restlichen 50 g Zucker, Zimt, Salz und Muskatnuss in einer Schüssel schaumig rühren. Sobald die Rahmmischung köchelt, zur Eimasse geben und unterrühren (die Eier dürfen aber nicht stocken). Die Mischung zurück in den Topf geben und bei mittlerer Hitze unter ständigem Rühren 2–3 Minuten eindicken lassen.

5 Die Creme vom Herd nehmen und das Kürbispüree unterrühren. Die Mischung durch ein feines Haarsieb in eine saubere Schüssel streichen. Die Schüssel in ein Eiswasserbad stellen und die Masse unter gelegentlichem Rühren 30 Minuten abkühlen lassen. Dann mit Klarsichtfolie abgedeckt mindestens 2 Stunden kalt stellen. Die Masse in der Eismaschine gefrieren lassen, in ein Gefäß umfüllen und im Tiefkühler vollständig durchfrieren lassen.

6 Die Eiscreme mit Pekankeksen, Karamellsauce, kandierten Pekannüssen und Schlagrahm servieren.

Fortsetzung Seite 88

Für die Karamellsauce
200 g naturbelassener Rohrzucker
250 g Vollrahm oder Sahne extra (Raumtemperatur)
½ Vanilleschote, längs aufgeschnitten, Mark ausgekratzt
½ TL Salz

Für die kandierten Pekannüsse
70 g naturbelassener Rohrzucker
60 g halbierte Pekannüsse

Die Karamellsauce zubereiten

1 Die Hälfte des Zuckers in einer Pfanne bei mittlerer bis hoher Temperatur zum Schmelzen bringen. Den restlichen Zucker in einer gleichmäßigen Schicht darauf verteilen und ebenfalls schmelzen lassen; weiter erhitzen, bis ein schöner brauner Karamell entstanden ist. Dabei die Pfanne schwenken, damit der Zucker gleichmäßig bräunt, aber nicht zu viel rühren.

2 Sobald der Zucker dunkelbraun ist, Rahm und Vanillemark einrühren (Vorsicht: der Karamell kann spritzen). Falls der Karamell dabei hart wird, ganz einfach weiterrühren bis er wieder weich wird. Für eine ganz glatte Sauce diese durch ein Sieb passieren.

3 Das Salz einrühren und die Sauce sofort servieren oder etwas abkühlen lassen und in einem Glas bis zur Weiterverarbeitung aufbewahren. Tiefgekühlt hält sich die Karamellsauce bis zu 1 Monat.

Die Pekannüsse kandieren

1 Den Zucker gleichmäßig in einer großen Pfanne bei mittlerer bis hoher Temperatur zum Schmelzen bringen und bräunen. Die Pekannüsse dazugeben und den Karamell etwa 2 Minuten unter ständigem Rühren dunkelbraun werden lassen.

2 Die Masse auf ein mit Backpapier oder einer Silikonmatte belegtes Backblech geben, gleichmäßig verstreichen und vollständig abkühlen lassen. Die erkaltete Masse grob hacken.

3 Die kandierten Nüsse lassen sich in einem luftdicht verschlossenen Behälter bis zu 1 Woche aufbewahren.

Quitten-Tartelettes

Quitten zählen zu den wohlriechendsten Früchten und erinnern mich stets an meine Kinderjahre. Im Schulgarten standen Quittenbäume, und die Früchte lagen überall verstreut im Gras. Die Jungs liebten es, uns Mädchen mit ihnen zu bewerfen.
Ich kann mit Fug und Recht behaupten, die eine oder andere Quittenverletzung davongetragen zu haben.
Rohe Quitten sind steinhart und ungenießbar; man muss sie lange bei niedriger Temperatur garen, bevor man sie verzehren kann. Wenn Sie für dieses Rezept keine Quitten bekommen, können Sie sie auch durch Birnen ersetzen. Pochieren Sie sie wie unten beschrieben, allerdings mit kürzerer Garzeit.

Für 5 Tartelettes von je 12 cm Durchmesser

Für die pochierten Quitten
Saft von 1 Zitrone
4 Quitten
400 g naturbelassener Rohrzucker
1 Vanilleschote, längs aufgeschnitten, Mark ausgekratzt

Für den Teig
100 g extrafeines Vollkornreismehl
40 g Sorghummehl
40 g Kartoffelstärke
4 TL naturbelassener Rohrzucker
¼ TL gemahlener Zimt
⅛ TL gemahlener Ingwer
⅛ TL Salz
110 g kalte Butter, 1 cm groß gewürfelt
1 Eigelb
2–4 EL Eiswasser
Vollkornreismehl zum Bestäuben

Die Quitten pochieren

1 Für die Quitten eine mit Wasser gefüllte Schüssel bereitstellen und den Zitronensaft hineingeben.

2 Die Quitten vierteln, schälen und entkernen. Dann jedes Viertel halbieren und die Stücke in das Zitronenwasser legen, damit sie nicht braun werden.

3 In der Zwischenzeit 1½ l Wasser, den Zucker, Vanilleschote und -mark in einem großen Topf bei mittlerer bis hoher Temperatur zum Kochen bringen. Die Quittenstücke beigeben und die Temperatur auf niedrige bis mittlere Stufe senken. Aus Backpapier einen Kreis mit demselben Durchmesser wie dem des Topfes ausschneiden und die Quitten mit der Papierscheibe abdecken.

4 Die Quitten im Zuckerwasser 1½–2 Stunden weich kochen; dann im Sirup abkühlen lassen. Man kann die Quitten gut im Voraus pochieren und bis zu 7 Tage im Kühlschrank aufbewahren.

Den Teig zubereiten

1 Mehle, Stärke, Zucker und Gewürze in der Küchenmaschine oder im Blitzhacker vermengen und gründlich durchmischen. Die kalten Butterwürfel hinzufügen und rasch und gründlich einarbeiten, bis sie Erbsengröße haben.

2 In einer kleinen Schüssel das Eigelb mit 2 EL Eiswasser verrühren. Zu dem Teig geben und einarbeiten. Den Teig mit den Händen zu einem Klumpen zusammendrücken. Falls er noch nicht zusammenhält, noch 1–2 EL Eiswasser hinzufügen. Den Teig auf der Arbeitsfläche einige Male durchkneten und zu einer runden Platte formen. In Klarsichtfolie verpackt 1 Stunde im Kühlschrank ruhen lassen.

Fortsetzung Seite 91

3 Die (idealerweise kalte) Arbeitsfläche dünn mit Vollkornreismehl bestäuben und den Teig darauf etwa ½ cm dünn ausrollen. Bricht oder reißt er, einfach wieder zusammedrückenn. Vier Kreise von etwa 13 cm Durchmesser ausstechen oder ausschneiden und damit vier Tarteletteformen auslegen; Die Teigböden 20 Minuten kalt stellen.

Für den Guss
2 Eier
1 Eigelb
50 g naturbelassener Rohrzucker
3 EL Maisstärke
1 EL Honig
185 ml Kokosmilch
375 g gewürfelte pochierte Quitten (siehe Seite 89)

Den Guss zubereiten und die Tartelettes backen

1 Den Backofen auf 200 Grad vorheizen. In einer Schüssel Eier, Eigelb, Zucker, Maisstärke und Honig glatt rühren. Dann die Kokosmilch einrühren.

2 Die vorbereiteten Tarteletteformen auf ein Backblech stellen. Die pochierten Quitten auf dem Teig verteilen und mit dem Guss übergießen.

3 Die Tartelettes im vorgeheizten Ofen 15 Minuten backen, dann die Ofentemperatur auf 180 Grad senken und die Tartelettes weitere 25 Minuten goldbraun backen. Die Tartelettes 20 Minuten abkühlen lassen, dann aufschneiden.

AUCH SO KANN MAN POCHIERTE QUITTEN GENIESSEN

Wenn Sie einen großen Topf pochierter Quitten haben, können Sie damit Folgendes machen:

- Schneiden Sie sie klein und heben Sie sie unter den Pfannkuchenteig. Pfannkuchen backen und diese warm mit Ahornsirup und gerösteten Haselnüssen servieren.
- Pochierte Quitten mit Vanilleeis und zerbröselter Meringue als praktisches Last-Minute-Dessert.
- Teig ausrollen, mit gemahlenen Mandeln bestreuen und darauf die pochierten Quitten verteilen. Den Teig über den Quitten zusammenklappen und bei 220 Grad 30 Minuten backen.

Flüssiges Schokoladensoufflé mit Roter Bete und Mandelbutter

Diese Schokoladensoufflés sind süß und saftig. Das Rote-Bete-Püree sorgt für einen Hauch von erdigem Aroma und eine dunkelrote Färbung, die ich liebe. Servieren Sie diese Soufflés warm mit einem Klecks Schlagrahm oder Eiscreme.

Für 4 Souffléförmchen à 110 ml Inhalt

- 1 mittelgroße rohe Rote Bete, Blätter und Stiel entfernt
- 170 g Zartbitterschokolade, zerkleinert
- 60 g weiche Mandelbutter
- 2 Eier
- 2 Eigelb
- 50 g dunkler Muscovadozucker
- 2 EL extrafeines Vollkornreismehl
- ¼ TL Fleur de sel

1 Einen kleinen Topf mit Wasser zum Kochen bringen. Darin die Rote Bete 30–45 Minuten gar kochen. Mit einem spitzen Messer testen, ob die Knolle ganz durchgegart ist. Das Wasser abgießen und die Rote Bete abkühlen lassen, dann schälen, zerkleinern und in der Küchenmaschine oder im Mixer pürieren. 60 g Püree abwiegen und beiseitestellen. Der Rest kann im Kühlschrank oder tiefgekühlt für eine spätere Verwendung aufbewahrt werden.

2 Den Backofen auf 220 Grad vorheizen. Die zerkleinerte Schokolade und die Mandelbutter in einer Schüssel über einem warmen Wasserbad unter gelegentlichem Rühren langsam zum Schmelzen bringen. Darauf achten, dass die Schokolade am Boden nicht anbrennt. Die Schüssel auf ein Kuchengitter stellen und die Masse etwas abkühlen lassen.

3 In der Zwischenzeit Eier, Eigelbe und Zucker in der Küchenmaschine 5 Minuten bei hoher Geschwindigkeit zu einer hellen, schaumigen Masse rühren. Die Schokoladenmasse, das Rote-Bete-Püree, das Reismehl und das Fleur de sel dazugeben und alles bei mittlerer Rührgeschwindigkeit zu einem geschmeidigen Teig verarbeiten.

4 Den Teig in 4 gefettete Souffléförmchen verteilen und im vorgeheizten Ofen 8–10 Minuten backen, bis die Soufflés am Rand fest, in der Mitte aber noch weich sind. Warm servieren.

Tipp: Wenn Sie eine unstillbare Lust auf Schokoladenkuchen überkommt, Sie aber weder Rote Bete noch Mandelbutter im Haus haben, lassen Sie die Rote Bete in diesem Rezept einfach weg und verwenden statt der Mandelbutter gewöhnliche Butter. Das funktioniert ebenfalls hervorragend.

Winter

HUNTER
HUNTER

WINTER
Pikant

Eintopf mit roten Bohnen, Chorizo und Rippchen • Meeresfrüchte-Eintopf mit Kokosmilch und Safran • Kastanienmehl-Crêpes mit Pilzen • Geschmorte Blumenkohl-Lauch-Suppe mit Löwenzahn-Haselnuss-Pesto • Tarte mit Mangold, Birnen und Gruyère • Muffins mit Kürbis, Apfel und Blauschimmelkäse • Amama Mirens Knoblauchsuppe • Knollensellerie-Süßkartoffel-Auflauf mit Quinoa-Streusel • Salat mit Jakobsmuscheln, Fenchel, Apfel und Haselnüssen • Bocadillos mit knusprigem Serrano, Ziegenkäse und Pesto • Wurzelgemüse- und Kürbis-Chips mit zweierlei Aïoli • Geschmorte Bete und Blutorange auf Blattsalat • Cremiger Kartoffel-Hühnchen-Auflauf mit Pilzen • Lauch-Ziegenkäse-Flan mit Räucherlachs • Buchweizentarte mit Chioggia-Bete, Fenchel und Raclettekäse

»Seid um zwei wieder zu Hause«, pflegte meine Mama zu sagen, wenn wir mit unseren Gummistiefeln aufgeregt aus dem Haus sausten. Es war Sonntagvormittag, und wie an jedem Sonntagvormittag fuhren mein Vater, meine Brüder und ich zu unseren Großeltern auf den Bauernhof in das Dörfchen Zeberio, etwa 25 Kilometer von zu Hause entfernt. Der Hof lag am Fuß eines Hügels, umgeben von Kiefern, Buchen und Eichen. Es war nasskalt, wie meistens im baskischen Winter, und wir freuten uns darauf, die Tiere zu sehen und im Matsch zu spielen. »Kommt, wir gehen etwas Lauch ernten«, sagte meine Großmutter. Ihre Gummistiefel waren alt und abgetragen, aber es wurde nur weggeworfen, was wirklich kaputt und untauglich war. Altersgebeugt schlurfte sie mit uns hinaus in den vom Regen aufgeweichten Gemüsegarten. Dort zogen wir den Lauch aus dem Erdreich. »Die sollten euch für die ganze Woche reichen«, sagte sie. »*Bai, amama*« (»Ja, Oma«), antworteten wir.

Wenn ich an den Winter denke, sehe ich einen grauen, friedvollen Himmel vor mir und habe noch heute den Geruch der Lauchstangen und der kalten, nassen Erde in der Nase, den Duft gerösteter Maronen und der Bohnensuppe, die leise auf dem Herd köchelte. Winter – das ist der Inbegriff herzhafter Gerichte und Eintöpfe, wie man sie gemeinhin unter dem Begriff der bäuerlichen Küche zusammenfasst.

In diesem Kapitel finden Sie einige meiner Lieblingswintergerichte, die ich an gemütlichen Abenden für die Familie oder für Freunde koche. Ich halte die Rezepte gerne einfach und sorge für einen Überraschungseffekt, indem ich eine spezielle Zutat hinzufüge oder eine ungewöhnliche Präsentation wähle.

Eintopf mit roten Bohnen, Chorizo und Rippchen

In meiner Kindheit köchelte jeden Samstag von morgens bis zum frühen Nachmittag dieser Bohneneintopf auf dem Herd; sobald er fertig war, versammelten wir uns um den Tisch und genossen die Mahlzeit im Kreise der Familie. Oft kam noch Chorizo hinein oder ein Rippenstück, eine dicke Scheibe eingesalzener Speck und manchmal auch geschmorter Kohl – echte Nahrung für die Seele. Da dieser Eintopf sehr nahrhaft und auf ganz natürliche Weise glutenfrei ist, koche ich ihn an kalten Winterwochenenden oft für meine eigene Familie. Am liebsten mag ich die roten Bohnen aus Guernica oder Tolosa, aber da man sie außerhalb Spaniens kaum findet, können Sie auch andere rote Bohnen oder Pintobohnen verwenden. Wenn Sie getrocknete Bohnen verwenden, ist es wichtig, sie erst ganz am Ende der Garzeit zu salzen, damit sie weich werden. Dieser Eintopf muss lange köcheln – aber jede Minute lohnt sich!

Für 4–6 Portionen

340 g rote Bohnen, Calypso- oder Pintobohnen
3 EL Olivenöl
½ Zwiebel, gewürfelt
½ Stange Lauch, gewürfelt
½ grüne Paprika, gewürfelt
½ rote Paprika, gewürfelt
½ Karotte, geschält und gewürfelt
Salz
1 EL Tomatenmark
50 g spanische Chorizo, in Scheiben geschnitten
340 g kurze Rippe (Querrippe) vom Rind
1 mittelgroße mehligkochende Kartoffel, geschält und gewürfelt
1 mittelgroße Steckrübe, geschält und gewürfelt

1 Die roten Bohnen in einem großen Topf 5 cm hoch mit kaltem Wasser bedecken und über Nacht einweichen. Am folgenden Tag falls nötig Wasser nachgießen, sodass die Bohnen 2–3 cm hoch mit Wasser bedeckt sind. Das Wasser bei mittlerer bis starker Hitze zum Köcheln bringen.

2 Das Olivenöl in einer großen gusseisernen Schmorpfanne erhitzen und darin Zwiebel, Lauch, Paprika und Karotte zusammen mit ½ TL Salz 5 Minuten andünsten, aber nicht bräunen. Tomatenmark, Chorizo und das Rippchen beigeben.

3 Die Bohnen samt dem Kochsud in die Schmorpfanne geben und die Mischung zum Kochen bringen. Die Hitze auf niedrige Stufe reduzieren und alles zugedeckt 1½ Stunden leise köcheln lassen.

4 Dann die Kartoffel- und Steckrübenwürfel dazugeben und 1 weitere Stunde mitschmoren, bis die Bohnen gar sind. Mit Salz abschmecken und falls nötig nochmals Wasser nachgießen. Warm servieren.

Tipp: Um die Garzeit zu beschleunigen, verwenden Sie Bohnen aus der Dose und lassen Sie die kurze Rippe, die eine lange Schmorzeit benötigt, weg. Spülen Sie die Bohnen unter fließendem Wasser ab und geben Sie nach der Beigabe von Kartoffel und Steckrübe 1 l Wasser dazu. Den Eintopf 30 Minuten schmoren lassen und servieren.

CHORIZO

Spanische Chorizo ist eine geräucherte, luftgetrocknete Wurstspezialität aus grob zerkleinertem Schweinefleisch, gewürzt mit spanischem *pimentón* (pikantes Paprikapulver) und Salz. Sie bekommen sie auch im Supermarkt. Sie schmeckt in Scheiben aufgeschnitten auf Brot, in Eintöpfen und Suppen mitgekocht oder in Olivenöl gebraten.

In Spanien stellen viele Familien, so auch meine, ihre eigene Chorizo her. Meine Großeltern väterlicherseits mästeten jedes Jahr ein oder zwei Schweine, die Mitte des Winters an einem bestimmten Tag im Mondzyklus geschlachtet wurden. Kein Teil der Schweine wurde verschwendet; alles wurde verwertet. Bei der Zubereitung der Chorizo half die ganze Familie mit. Fleisch und Gewürze wurden von Hand vermengt, in meterlange Därme gefüllt und anschließend monatelang auf dem luftigen, kalten Speicher getrocknet. Die getrockneten Würste wurden, in Olivenöl eingelegt, in großen Tontöpfen aufbewahrt. Die Tage des Schlachtens und Wurstens endeten oft mit einer *alubiada* (ein großes Fest mit Bohnen-Schweinefleisch-Eintopf) und vielen Flaschen Rioja-Alavesa.

Meeresfrüchte-Eintopf mit Kokosmilch und Safran

In der kalten Jahreszeit liebe ich Suppen. Die gibt es dann zu fast jeder Mahlzeit, auch wenn es nur eine einfache pürierte Gemüsesuppe ist. Die folgende Suppe mit Schellfisch, Fenchel, Safran und Kokosmilch ist cremig und aromatisch. Mit etwas knusprigem Brot können Sie die Reste auftunken.

Für 4 Portionen

450 g Miesmuscheln
450 g Venusmuscheln
¼ l Wasser
125 ml Weißwein
1 TL Safranfäden
4 Zweige Thymian
2 EL Olivenöl
6 dünne Scheiben Pancetta oder durchwachsener Speck, gehackt
1 große Zwiebel, gewürfelt
2 Knoblauchzehen, gepresst
½ Fenchelknolle, gewürfelt
1 kleine Prise rote Chiliflocken
1 große mehligkochende Kartoffel, geschält und gewürfelt
375 ml Kokosmilch
225 g Jakobsmuscheln, in mundgerechte Happen geschnitten
300 g Red Snapper, geschuppt und entgrätet, in mundgerechte Happen geschnitten (ich mag ihn gerne mit Haut, Sie können ihn aber auch ohne Haut verarbeiten)
Salz, schwarzer Pfeffer aus der Mühle

1 Die Mies- und Venusmuscheln in einer großen Schüssel mit kaltem Wasser übergießen und 1 kleine Handvoll Salz dazugeben. Im Kühlschrank 30 Minuten ruhen lassen; so löst sich der Sand. Das Salzwasser abgießen und die Muscheln unter fließendem kaltem Wasser spülen. Geöffnete Muscheln wegwerfen.

2 Die Muscheln in einem großen Topf mit dem Wasser und dem Weißwein übergießen, Safran und Thymian hinzufügen. Zugedeckt bei mittlerer bis starker Hitze 3–5 Minuten kochen, bis sich alle Muscheln geöffnet haben. Die Miesmuscheln öffnen sich schneller als die Venusmuscheln; die geöffneten Miesmuscheln vorab aus dem Topf nehmen. Noch geschlossene Muscheln wegwerfen; sie sind nicht mehr genießbar. Den Garsud abseihen und beiseitestellen (es sollten etwa 450 ml sein).

3 Das Olivenöl bei mittlerer Temperatur in einem großen Topf erhitzen und darin Pancetta oder Speck goldbraun braten. Zwiebel, Knoblauch, Fenchel und Chiliflocken etwa 5 Minuten mitschmoren.

4 Die Kartoffel, den beiseitegestellten Garsud und die Kokosmilch hinzufügen und zum Kochen bringen. Bei reduzierter Hitze zugedeckt 10–15 Minuten köcheln lassen, bis die Kartoffel gar ist.

5 Jakobsmuscheln und Fisch in den Topf geben und 3–5 Minuten mitköcheln, bis alles gar ist. Mit Salz und Pfeffer abschmecken. Die abgekochten Mies- und Venusmuscheln in den Topf geben, gut umrühren und die Suppe sofort servieren.

Kastanienmehl-Crêpes mit Pilzen

Diese kinderleicht zuzubereitenden Crêpes lassen sich mit allerlei pikanten und süßen Füllungen servieren. Ich mag gerne auch folgende schnelle Variante: Bestreichen Sie die Crêpes mit etwas gesüßtem Joghurt, rollen Sie sie zusammen und servieren Sie sie mit Honig beträufelt als perfekten schnellen Snack.

Wenn Sie kein Kastanienmehl bekommen, verwenden Sie eine Mischung aus 70 g extrafeinem Vollkornreismehl und 35 g Buchweizenmehl.

Für 4–6 Portionen

Für die Crêpes
(ergibt ca. 15 Stück von 20 cm Durchmesser)
2 Eier (Raumtemperatur)
100 g Kastanienmehl
¼ l Vollmilch
1 EL fein gehackte Petersilie
¼ TL Salz
1 Prise frisch geriebene Muskatnuss
30 g Butter, geschmolzen
Butter zum Ausbacken

Für die Pilzfüllung
3 EL Olivenöl
2 Knoblauchzehen, geschält
225 g Pilze (z. B. Champignons, Austernpilze und Shiitake), geputzt
4 Zweige Thymian
Salz, schwarzer Pfeffer aus der Mühle
2 EL Crème fraîche oder Sauerrahm
1 EL fein gehackte Petersilie

Die Crêpes zubereiten

1 Alle Zutaten in der Küchenmaschine oder im Mixer zu einem dünnflüssigen Teig verarbeiten. Diesen vor dem Ausbacken mindestens 1 Stunde kalt stellen (er hält sich im Kühlschrank bis zu 24 Stunden).

2 Eine beschichtete Pfanne (20 cm Durchmesser) bei mittlerer Temperatur erhitzen. Mit geschmolzener Butter bestreichen. Den Pfannkuchenteig gut umrühren, etwa 2 EL Teig in die heiße Pfanne geben und darin schwenken, sodass der ganze Pfannenboden mit einer dünnen Schicht Teig bedeckt ist. Die Crêpe 30 Sekunden hellbraun backen, dann dem Rand entlang mit einem Gummispatel lösen, die Crêpe mit dem Spatel oder mit den Fingern (vorsichtig!) wenden und von der anderen Seite ebenfalls bräunen. Den restlichen Teig ebenso zu Crêpes verarbeiten; die fertigen Crêpes auf einem Teller stapeln – sie sollten nicht aneinander festkleben.

3 Die Crêpes entweder füllen und servieren oder aber gestapelt und gut verpackt bis zu 1 Monat einfrieren.

Die Pilzfüllung zubereiten

1 Das Olivenöl bei mittlerer Temperatur in einer Pfanne erhitzen. Darin 1–2 Minuten die Knoblauchzehen dünsten und wieder herausnehmen; sie dürfen nicht verbrennen.

2 Die Pilze mit den Thymianzweigen ins Knoblauchöl geben und einige Minuten anbraten, salzen und pfeffern. Die Pfanne vom Herd nehmen und die Crème fraîche einrühren.

3 Auf jede Crêpe etwa 2 EL Pilzfüllung geben, mit Petersilie bestreuen und zusammenrollen. Sofort servieren.

Geschmorte Blumenkohl-Lauch-Suppe mit Löwenzahn-Haselnuss-Pesto

Ich versuche, in meinen Rezepten immer möglichst viel Grüngemüse zu verarbeiten – und Löwenzahn gehört sicher zu den gesündesten Blattgemüsen überhaupt. Sein leicht bitteres Aroma harmoniert mit dem süßlichen Schmorgemüse und der Kokosmilch. Wenn Sie keinen Löwenzahn bekommen, ersetzen Sie ihn durch Grünkohl, Rucola oder anderes Blattgemüse.

Für 4–6 Portionen

Für das Löwenzahn-Haselnuss-Pesto
30 g Haselnüsse
1 Knoblauchzehe, gepresst
40 g Löwenzahnblätter
2 EL geriebener Parmesan
½ TL Salz
60 ml Olivenöl

Für die Blumenkohl-Lauch-Suppe
1 kleiner Blumenkohl (etwa 450 g), in Röschen zerteilt
½ Stange Lauch, in breite Ringe aufgeschnitten
1 Zwiebel, in Ringe geschnitten
2 Knoblauchzehen, geschält
2 EL Olivenöl
Salz, schwarzer Pfeffer aus der Mühle
1 mittelgroße mehligkochende Kartoffel, geschält und gewürfelt
¾ l Hühnerbrühe
125 ml Kokosmilch
1 TL frische Thymianblätter

Das Pesto zubereiten

1 Die Haselnüsse in einer trockenen Pfanne bei mittlerer bis starker Hitze 5 Minuten goldbraun rösten, in ein Küchentuch geben und reiben, sodass sich die Haut löst.

2 Die Haselnüsse mit dem Knoblauch im Mixer oder Blitzhacker zu feinem Pulver mahlen. Dann Löwenzahnblätter, Parmesan und Salz dazugeben und nochmals alles fein pürieren. Das Olivenöl in einem dünnen Strahl bei laufendem Motor einlaufen lassen, bis eine geschmeidige Paste entsteht. Das Pesto hält sich im Kühlschrank bis zu 3 Tage oder tiefgekühlt bis zu 1 Monat.

Die Suppe zubereiten

1 Den Backofen auf 190 Grad vorheizen. Die Blumenkohlröschen, die Lauchringe, Zwiebel, Knoblauch, Olivenöl und ½ TL Salz vermengen, auf einem Backblech verteilen und im vorgeheizten Ofen 25 Minuten goldbraun schmoren.

2 Das Schmorgemüse in einen großen Topf geben, Kartoffelwürfel, Hühnerbrühe, Kokosmilch, Thymianblätter und 1 TL Salz hinzufügen, bei mittlerer bis starker Hitze zum Kochen bringen, dann bei reduzierter Temperatur zugedeckt 10 Minuten köcheln lassen, bis das Gemüse weich ist.

3 Die Suppe pürieren, nochmals abschmecken und mit dem Löwenzahn-Haselnuss-Pesto servieren.

Tarte mit Mangold, Birnen und Gruyère

Eine pikante Tarte mit grünem Salat – das ist für mich das perfekte Mittagessen. Vor einigen Jahren verbrachte ich im Rahmen eines Auftrags einige Wochen in dem portugiesischen Badeort Cascais bei Lissabon – ein wunderschönes Küstenstädtchen mit Kopfsteinpflaster und vielen Straßencafés. In einer schmalen Seitenstraße entdeckte ich ein französisches Café, das fantastische Mittagsgerichte servierte. Auf der täglich wechselnden Speisekarte standen hauptsächlich pikante Quiches, Tartines und Salate. Ich schaute jeden Tag dort vorbei, und bis heute ist es die Inspiration für viele meiner Tartes.

Für 4–6 Portionen

Für den Teigboden
70 g extrafeines Vollkornreismehl
45 g Quinoamehl
35 g gemahlene Mandeln
2 EL Kartoffelstärke
2 EL Tapiokastärke
½ TL Salz
¼ TL schwarzer Pfeffer
110 g kalte Butter, 1 cm groß gewürfelt
6–8 EL Eiswasser
Vollkornreismehl zum Bestäuben

Für den Belag
2 EL Olivenöl
1 mittelgroße Stange Lauch, in Scheiben geschnitten
2 Knoblauchzehen, gepresst
175 g Mangold, harte Rippen entfernt, gehackt
2 EL Weißwein
Salz, schwarzer Pfeffer
1 Prise geriebene Muskatnuss
2 Eier
1 EL Süßreismehl oder Maisstärke
125 ml Vollmilch
125 ml Kokosmilch
15 g fein geriebener Parmesan
60 g Gruyère, gerieben
1 mittelgroße Birne, in feine Spalten geschnitten (am besten mit dem Gemüsehobel)
Sprossen zum Garnieren

Den Teigboden zubereiten

1 Mehle, Mandeln, Stärke, Salz und Pfeffer in der Küchenmaschine oder im Blitzhacker vermengen und gründlich durchmischen. Die kalten Butterwürfel hinzufügen und gründlich einarbeiten, bis sie Erbsengröße haben. Dann 6 EL Eiswasser zugeben und rasch unterkneten. Der Teig sollte sich dann mit den Händen zu einem Klumpen zusammendrücken lassen. Ist die Masse noch zu krümelig, fügen Sie noch etwas Eiswasser hinzu.

2 Den Teig auf der Arbeitsfläche mehrmals durchkneten und zu einer kreisförmigen Platte formen. In Klarsichtfolie packen, flach drücken und 30 Minuten im Kühlschrank ruhen lassen.

3 Die (idealerweise kalte) Arbeitsfläche nochmals mit etwas Reismehl bestäuben und den Teig etwa ½ cm dünn ausrollen. Bricht oder reißt der Teig, drücken Sie ihn einfach wieder zusammen. Den Teig in eine Tarteform geben und behutsam festdrücken. Überstehende Teigränder mit einem Messer abschneiden und die Form mit dem Teig weitere 15 Minuten kalt stellen.

4 Den Backofen auf 190 Grad vorheizen. Den Teigboden mit Backpapier bedecken und dieses mit getrockneten Hülsenfrüchten oder Blindbackgewichten belegen. 20 Minuten im vorgeheizten Ofen blind backen. Gewichte und Papier entfernen und den Teigboden weitere 10 Minuten goldbraun backen. Etwas abkühlen lassen; in der Zwischenzeit den Belag zubereiten (den Ofen nicht ausschalten).

Den Belag zubereiten und die Tarte backen

1 Das Olivenöl in einer großen Pfanne bei mittlerer Temperatur erhitzen und darin Lauch und Knoblauch 5 Minuten andünsten.

2 Den Mangold, den Weißein, ½ TL Salz, ¼ TL Pfeffer und Muskatnuss hinzufügen und alles etwa 5 Minuten dünsten, bis der Mangold

zusammenfällt und die Flüssigkeit größtenteils verdampft ist. Vom Herd nehmen und etwas abkühlen lassen.

3 Eier, Süßreismehl, Milch, Kokosmilch, Parmesan, die Hälfte des Gruyères, ½ TL Salz und ¼ TL schwarzen Pfeffer verrühren.

4 Den geschmorten Mangold auf dem Teigboden verteilen, die Birnenscheiben darauflegen, den Belag sanft festpressen und mit der Eier-Milch-Mischung übergießen. Mit dem restlichen Gruyère bestreuen.

5 Die Tarte im Ofen bei 190 Grad etwa 25 Minuten goldbraun backen. Vor dem Aufschneiden leicht abkühlen lassen und mit Sprossen garniert servieren.

Muffins mit Kürbis, Apfel und Blauschimmelkäse

Indem man zu einer einfachen Suppe ein Stück Brot oder pikante Muffins reicht, wird sie zu einer leichten Mahlzeit. Indem ich Gemüse zu einer cremigen Suppe verarbeite und die Kinder ihr Lieblingsbrot hineintunken lasse, bringe ich sie zum Gemüseessen. Das funktioniert immer! Mit diesen Blauschimmel-Kürbis-Muffins wird das »Brot« zum Star der Mahlzeit.

Für 12 Muffins

- 1 kleiner Hokkaidokürbis (etwa 450 g)
- 1 EL Olivenöl
- Salz
- 140 g extrafeines Vollkornreismehl
- 70 g Hirsemehl
- 40 g Kartoffelstärke
- 1 TL Backpulver
- ½ TL Natron
- 1 EL fein gehackte frische Salbeiblätter
- 1 TL frische Thymianblätter
- 1 Ei, leicht verklopft
- 70 g Honig
- 60 ml Olivenöl
- 60 g Blauschimmelkäse
- 1 mittelgroßer Apfel (Gala), geschält, entkernt

1 Den Backofen auf 190 Grad vorheizen. Den Kürbis schälen, halbieren und die Kerne auskratzen. Die Hälften in Spalten schneiden und diese auf einem Backblech mit 1 EL Olivenöl und ¼ TL Salz vermischen. Den Kürbis im vorgeheizten Ofen 30–40 Minuten weich schmoren und anschließend im Mixer fein pürieren. 250 g Kürbispüree abwiegen. Der Rest lässt sich tiefgekühlt bis zu 3 Monate aufbewahren.

2 Die Ofentemperatur auf 180 Grad reduzieren.

3 In einer Schüssel Reismehl, Hirsemehl, Kartoffelstärke, Backpulver, Natron, ½ TL Salz, die Salbei- und Thymianblätter vermischen. Das Kürbispüree, das Ei, den Honig und die 60 ml Olivenöl hinzufügen und alles zu einer geschmeidigen Masse verarbeiten. Den Blauschimmelkäse dazubröseln und den Apfel direkt zur Teigmasse reiben und unterheben.

4 Den Teig in ein mit Papierbackförmchen ausgelegtes Muffinblech füllen und im vorgeheizten Ofen 18–20 Minuten goldbraun backen. Die Muffins 5 Minuten im Blech abkühlen lassen, dann auf ein Kuchengitter setzen. Sie halten sich 3 Tage frisch, tiefgekühlt lassen sie sich bis zu 1 Monat aufbewahren.

Tipp: Hokkaidokürbis ergibt ein himmlisch cremiges Püree mit wunderbar erdigem Aroma, aber mit jedem anderen Winterkürbis (zum Beispiel Butternut oder Hubbard) funktioniert dieses Rezept auch.

Amama Mirens Knoblauchsuppe

Großvater Angel litt seit Langem unter Magengeschwüren und Bauchschmerzen – und rückblickend betrachtet glaube ich heute, dass die Ursache möglicherweise eine Zöliakie oder Glutenunverträglichkeit war. Eine Ironie des Schicksals, denn schließlich war er Konditor, und Mehl war sein tägliches Leben. Wegen seiner Schmerzen konnte er nie viel zu sich nehmen, doch meine Großmutter kümmerte sich rührend um ihn und kochte alles, was er sich wünschte. Und Knoblauchsuppe war eines seiner Lieblingsgerichte.

In das Rezept von Oma Miren gehört die pikante auch zur Herstellung von Chorizo verwendete Würzpaste *pimiento choricero.* Getrocknete *Choricero*-Chilis werden dafür in Wasser eingeweicht und anschließend ihr Fleisch aus der Haut geschabt. Die Paste kann man heute küchenfertig im Glas kaufen. Notfalls durch scharfen *pimentón,* Piment d'espelette oder Cayennepfeffer ersetzen.

Für 4 Portionen

- 60 ml Olivenöl, zusätzlich 2 EL Olivenöl
- 100 g altbackenes glutenfreies Brot, gewürfelt
- 6 Knoblauchzehen, fein gepresst
- 1 EL *Pimiento-choricero*-Paste oder ersatzweise Cayennepfeffer oder Chilipulver
- 2 TL frische Thymianblätter
- 1½ l Hühnerbrühe
- 1 TL Salz
- ½ TL schwarzer Pfeffer aus der Mühle
- 4 Eier, wenn möglich aus Freilandhaltung
- 2 EL gehackte Petersilie
- etwas Olivenöl zum Beträufeln

1 In einem großen Topf die 60 ml Olivenöl erhitzen und darin die Brotwürfel unter Wenden rösten. Die restlichen 2 EL Olivenöl, den Knoblauch und die Chilipaste dazugeben und weitere 30 Sekunden dünsten, bis der Knoblauch leicht angeschmort ist. Aufpassen, dass er nicht verbrennt!

2 Thymian, Hühnerbrühe, Salz und Pfeffer hinzufügen, die Flüssigkeit zum Kochen bringen und dann bei niedriger Hitze 10 Minuten köcheln lassen.

3 In der Zwischenzeit die Eier pochieren. Dazu einen flachen Topf 5 cm hoch mit Wasser füllen und dieses zu leisem Köcheln bringen – nicht aufkochen lassen. Die Eier aufschlagen und ins köchelnde Wasser gleiten lassen. Mit einem Löffel das Eiweiß über das Eigelb schlagen und die Eier etwa 1 Minute pochieren, bis das Eiweiß gestockt, aber das Eigelb noch flüssig ist. Die Eier mit einem Schaumlöffel aus dem Wasser heben und sie auf die angerichtete Suppe setzen.

4 Die Suppe mit Petersilie bestreut und mit etwas Olivenöl beträufelt servieren.

Knollensellerie-Süßkartoffel-Auflauf mit Quinoa-Streusel

Mit sechzehn feierte ich zum ersten Mal ein amerikanisches Thanksgiving-Fest. Der dort servierte mit würzigem Streusel überbackene Kürbisauflauf eröffnete mir kulinarisch eine neue Dimension. Heute bereite ich diese Art Auflauf gerne als vegetarische Hauptmahlzeit zu; dazu reiche ich einen grünen Salat.

Für eine Auflaufform von etwa 1½ l oder 6 Portionenförmchen à 240 ml Inhalt

Für den Streusel

- 70 g extrafeines Vollkornreismehl
- 70 g Quinoamehl
- 40 g Pinienkerne
- 25 g Quinoaflocken
- 30 g Parmesan, fein gerieben
- 1 Knoblauchzehe, gerieben
- 2 EL gehackte Petersilie
- 3 Zweige Thymian, Blätter abgezupft
- ½ TL Salz
- 140 g Butter (Raumtemperatur), in Stücke geschnitten

Für den Knollensellerie-Süßkartoffel-Auflauf

- 2 EL Olivenöl
- 1 kleine Zwiebel, gewürfelt
- 2 Knoblauchzehen, gepresst
- 1 mittelgroßer Knollensellerie, geschält und gewürfelt
- 2 mittelgroße Süßkartoffeln, geschält und gewürfelt
- 1 Lorbeerblatt
- 1 EL gehackte Petersilie
- 1¼ TL Salz
- 1 TL schwarzer Pfeffer aus der Mühle
- 375 ml Gemüsebrühe
- 30 g Parmesan, gerieben

Den Streusel zubereiten

Alle Zutaten bis auf die Butter in einer großen Schüssel vermischen. Dann mit den Händen die weiche Butter einarbeiten, bis sie sich gleichmäßig in der Mehlmischung verteilt hat. Den Streusel in den Kühlschrank stellen, bis der Auflauf zubereitet ist.

Den Auflauf zubereiten

1 Den Backofen auf 180 Grad vorheizen. Das Olivenöl bei mittlerer Temperatur erhitzen und darin die Zwiebel 3 Minuten glasig dünsten. Knoblauch, Knollensellerie, Süßkartoffeln, Lorbeerblatt, Petersilie, Salz und Pfeffer einrühren und weitere 3 Minuten mitschmoren.

2 Die Gemüsebrühe dazugießen und bei mittlerer bis starker Hitze zum Kochen bringen. Die Temperatur reduzieren und das Gemüse zugedeckt 10 Minuten köcheln lassen, bis es weich, aber noch nicht verkocht ist. Den Topf vom Herd nehmen. Das Lorbeerblatt entfernen und den geriebenen Käse einrühren.

3 Die Gemüsemischung in eine gefettete Auflaufform oder einzelne Portionenförmchen füllen und mit dem Streusel bestreuen. Im vorgeheizten Ofen 30–40 Minuten backen, bis sich der Steusel goldbraun färbt und die Füllung brodelt.

Salat mit Jakobsmuscheln, Fenchel, Apfel und Haselnüssen

Dieses Rezept kam bei uns an den vergangenen Silvesterabenden zum Einsatz. Der Salat ist schnell zubereitet, elegant, herrlich bunt und leicht. Ich serviere ihn, solange die Beten und Jakobsmuscheln noch warm sind. Die Kombination von knusprigen Haselnüssen, cremigem Dressing, knackigen Äpfeln und süßlichen Jakobsmuscheln schafft ein herrliches Gleichgewicht der Texturen und Aromen.

Für 6 Portionen

8 junge, kleine oder 4 große Gelbe Beten, Stielansatz entfernt
60 g Haselnüsse
2 EL Olivenöl
340 g Jakobsmuscheln
½ mittelgroße Fenchelknolle
1 Apfel (Pink Lady oder Gala), entkernt
¼ kleine rote Zwiebel
80 g Brunnenkresse, grobe Stängel entfernt

Für das Dressing

60 ml Vollmilch-Naturjoghurt
1 EL frisch gepresster Zitronensaft
1 TL Dijonsenf
1 EL Olivenöl
2 TL Salz
1 TL schwarzer Pfeffer aus der Mühle

1 Einen mittelgroßen Topf mit Wasser füllen und dieses zum Kochen bringen, die Beteknollen hineingeben und zugedeckt bei reduzierter Hitze etwa 15 Minuten (junge Bete) oder 30 Minuten (größere Knollen) weich kochen. Mit einem spitzen Messer prüfen, ob die Bete gar ist. Abgießen, etwas abkühlen lassen, dann schälen und in Scheiben oder Schnitze schneiden.

2 In der Zwischenzeit die Haselnüsse in einer trockenen Pfanne bei mittlerer bis starker Hitze etwa 5 Minuten goldbraun rösten, in ein trockenes Küchentuch geben und reiben, sodass die Haut sich löst. Abkühlen lassen und grob hacken.

3 Für das Dressing Joghurt, Zitronensaft, Senf, Olivenöl, Salz und Pfeffer verrühren; erscheint Ihnen das Dressing zu dick, rühren Sie noch 1 TL warmes Wasser ein.

4 In einer Pfanne das Olivenöl bei mittlerer bis hoher Temperatur erhitzen und die Jakobsmuscheln darin von jeder Seite je nach Größe etwa 1–2 Minuten braten. Es sollte sich eine feine Kruste bilden; aber dennoch nicht zu scharf anbraten. Warm halten.

5 Fenchel, Apfel und Zwiebel am besten mit dem Gemüsehobel dünn aufschneiden. Zusammen mit der Bete, den Jakobsmuscheln und der Brunnenkresse auf Tellern hübsch anrichten. Mit den Haselnüssen bestreuen. Das Dressing über den Salat träufeln und servieren, solange die Jakobsmuscheln noch warm sind.

Bocadillos mit knusprigem Serrano, Ziegenkäse und Pesto

Bocadillos sind kleine Brothappen, belegt mit Fleisch, Wurst, Fisch, Käse oder Tortilla, die es in Spanien in jeder Bar und jedem Café gibt, eine Art spanisches Fast Food. Manchmal sind sie ganz einfach, manchmal aber auch raffiniert und im wahrsten Sinne des Wortes vielschichtig – und ihre Zubereitung ist definitiv eine Kunst. Jeden Tag nach der Schule lechzt Jon nach seinem Käse-Schinken-Bocadillo, für das ich oft das Quinoa-Brioche-Rezept von Seite 131 verwende. Das folgende Rezept ist eine etwas raffiniertere Variante mit Serranoschinken, Ziegenkäse und Pesto.

Für 4 Portionen

Für das Petersilien-Haselnuss-Pesto
30 g Haselnüsse
1 Knoblauchzehe, gepresst
80 g Petersilie, grobe Stiele entfernt
2 EL fein geriebener Parmesan
½ TL Salz
60 ml Olivenöl

Für die Bocadillos
110 g Serrano- oder anderer Rohschinken
2 EL Olivenöl
12 frische Salbeiblätter
8 Scheiben Quinoa-Brioche (siehe Seite 131)
60 g Petersilien-Haselnuss-Pesto
60 g Ziegenkäse
Olivenöl zum Bestreichen

Das Pesto zubereiten

1 Die Haselnüsse in einer trockenen Pfanne bei mittlerer bis starker Hitze goldbraun rösten. Dann in ein trockenes Küchentuch geben und reiben, sodass sich die Haut löst. Abkühlen lassen.

2 Die Haselnüsse mit dem Knoblauch im Mixer oder Blitzhacker fein hacken. Petersilie, Parmesan und Salz hinzufügen und nochmals mischen. Anschließend das Olivenöl bei laufendem Motor in dünnem Strahl einlaufen lassen, bis eine cremige Paste entstanden ist. In einem Glas im Kühlschrank aufbewahren.

Die Bocadillos zubereiten

1 Den Backofen auf 180 Grad vorheizen. Die Rohschinkenscheiben auf ein Bachblech legen und im vorgeheizten Ofen 10 Minuten knusprig backen.

2 In einer kleinen Pfanne bei mittlerer Temperatur 2 EL Olivenöl erhitzen und darin die Salbeiblätter knusprig frittieren. Beiseitestellen.

3 Eine Grillpfanne erhitzen. Die Briochescheiben mit Pesto bestreichen und mit etwas zerbröseltem Ziegenkäse bestreuen. Auf jedes Sandwich 2 Scheiben knusprig gebackenen Rohschinken und 3 frittierte Salbeiblätter legen, nochmals mit Ziegenkäse bestreuen und eine weitere Briochescheibe mit der Pestoseite nach unten darauflegen.

4 Die Bocadillos mit Olivenöl bestreichen und in der Grillpfanne kurz knusprig rösten und dabei gleichzeitig die Füllung erwärmen. Sofort genießen.

Tipp: Wer einen Sandwich-Toaster hat, kann die Bocadillos auch darin rösten und erwärmen.

Wurzelgemüse- und Kürbis-Chips mit zweierlei Aïoli

Patatas bravas sind in den spanischen Tapas-Bars überaus beliebt: frittierte gesalzene Kartoffelstücke, zu denen man Aïoli und eine pikante Tomatensauce reicht. Das folgende Rezept ist eine Variation des Klassikers aus hauchdünn aufgeschnittenem Wurzelgemüse und Kürbis. Mit einem Glas Weißwein ein wunderbarer Auftakt zu einer Dinnerparty.

Für 4–6 Portionen

Für das Knoblauch-Aïoli
2 Knoblauchzehen, gepresst
½ TL Salz
2 Eigelb (Raumtemperatur)
2 TL frisch gepresster Zitronensaft
6 EL Olivenöl extra vergine

Für das pikante Tomaten-Aïoli
125 ml Knoblauch-Aïoli
1 EL Tomatensauce
Tabasco- oder Chilisauce zum Abschmecken

Für die Chips
1 kleiner Kürbis (Acorn)
3 Karotten
3 violette Kartoffeln
3 Gelbe Beten
Pflanzenöl zum Frittieren
1 Knoblauchzehe, angequetscht, aber ganz belassen
3 Zweige Thymian
Meersalz, schwarzer Pfeffer aus der Mühle
2 EL fein geriebener Parmesan

Die Aïoli-Dips zubereiten

1 Knoblauch und Salz im Mörser zu einer Paste pürieren. Im Mixer mit den Eigelben und dem Zitronensaft pürieren. Bei laufendem Motor langsam das Olivenöl einlaufen lassen. Es ist wichtig, das Öl ganz langsam dazuzugeben, sonst bildet sich keine geschmeidige Emulsion – und nur so wird das Aïoli schön sämig. Wird die Masse zu dick, fügt man 1–2 Teelöffel warmes Wasser hinzu. Falls die Emulsion scheidet, verklopfen Sie in einer separaten Schüssel ein weiteres raumwarmes Eigelb und rühren Sie es ganz langsam unter ständigem Rühren zur Emulsion; so sollte sie wieder binden.

2 Für das Tomaten-Aïoli alle Zutaten mischen. Die Aïolis halten sich im Kühlschrank bis zu 24 Stunden.

Die Chips zubereiten

1 Das Gemüse gründlich waschen und bürsten, mit dem Gemüsehobel oder dem Sparschäler hauchdünn aufschneiden und 20 Minuten in Eiswasser legen. Abtropfen lassen und mit Küchenpapier trocken tupfen.

2 Eine gusseiserne Pfanne 2–3 cm hoch mit Pflanzenöl füllen und dieses auf 160 Grad erhitzen. Die Knoblauchzehe und die Thymianzweige ins Öl geben und 2 Minuten goldbraun frittieren, um dem Öl Aroma zu geben, dann herausnehmen.

3 Die Gemüsescheiben portionsweise im heißen Öl frittieren und auf Küchenpapier abtropfen lassen. Sofort salzen, pfeffern und mit Parmesan bestreuen. Dazu die Aïolis reichen.

Geschmorte Bete und Blutorange auf Blattsalat

Selbst im dunkelsten Winter gibt es bei mir oft Salat – mit unterschiedlichsten Texturen und Aromen. In diesem Salat verbindet sich die Säure der Blutorangen wunderbar mit der Süße der geschmorten Bete. Und die Pistazienkerne sorgen für knackigen Biss. Fügt man noch gegartes Quinoa hinzu, hat man im Handumdrehen eine vegetarische Vorspeise.

Für 4 Portionen

8 junge Rote und Gelbe Beten
90 ml Olivenöl
Salz
1 Blutorange
1 Navelorange
160 g gemischte Blattsalate wie Romana-Herzen, Spinat, Brunnenkresse oder Kräuter
2 EL ungesalzene Pistazienkerne, gehackt
1 EL Dijonsenf
1 EL Champagner- oder Apfelessig
schwarzer Pfeffer aus der Mühle

1 Den Backofen auf 200 Grad vorheizen. Die Beteknollen waschen und schälen. Größere Knollen halbieren oder vierteln. Die Bete auf einem Backblech mit 2 EL des Olivenöls und ½ TL Salz vermischen und im vorgeheizten Ofen 40 Minuten weich schmoren.

2 Die beiden Orangen schälen; dabei auch die bittere weiße Haut entfernen. In dünne Scheiben schneiden.

3 Den Salat auf eine Platte geben, darauf die Orangenscheiben und die geschmorte Bete anrichten und mit den Pistazienkernen bestreuen.

4 Senf, Essig, 1 TL Salz, und ½ TL Pfeffer und die restlichen 60 ml Olivenöl zu einer Vinaigrette verrühren und mit dieser den Salat beträufeln. Sofort servieren.

Cremiger Kartoffel-Hühnchen-Auflauf mit Pilzen

Als ich als Austauschschülerin einen Sommer zum Englischlernen in Irland verbrachte, sah ich, wie ein Klassenkamerad beim Lunch die Chips aus der Tüte in sein Sandwich packte – das war mir neu. »Eine tolle Idee«, dachte ich, und so war es tatsächlich. Dieser Lunch inspirierte mich durch die Verbindung seiner Aromen und Texturen zu diesem Auflauf aus zartem Hühnchen, Pilzen, knusprigen Kartoffeln, Malzessig und Petersilie.

Für 6 Portionen

- Olivenöl zum Braten, zum Fetten der Form(en) und zum Frittieren
- 4 Scheiben Pancetta oder durchwachsener Speck, gehackt
- 1 Zwiebel, gewürfelt
- 2 Knoblauchzehen, fein gehackt
- 1 Stange Sellerie, gewürfelt
- 450 g Hühnerbrustfilet oder Schenkelfleisch, ohne Knochen, in mundgerechte Stücke geschnitten
- Salz, schwarzer Pfeffer aus der Mühle
- 100 g Champignons, in Scheiben geschnitten
- 1 EL gehackter frischer Estragon
- 60 ml Weißwein
- 125 ml Kokosmilch
- 2 mittelgroße mehligkochende Kartoffeln, geschält
- 1 EL Malzessig
- 15 g Parmesan, fein gerieben
- 1 EL fein gehackte Petersilie

1 Den Backofen auf 190 Grad vorheizen. 2 EL Olivenöl in einer großen Pfanne bei mittlerer bis hoher Temperatur erhitzen und darin den Pancetta oder Speck knusprig braten. Zwiebel, Knoblauch und Sellerie beifügen und weitere 5 Minuten mitdünsten.

2 Das Hühnerfleisch mit ½ TL Salz und ½ TL Pfeffer würzen und zu dem Gemüse in die Pfanne geben. 5 Minuten garen, dabei einmal wenden. Die Pilzscheiben weitere 2 Minuten mitschmoren, dann Estragon, Weißwein, Kokosmilch, nochmals ½ TL Salz und ½ TL Pfeffer hinzufügen und 1 weitere Minute schmoren.

3 Eine große Auflaufform oder 6 Portionen-Auflaufförmchen (je 240 ml Inhalt) mit Öl ausstreichen und die Hühnchen-Pilz-Mischung darin verteilen. Im vorgeheizten Ofen 20 Minuten backen.

4 In der Zwischenzeit die Kartoffeln auf dem Gemüsehobel hauchdünn hobeln oder von Hand so fein wie möglich schneiden. Mit Küchenpapier trocken tupfen. In eine große, hohe Pfanne 1–1½ cm hoch Olivenöl geben und bei mittlerer Temperatur erhitzen. Die Kartoffelscheiben portionsweise (nie zu viele auf einmal) knusprig frittieren, herausnehmen und auf Küchenpapier abtropfen lassen. Die Kartoffelchips mit Malzessig beträufeln und mit Salz bestreuen.

5 Die Kartoffelchips auf dem Auflauf verteilen, mit Parmesan bestreuen und im Ofen nochmals 5 Minuten überbacken. Mit Petersilie bestreut servieren.

Lauch-Ziegenkäse-Flan mit Räucherlachs

Lauch ist im Baskenland so etwas wie ein Grundnahrungsmittel, und sein intensiver Geruch ist eng mit meiner Kindheit verbunden. Meine Großeltern väterlicherseits bauten stets Lauch in ihrem Gemüsegarten an, und immer wenn wir bei ihnen aufbrachen, gaben sie uns Taschen voller Lauch mit, an dem meistens noch feuchte Erde klebte. Den ganzen Winter über roch das Auto meines Vaters nach Lauch. In diesem Rezept wird der Lauch zuerst geschmort und anschließend zusammen mit Ziegenkäse und Kokosmilch zu einer geschmeidigen Creme weiterverarbeitet.

Für 4 Portionen

2 EL Olivenöl
2 mittelgroße Stangen Lauch, weißer und hellgrüner Teil in Ringe geschnitten
Salz
60 ml Hühnerbrühe
¼ l Kokosmilch
60 g Ziegenkäse
3 Eier
2 EL fein gehackter frischer Schnittlauch
220 g dünn geschnittener Räucherlachs
2 EL griechischer Joghurt, Sprossen und feine rote Zwiebelstreifen zum Garnieren

1 Das Olivenöl in einer Pfanne bei mittlerer Temperatur erhitzen und darin den Lauch zusammen mit ¼ TL Salz 5 Minuten andünsten, aber nicht bräunen. Die Hühnerbrühe zugießen und weitere 5 Minuten schmoren.

2 Den Lauch zusammen mit Kokosmilch und Ziegenkäse im Mixer pürieren und das Püree durch ein feines Sieb streichen.

3 Den Backofen auf 160 Grad vorheizen. Eier, Schnittlauch und ¼ TL Salz unter das Lauchpüree rühren. Die cremige Masse in 4 ofenfeste Gläser oder Souffléförmchen (je 120 ml Inhalt) füllen, diese in ein tiefes Backblech oder eine Backform setzen und bis auf etwa 2½ cm Höhe der Förmchen heißes Wasser in die Form gießen. Die Flans im vorgeheizten Ofen im Wasserbad 20–25 Minuten garen, bis die Creme fest ist. Herausnehmen und auf einem Kuchengitter etwas abkühlen lassen.

4 Die Flans lauwarm oder auf Raumtemperatur abgekühlt servieren. Mit Räucherlachs, griechischem Joghurt, Sprossen und roten Zwiebeln garnieren.

Buchweizentarte mit Chioggia-Bete, Fenchel und Raclettekäse

Meine Freundin Lena Hyde hat einen wunderschönen Garten, den ihre Söhne Ethan und Cal jedes Jahr neu bepflanzen. Beten, Tomaten, grüne Bohnen, Erbsen, Kürbisse, Auberginen und alle Sorten von Blattgemüsen gedeihen dort unter der liebevollen Pflege der beiden Jungs. Als ich einmal bei ihnen vorbeischaute, waren sie gerade am Ernten. »Kannst du ein paar Knollen Bete gebrauchen?«, fragte Cal und zog die schönsten gestreiften Beteknollen aus dem Boden. Sie schmeckten süß und erdig und inspirierten mich zu dieser köstlichen Tarte.

Für eine Tarte von 23 cm Durchmesser

Für den Boden
70 g extrafeines Vollkornreismehl
45 g Buchweizenmehl
40 g Maisstärke
35 g gemahlene Mandeln
2 TL gemahlene Chiasamen
½ TL Salz
¼ TL schwarzer Pfeffer aus der Mühle
110 g kalte Butter, 1 cm groß gewürfelt
6–8 EL Eiswasser
Vollkornreismehl zum Bestäuben

Für den Belag
3 große Knollen Chioggia-, Rote oder Gelbe Bete, Stiele entfernt
2 EL Olivenöl
2 Zwiebeln, hauchdünn geschnitten
1 Knolle Fenchel, hauchdünn geschnitten
½ TL Salz
90 g Raclette- oder Fontina-Käse, in ½ cm dicke Scheiben geschnitten

Den Teig zubereiten

1 Mehle, Stärke, Mandeln, Chiasamen, Salz und Pfeffer in der Küchenmaschine oder im Blitzhacker vermengen und gründlich durchmischen. Die kalten Butterwürfel hinzufügen und rasch einarbeiten, bis sie Erbsengröße haben. Dann 6 EL Eiswasser zugeben und zügig unterkneten. Den Teig mit den Händen zusammendrücken, um zu prüfen, ob er zusammenhält. Ist er noch zu krümelig, noch etwas Eiswasser hinzufügen.

2 Den Teig auf der Arbeitsfläche mehrmals durchkneten und zu einer kreisförmigen Platte formen. In Klarsichtfolie wickeln, flach drücken und 1 Stunde im Kühlschrank ruhen lassen.

3 Die (idealerweise kalte) Arbeitsfläche mit etwas Reismehl bestäuben und den Teig etwa 3 mm dünn ausrollen. Bricht oder reißt der Teig, drücken Sie ihn wieder zusammen. Schnell arbeiten, damit der Teig sich nicht erwärmt. Eine Tarteform (23 cm Durchmesser) mit dem Teig auslegen und diesen sanft festdrücken. Überstehende Teigränder mit einem Messer abschneiden. Die Form mit dem Teig weitere 10 Minuten kalt stellen.

4 Inzwischen den Backofen auf 200 Grad vorheizen. Den Teigboden mit Backpapier bedecken und dieses mit getrockneten Hülsenfrüchten oder Blindbackgewichten belegen. Im vorgeheizten Ofen 20 Minuten blind backen. Dann Gewichte und Papier entfernen und den Teigboden weitere 15 Minuten goldbraun backen.

Den Belag zubereiten und die Tarte backen

1 Während der Teig im Kühlschrank ruht, die Beten schmoren. Dazu den Backofen auf 200 Grad vorheizen. Die Knollen in Alufolie packen und 45 Minuten bis 1 Stunde im vorgeheizten Ofen weich schmoren. In der Folie abkühlen lassen. Dann schälen und in Scheiben aufschneiden.

2 Das Olivenöl bei mittlerer bis hoher Temperatur erhitzen und darin Zwiebeln und Fenchel zusammen mit dem Salz 10 Minuten glasig dünsten und leicht anbräunen. Die Mischung auf dem vorgebackenen Teigboden verteilen.

3 Die Käsescheiben darüber verteilen und die Tarte 5 Minuten backen, bis der Käse geschmolzen ist.

4 Die Betescheiben auf dem Käse verteilen und weitere 2 Minuten backen, damit die Bete durch und durch heiß wird. Warm servieren.

RACLETTEKÄSE

Raclette ist einer meiner Lieblingsschmelzkäse – er ist mild, cremig, mit leicht nussigem Aroma und perfekt zum Überbacken. Er wird in der Schweiz und in Teilen Frankreichs aus Kuhmilch hergestellt.

WINTER süß

Brioche • Schokoladen-Brioche-Pudding • Shortbread-Cookies mit Vanille und Pistazien • Clementinensorbet mit grünem Apfel und Zitronenthymian • Haselnusssüppchen mit Zimt und Vanille • Grapefruits mit Champagner-Sabayon und Ingwer-Mandel-Streusel • Joghurtcremetöpfchen mit Zitronen und Mandeln • Gefrorene Pistazien-Nougat-Mousse • Kastanienmehl-Minigugelhupfe mit Apfelglasur • Kokoscreme-Cookies • Milchreis aus dem Ofen mit Vanille und Kardamom • Buchweizen-Schokoladenkuchen mit Haselnüssen • Mandelkuchen mit kandierten Bitterorangen • Schoko-Bananen-Brot mit Ganachefüllung

Der Winter ist die Zeit von Schokolade und Nüssen, Zitrusfrüchten und Weihnachtsgebäck. Oft versammelt sich die ganze Familie in der Küche, so wie damals in meiner Kindheit in der Backstube. In der Weihnachtszeit gab es immer bis in die Nacht hinein viel zu tun, Mandeln zu mahlen und Gebäck fertigzustellen. Die Mandeln wurden in großen Jutesäcken angeliefert und mussten blanchiert, gehäutet und gemahlen werden, bevor sie zu Marzipan und *turrón* (weißes Nougat) weiterverarbeitet wurden.

»Warte, Mama«, ruft mein Sohn Jon jedes Mal, wenn ich Rührschüssel und Küchenwaage aus dem Schrank hole. »Ich will helfen.« Er war schon immer interessiert an allem, was in der Küche vor sich geht. Heute, mit fünf, schiebt er seinen Stuhl an die Arbeitsfläche, klettert hinauf und schnappt sich einen Kochlöffel. »Ich bin bereit, Mama.« Schritt für Schritt führe ich ihn durch das Rezept, lasse ihn das Mehl in die Schüssel geben und zeige ihm, wie ich die Zutaten abwiege.

Jons zweijährige Schwester Miren sitzt dabei im Schlafanzug mit zerzausten Locken auf dem Küchenboden und spielt mit dem Mehl, das es nicht bis in die Schüssel geschafft hat. Sie will auch mitmachen und reckt mir ihre ausgestreckten Ärmchen entgegen. Ich nehme sie auf den Arm und löffle zusammen mit Jon den Teig für die Mini-Gugelhupfe mit Apfelglasur in die Form. Ganz eindeutig: In der Küche riecht es nach Winter und zaubert ein Lächeln auf mein Gesicht.

Brioche

Ich habe lange gezögert, diesem Rezept den Titel »Brioche« zu geben, denn natürlich ist es etwas anderes als eine klassische Brioche. Ich könnte es auch Hefebrot nennen, aber »Brioche« klingt einfach viel ansprechender. Diese glutenfreie Version des Klassikers ist ebenso reichhaltig, saftig und herrlich duftend. Warme Brioche zum Frühstück – das lieben bei uns alle, besonders an kalten Wintertagen. Reste verarbeite ich zu French Toast oder Schokoladen-Brioche-Pudding (Seite 133) – oder ich mache Sandwiches daraus.

Für eine Kastenform von 22 cm Länge

- 1 EL Trockenhefe
- 125 ml Vollmilch, auf 46 Grad erwärmt
- ½ TL naturbelassener Rohrzucker
- 1 EL Chiasamen
- 2 EL kochendes Wasser
- 90 g extrafeines Vollkornreismehl
- 90 g Sorghummehl
- 80 g Kartoffelstärke
- 60 g Tapiokastärke
- 1½ TL Xanthangummi
- ½ TL Salz
- 70 g Honig
- 2 Eier (Raumtemperatur)
- 110 g Butter (Raumtemperatur)
- 1 Ei, leicht verklopft, zum Bestreichen
- 1 EL Demerarazucker

1 Die Trockenhefe, die warme Milch und den Zucker in einer kleinen Schüssel vermischen und 10 Minuten stehen lassen, bis sich an der Oberfläche Schaum bildet.

2 Die Chiasamen in der Kaffee- oder Getreidemühle mahlen. Die gemahlenen Samen mit dem kochenden Wasser zu einer dicken Paste verrühren und beiseitestellen.

3 In der Rührschüssel der Küchenmaschine Vollkornreismehl, Sorghummehl, Kartoffelstärke, Tapiokastärke, Xanthangummi und Salz vermischen. Hefemischung, Chiasamenpaste, Honig und Eier dazugeben und mit den Knethaken bei mittlerer Geschwindigkeit zu einem klebrigen Teig verarbeiten. Unter weiterem Rühren bei mittlerer Geschwindigkeit nach und nach jeweils 1 EL weiche Butter dazugeben und nach jeder Butterzugabe gründlich rühren, sodass sich die Butter gut mit dem Teig verbindet. Nachdem die Butter vollständig eingearbeitet wurde, den Teig weitere 3 Minuten kneten und anschließend noch 30 Sekunden bei höchster Geschwindigkeit durcharbeiten.

4 Den Teig in eine gefettete Kastenform füllen. Die Oberfläche mit angefeuchteten Händen glatt streichen und den Teig den Kanten entlang etwas nach unten drücken, sodass eine leichte gewölbte Oberfläche entsteht.

5 Die Form mit einer dünn gefetteten (oder mit Bratspray besprühten) Klarsichtfolie bedecken und den Teig bei Raumtemperatur 45 Minuten bis 1 Stunde bis zum Rand der Form aufgehen lassen.

6 In der Zwischenzeit den Backofen auf 180 Grad vorheizen. Die Oberfläche des Teigs mit dem leicht verklopften Ei bestreichen und mit Demerarazucker bestreuen.

7 Die Brioche im vorgeheizten Ofen 35–40 Minuten backen (Stäbchenprobe machen). Mindestens 15 Minuten in der Form abkühlen lassen, dann auf ein Kuchengitter stürzen und vollständig abkühlen lassen.
Die Brioche hält sich bei Raumtemperatur in Backpapier eingewickelt bis zu 3 Tage frisch, tiefgekühlt bis zu 1 Monat.

BRIOCHE-VARIATIONEN

Cranberry-Orangen-Brioche: Ersetzen Sie das Sorghummehl durch Hirsemehl und fügen Sie dem Rezept nach dem Einarbeiten der Butter 2 EL abgeriebene Orangenschale sowie 15 g getrocknete Cranberrys hinzu.

Quinoa-Brioche: Für die herzhaftere Version, die ich für Sandwiches verwende, ersetze ich das Sorghummehl durch Quinoamehl und füge ¼ TL schwarzen Pfeffer aus der Mühle und etwas Salz hinzu. Die Oberfläche unmittelbar vor dem Backen mit Quinoaflocken bestreuen.

Schokoladen-Brioche: Nach dem Einarbeiten der Butter 100 g Schokotröpfchen zum Teig geben und 30 Sekunden bei höchster Geschwindigkeit mit den Knethaken einarbeiten, sodass sich die Schokotröpfchen gleichmäßig im Teig verteilen. Diese Variante ist mein persönlicher Favorit!

Schokoladen-Brioche-Pudding

Dies ist der wohl beste Brotpudding, den ich jemals gegessen habe. Das Rezept basiert auf einem Pudding, wie er im Ritz-Carlton zubereitet wurde. Schaumig geschlagene Eier und Rahm machen ihn herrlich luftig und cremig. Die Kombination aus warmer Schokolade, Briochebrot, Salz und der leichten Creme zergeht auf der Zunge. Servieren Sie ihn mit Crème double oder Schlagrahm. Himmlisch!

Für 4–6 Portionen

- 60 g Zartbitterschokolade, fein gehackt
- 2 Eier
- 1 Eigelb
- 50 g naturbelassener Rohrzucker
- ¼ l Vollrahm oder Sahne extra
- ¼ TL Fleur de sel
- 175 g gewürfelte Brioche (Rezept Seite 130)
- 50 g Zartbitterschokoladen-tröpfchen
- ungesüßtes Kakaopulver zum Servieren

1 Den Backofen auf 160 Grad vorheizen. Die gehackte Schokolade in einer hitzebeständigen Schüssel über einem heißen Wasserbad zum Schmelzen bringen. Vom Wasserbad nehmen und etwas abkühlen lassen.

2 Eier, Eigelb und Zucker in der Rührschüssel der Küchenmaschine bei hoher Geschwindigkeit etwa 3 Minuten schaumig schlagen, sodass die Quirle beim Herausziehen sichtbare Spuren hinterlassen.

3 In einer separaten Schüssel den Rahm schlagen, bis er weiche Spitzen bildet. Zuerst den Rahm, dann die flüssige Schokolade und das Salz gründlich unter die Eimischung ziehen. Die Briochewürfel und die Schokoladentröpfen unterheben.

4 Die Masse in eine Auflaufform von 20 cm Durchmesser füllen und diese in ein tiefes Backblech setzen. Das Blech etwa 1½ cm hoch mit heißem Wasser auffüllen und den Pudding im vorgeheizten Ofen im Wasserbad 40–45 Minuten garen, bis die Mitte fest ist und nicht mehr wackelt. Nicht zu lange backen, da der Pudding sonst zu trocken wird – er soll leicht und cremig sein.

5 Den Pudding mit Kakaopulver bestäubt servieren und dazu Schlagrahm reichen.

Shortbread-Cookies mit Vanille und Pistazien

In diesem Shortbread vereinen sich meine beiden Lieblingszutaten: Pistazien und Vanille. Die noch warmen Cookies werden in Puderzucker gewälzt, der dann leicht anschmilzt und eine köstliche Hülle um die Kekse bildet. Vor den Weihnachtsfeiertagen backe ich immer viele Bleche dieser Cookies – ein hübsches Geschenk oder Mitbringsel!

Für etwa 50 Cookies

- 140 g extrafeines Vollkornreismehl
- 80 g Kartoffelstärke
- 70 g glutenfreies Hafermehl
- 30 g Tapiokastärke
- 1 TL Salz
- 80 g ungesalzene Pistazienkerne
- 225 g Butter (Raumtemperatur)
- 90 g Puderzucker
- 1 Vanilleschote, längs aufgeschnitten, Mark ausgekratzt
- gesiebter Puderzucker zum Wälzen

1 Vollkornreismehl, Kartoffelstärke, Hafermehl, Tapiokastärke und Salz in einer Schüssel vermischen. 1 EL der Mehlmischung zusammen mit den Pistazienkernen im Mixer oder Blitzhacker fein mahlen.

2 Die weiche Butter, den Puderzucker und das Vanillemark in der Rührschüssel der Küchenmaschine mit dem Flachrührer bei mittlerer bis hoher Geschwindigkeit 2 Minuten luftig-schaumig rühren (bei niedrigem Tempo beginnen, damit der Puderzucker nicht zu stark stäubt).

3 Die Mehl-Stärke-Mischung und die gemahlenenen Pistazien dazugeben und alles zu einem glatten, eher klebrigen Teig verarbeiten. Den Teig auf der Arbeitsfläche zu einer etwa 33 cm langen Rolle von 5 cm Durchmesser formen, in Backpapier wickeln und nochmals rollen, damit sie eine möglichst runde Form annimmt. Mindestens 1 Stunde kalt stellen.

4 Den Backofen auf 180 Grad vorheizen. Den Teig auspacken und in gut ½ cm dicke Scheiben schneiden. Diese mit jeweils 5 cm Abstand auf ein mit Backpapier belegtes Blech setzen und im vorgeheizten Ofen 10 Minuten hellbraun backen; nicht zu lange backen, weil sie sonst hart werden.

5 Die Cookies noch warm in Puderzucker wälzen. Sie halten sich in einem luftdicht verschlossenen Behälter bei Raumtemperatur bis zu 3 Tage frisch.

SHORTBREAD-COOKIES MIT CRANBERRYS UND ROSA PFEFFER

Ich liebe rosa Pfeffer in Süßspeisen – zum Beispiel in fein geschnittenen Erdbeeren oder über Vanilleeis gestreut. Für diese Shortbread-Variante gebe ich anstatt der gehackten Pistazienkerne 70 g gehackte getrocknete Cranberrys zusammen mit 2 TL gemahlenem rosa Pfeffer in den Teig.

Clementinensorbet mit grünem Apfel und Zitronenthymian

Clementinen sind nur eine kurze Zeit erhältlich. Sie haben Ende Dezember Hochsaison, und dann genieße ich sie fast von morgens bis abends. Wenn ich dieses oder ein anderes Fruchtsorbet zubereite, probiere ich immer zuerst den Fruchtsaft und entscheide dann je nach Süße oder Säure der Früchte, wie viel Zucker ich hineingebe. Am besten beginnt man mit wenig Zucker und süßt gegebenenfalls noch etwas nach. Grüner Apfel und Zitrone bieten den süßen Clementinen ein säuerliches Paroli.

Für 4 Portionen

- 50–70 g naturbelassener Rohrzucker
- 1 EL fein abgeriebene Zitronenschale
- 1 TL frische abgezupfte Zitronenthymianblätter
- ¼ TL Salz
- 625 ml frisch gepresster Clementinensaft (entspricht etwa 1,25 kg Früchten)
- 1 Granny-Smith-Apfel, geschält, entkernt und gewürfelt
- 2 EL frisch gepresster Zitronensaft
- 1 Granny-Smith-Apfel, frische Minzeblätter und Zitronenthymianblätter zum Garnieren

1 In einer Schüssel 50 g des Zuckers, Zitronenschale, Zitronenthymianblätter und Salz vermischen und die Mischung zwischen den Fingern zerreiben, sodass die Aromen der natürlichen Öle freigesetzt werden.

2 Im Mixer den Clementinensaft, die Apfelwürfel, den Zitronensaft und die Zuckermischung mischen und probieren, ob die Mischung die gewünschte Süße hat. Falls nötig noch etwas Zucker hinzufügen. Dann die Zutaten bei hoher Geschwindigkeit fein pürieren.

3 Das Fruchtpüree 2 Stunden im Gefrierfach vorgefrieren, anschließend in der Eismaschine zu einem Sorbet rühren. Das Sorbet im Tiefkühler mindestens 4 Stunden durchfrieren lassen.

4 Das Sorbet 15 Minuten vor dem Servieren aus dem Tiefkühler nehmen und in den Kühlschrank stellen, damit es etwas antaut. Den zweiten Apfel hauchdünn aufschneiden und in jedes Dessertschälchen einige Scheiben legen. Darauf das Sorbet anrichten; mit Zitronenthymian und Minze garniert servieren.

Haselnusssüppchen mit Zimt und Vanille

»Lass uns mit den Kindern spazieren gehen und ein paar Haselnüsse sammeln«, schlug meine Mutter bei unserem letzten Besuch vor. Ich wuchs in einer von Nussbäumen umgebenen Kleinstadt auf. Hinter dem Haus meines Onkels stehen wunderschöne Walnuss-, Haselnuss-, Mandel- und Kastanienbäume. Als Kinder sammelten wir immer die Nüsse und brachten sie mit nach Hause.

Diese Suppe ist eine Variante der klassischen baskischen *intxaursaltsa*, einer dicken Suppe aus Walnüssen und Zimt, einem Weihnachtsklassiker. Ich serviere diese Suppe gerne als kleines Vordessert in schmalen Gläsern und reiche dazu Shortbread-Cookies mit Cranberrys und rosa Pfeffer (siehe Seite 134).

Für 6–8 Portionen

- 120 g Haselnüsse
- 50 g naturbelassener Rohrzucker
- 2 TL fein abgeriebene Zitronenschale
- ½ l Vollmilch
- 1 Vanilleschote, längs aufgeschnitten, Mark ausgekratzt
- 1 Zimtstange
- ⅛ TL Salz
- 125 ml Vollrahm (Sahne)

1 Den Backofen auf 180 Grad vorheizen. Die Haselnüsse auf einem Backblech verteilen und im vorgeheizten Ofen 5–7 Minuten goldbraun rösten. Dann die Nüsse in ein Küchentuch geben und kräftig reiben, sodass sich die Haut löst. Abkühlen lassen. 1 EL Nüsse zum späteren Verzieren fein hacken.

2 Die restlichen gehäuteten Haselnüsse, den Zucker und die Zitronenschale im Blitzhacker fein zerkleinern, sodass eine Art Paste entsteht.

3 Milch, Haselnusspaste, Vanilleschote samt Mark, Zimtstange und Salz in einem Topf zum Kochen bringen und bei reduzierter Hitze unter Rühren 15 Minuten köcheln lassen, bis die Milch eindickt. Vanilleschote und Zimtstange herausnehmen und die Suppe im Mixer fein pürieren.

4 Die Suppe (es sollte etwa ½ l sein) in einer Schüssel vollständig abkühlen lassen; beim Abkühlen wird sie noch etwas eindicken. Vor dem Servieren umrühren. Bei Raumtemperatur servieren oder vor dem Servieren im Kühlschrank kalt stellen.

5 Den Rahm aufschlagen. Die Suppe in Gläser füllen, auf jede Portion einen Klecks Schlagrahm setzen und mit den gehackten Haselnüssen bestreuen.

VANILLESCHOTEN WIEDERVERWENDEN

Ich verwende Vanilleschoten immer mehrmals. Nachdem ich das Vanillemark beim ersten Mal zum Beispiel für einen Kuchen verwendet habe, koche ich die Schoten beim zweiten Mal in Milch für eine Creme aus. Dann wasche ich die Schoten heiß ab, tupfe sie trocken und lege sie in ein Glas Zucker, wo sie Tage, Wochen oder Monate bleiben – bis das Vanillearoma den Zucker durchzogen hat. Dann mahle ich Zucker und Vanilleschote zu feinem Pulver und dieser kommt wieder für Backwaren oder Süßspeisen zum Einsatz.

Grapefruits mit Champagner-Sabayon und Ingwer-Mandel-Streusel

Ich liebe Schichtdesserts aus verschiedenen Aromen und Texturen. Diese Version ist frisch und leicht, mit Grapefruitfilets, Champagner-Sabayon, kandiertem Ingwer und Mandelstreusel. Für eine kinderfreundliche, alkoholfreie Version verwenden Sie statt Champagner Apfelsaft.

Für 6 Portionen

Für den Ingwer-Mandel-Streusel
100 g gemahlene Mandeln
100 g naturbelassener Rohrzucker
70 g extrafeines Vollkornreismehl
2 EL Tapiokastärke
⅛ TL Salz
110 g Butter (Raumtemperatur)
80 g gehobelte Mandeln
2 EL fein gehackter kandierter Ingwer

Für das Champagner-Sabayon
6 Eigelb
100 g naturbelassener Rohrzucker
165 ml Champagner
¼ l Vollrahm oder Sahne extra

Zum Anrichten
3 rote Grapefruits
70 g Ingwer-Mandel-Streusel
frische Minze zum Garnieren

Den Streusel zubereiten

1 Mandeln, Zucker, Vollkornreismehl, Stärke und Salz in einer großen Schüssel verrühren. Die weiche Butter stückweise hinzufügen und zwischen den Fingern mit den trockenen Zutaten verreiben. Die gehobelten Mandeln und den kandierten Ingwer unterheben.

2 Die krümelige Masse auf einem mit Backpapier ausgelegten Blech verteilen und 20 Minuten in den Tiefkühler stellen.

3 Den Backofen auf 180 Grad vorheizen. Es wird nur etwa die Hälfte der Streusel für dieses Rezept benötigt; diese im vorgeheizten Ofen 12 Minuten goldbraun backen. Anschließend abkühlen lassen. Den Rest der Streusel in einem luftdichten Behälter für eine spätere Verwendung einfrieren (siehe Seite 141).

Das Sabayon zubereiten

1 Eigelbe, Zucker und Champagner in der Rührschüssel der Küchenmaschine schaumig schlagen. Anschließend über einem heißen Wasserbad etwa 3 Minuten weiterschlagen, bis die Masse eindickt.

2 Dann die Creme wiederum mit der Küchenmaschine bei mittlerer Geschwindigkeit so lange aufschlagen, bis sich die Schüssel abgekühlt hat und ein hellgelbes, dickes Sabayon entstanden ist.

3 Den Rahm in einer separaten Schüssel weich aufschlagen und unter das abgekühlte Sabayon ziehen.

Das Dessert fertigstellen

Die Grapefruits schälen und filetieren; dabei die weiße Haut komplett entfernen. In jedes Glas 2 EL Streusel geben, die Grapefruitspalten darauf verteilen, mit Champagner-Sabayon bedecken und mit Streusel sowie frischer Minze abschließen. Sofort servieren.

TEIG EINFRIEREN

Wenn ich Kuchenteig oder Streusel zubereite, mache ich oft gleich die doppelte Menge und friere den nicht benötigten Teil ein. In meinem Tiefkühler ist immer eine Auswahl unterschiedlicher Teigsorten vorrätig, sodass ich im Nu einen Kuchen backen oder ein Streuseldessert zubereiten kann. Streusel hält sich in einem luftdicht verschlossenen Behälter tiefgefroren bis zu 1 Monat. Er lässt sich tiefgefroren weiterverarbeiten. Den gefrorenen Streusel einfach über den Obstbelag streuen – und ab in den Ofen.

In der Kochschule lernte ich als Faustregel, dass man für eine Tarte pro 2½ cm Durchmesser 30 g Teig braucht. Für eine Form von 22–24 cm Durchmesser braucht man also etwa 270 g Teig. Frieren Sie den Teig schon portioniert ein. In Klarsichtfolie verpackt, hält er sich tiefgekühlt bis zu 1 Monat. Vor der Weiterverarbeitung über Nacht im Kühlschrank auftauen lassen.

Joghurtcremetöpfchen mit Zitronen und Mandeln

Für diese Creme empfehle ich die Verwendung frischer Eier aus Freilandhaltung. Das orangefarbene Eigelb gibt der Creme eine schöne intensive Färbung. Meine Kinder lieben es, mich allwöchentlich zum Eierkauf auf den Bauernhof zu begleiten. Sie flitzen immer gleich los, um die frisch gelegten Eier in Augenschein zu nehmen. »Die sind ja noch ganz warm!«, ruft Jon dann mit leuchtenden Augen.

Für 6 Souffléförmchen von 120 ml Inhalt

- 70 g naturbelassener Rohrzucker
- 1 EL fein abgeriebene Zitronenschale (siehe Tipp)
- 4 Eier
- 50 g gemahlene Mandeln
- 250 g griechischer Joghurt
- 1/4 l Kokosmilch
- 60 ml frisch gepresster Zitronensaft (siehe Tipp)
- 30 g gehobelte Mandeln, angeröstet, zum Verzieren
- Puderzucker zum Bestäuben

1 Den Backofen auf 160 Grad vorheizen. In einer Schüssel Zucker und Zitronenschale mit den Fingern verreiben, um das in der Schale enthaltene ätherische Öl möglichst gut herauszulösen. Die Eier einrühren. Dann Mandeln, Joghurt, Kokosmilch und Zitronensaft dazugeben und alles zu einer glatten Masse verrühren.

2 Die Souffléförmchen auf ein tiefes Backblech setzen und die Creme in die Förmchen füllen. Das Blech bis zur halben Höhe der Souffléförmchen mit heißem Wasser auffüllen und die Creme im vorgeheizten Ofen im Wasserbad 30 Minuten pochieren, bis sie fest ist.

3 Das Blech aus dem Ofen nehmen, die Förmchen vorsichtig herausheben und auf einem Kuchengitter auf Raumtemperatur abkühlen lassen, dann in den Kühlschrank stellen. Vor dem Servieren mit den gehobelten Mandeln bestreuen und mit Puderzucker bestäuben. Die Creme hält sich im Kühlschrank 5 Tage.

Tipp: Es lohnt sich, statt normaler Zitronen nach Meyer-Zitronen Ausschau zu halten. Diese ursprünglich aus China stammende vermutlich natürliche Kreuzung zwischen Zitrone und Süßorange ist sehr saftreich und schmeckt weniger sauer als die normale Zitrone.

Gefrorene Pistazien-Nougat-Mousse

Nougat oder *turrón,* wie wir es im Spanischen nennen, aus Eiweiß, Honig und Nüssen zubereitet, ist bei uns eine traditionelle Weihnachtsspezialität. Das folgende Rezept ist eine gefrorene Version des Klassikers, das knusprige Meringue mit Honig, knackigen karamellisierten Pistazienkernen und Mandeln sowie luftigem Schlagrahm vereint. Zergeht auf der Zunge.

Für 6–8 Portionen

200 g naturbelassener Rohrzucker
50 g ungesalzene Pistazienkerne
2 EL geschälte gehobelte Mandeln
¼ l Vollrahm oder Sahne extra
1 Vanilleschote, längs aufgeschnitten, Mark ausgekratzt
3 Eiweiß, möglichst von Eiern aus Freilandhaltung
70 g Honig

1 Ein Drittel des Zuckers gleichmäßig auf den Boden eines Topfs streuen und bei mittlerer bis hoher Temperatur ohne zu rühren schmelzen lassen. Ist der Zucker geschmolzen, das zweite Drittel gleichmäßig in den Topf streuen und ebenso zum Schmelzen bringen. Dann mit dem letzten Drittel ebenso verfahren. Den Topf schwenken, damit der Zucker gleichmäßig karamellisiert. Zum Schluss sollte ein bernsteinfarbener Karamell entstanden sein.

2 Pistazien und Mandeln einrühren und die Masse sofort auf einer Silikonmatte oder einem leicht gefetteten Backpapier verteilen. Vollständig abkühlen lassen, dann grob zerkleinern.

3 Den Rahm zusammen mit dem Vanillemark flaumig-weich aufschlagen und bis zur Verwendung kalt stellen.

4 Die Eiweiße schaumig schlagen, bis sie ihr Volumen etwa verdreifacht haben.

5 In der Zwischenzeit den Honig in der Mikrowelle 30 Sekunden oder über einem heißen Wasserbad erhitzen, bis er zu köcheln beginnt. Den heißen Honig nach und nach bei geringer Geschwindigkeit zu den Eiweißen in die Rührschüssel fließen lassen. Die Rührgeschwindigkeit erhöhen und die Masse so lange schlagen, bis sich die Rührschüssel kühl anfühlt.

6 Den Eischnee und das zerkleinerte Nusskaramell behutsam unter den Schlagrahm heben. Die Masse im Tiefkühler durchfrieren lassen. 5 Minuten vor dem Servieren aus dem Tiefkühler nehmen.

Kastanienmehl-Minigugelhupfe mit Apfelglasur

Braune Butter, Kastanienmehl und gemahlene Haselnüsse machen diese Minigugelhupfe reichhaltig und aromatisch. Noch ofenwarm, werden sie glasiert und geben ein saftiges Dessert ab.

Für 12 Minigugelhupfformen à 120 ml Inhalt

Für die Gugelhupfe
- 140 g Butter
- 70 g extrafeines Vollkornreismehl
- 50 g Kastanienmehl (siehe Tipp) oder 45 g Buchweizenmehl
- 50 g gemahlene Haselnüsse
- 2 EL Tapiokastärke
- 1½ TL Backpulver
- ¼ TL Salz
- 3 Eier
- 150 g heller Rohzucker
- ½ Vanilleschote, längs aufgeschnitten, Mark ausgekratzt
- 2 Äpfel (Granny Smith), geschält, entkernt und gerieben

Für die Apfelglasur
- 80 g Puderzucker, gesiebt
- 55 g Butter, geschmolzen
- 1 EL Apfelsaft

Die Gugelhupfe backen

1 Die Butter in einem kleinen Topf schmelzen, bis sie am Topfboden zu bräunen beginnt und nussig duftet. Die flüssige Butter vorsichtig in eine Schüssel abseihen und abkühlen lassen.

2 Den Backofen auf 180 Grad vorheizen. Vollkornreismehl, Kastanienmehl, gemahlene Haselnüsse, Tapiokastärke, Backpulver und Salz in einer großen Schüssel vermischen.

3 In einer separaten Schüssel Eier, Zucker, Vanillemark, geriebene Äpfel und die braune Butter verrühren. Diese Mischung zu der Mehlmischung geben und alles gut vermengen. Den Teig in 12 gefettete Minigugelhupfformen füllen.

4 Die Gugelhupfe im vorgeheizten Ofen etwa 20 Minuten backen (Stäbchenprobe machen). In den Formen 5–10 Minuten abkühlen lassen, dann auf ein Kuchengitter stürzen.

Die Glasur zubereiten und die Küchlein fertigstellen

Alle Zutaten zur Glasur verrühren, bis eine glatte Mischung entstanden ist. Die Küchlein glasieren, solange sie noch warm sind.

KASTANIENMEHL SELBST HERSTELLEN

450 g rohe Esskastanien auf der flachen Seite zweimal kreuzweise einritzen und im Ofen bei 200 Grad 15 Minuten rösten. Abkühlen lassen und schälen. Die geschälten Kastanien auf ein Blech geben und im warmen, aber ausgeschalteten Ofen allein mit der Wärme der Ofenbeleuchtung über Nacht oder rund 20 Stunden trocknen lassen. Anschließend die getrockneten Kastanien im Blitzhacker oder im Hochleistungsmixer zu feinem Mehl mahlen. Durchsieben und größere Stücke entfernen. Kastanienmehl hält sich im Kühlschrank bis zu 6 Monate.

N° 4

Kokoscreme-Cookies

Ich hatte schon immer eine Schwäche für Shortbread-Cookies mit Cremefüllung und verschenke sie auch gerne. Da der Teig sehr fest wird, empfiehlt es sich, immer nur wenig davon in den Spritzbeutel zu füllen. So kann man besser Druck ausüben und die Cookies werden regelmäßiger.

Für 20 gefüllte Cookies

Für die Kokos-Cookies
110 g Butter (Raumtemperatur)
100 g naturbelassener Rohrzucker
3 Eigelb (Raumtemperatur)
½ TL fein abgeriebene Zitronenschale
¼ TL Kokosextrakt
100 g extrafeines Vollkornreismehl
50 g Kokosmehl
2 EL Tapiokastärke
¼ TL Salz
80 ml Kokosmilch

Für die Kokos-Buttercreme-Füllung
2 Eiweiß
100 g naturbelassener Rohrzucker
170 g Butter (Raumtemperatur)
½ TL Kokosextrakt
⅛ TL Salz

Die Cookies zubereiten

1 Den Backofen auf 180 Grad vorheizen. In der Rührschüssel der Küchenmaschine Butter und Zucker mit dem Flachrührer bei mittlerer Rührgeschwindigkeit etwa 2 Minuten schaumig rühren. Eigelbe, Zitronenschale und Kokosextrakt einrühren.

2 Vollkornreismehl, Kokosmehl, Tapiokastärke und Salz in einer separaten Schüssel vermischen und unter die Butter-Zucker-Masse rühren. Anschließend die Kokosmilch einrühren.

3 Etwa ein Drittel des Teigs in einen Spritzbeutel mit Sterntülle füllen und auf zwei mit Silikonmatten belegte Backbleche mit jeweils etwa 6 cm Abstand kleine Teigrosetten von 3 cm Durchmesser aufspritzen. Der Teig ist ziemlich fest, sodass man genügend Druck auf den Spritzbeutel ausüben muss; je weiter vorne Sie drücken, desto besser funktioniert es. Mit dem restlichen Teig so weiterverfahren. Alternativ können Sie den Teig auch mit einem kleinen Eisportionierlöffel aufs Blech setzen und die Teigkleckse mit den Fingern glatt streichen.

4 Die Cookies im vorgeheizten Ofen 12–15 Minuten hellbraun backen. 5 Minuten auf dem Blech abkühlen lassen, dann vom Blech nehmen. Die Cookies vollständig abkühlen lassen, dann mit der Creme füllen.

Die Füllung zubereiten

1 Eiweiße und Zucker in der Küchenmaschine aufschlagen. Die Schüssel über einen zur Hälfte mit köchelndem Wasser gefüllten Topf setzen und die Eiweiß-Zucker-Masse etwa 5 Minuten aufschlagen, bis die Masse sich warm anfühlt.

2 Die Schüssel zurück in die Küchenmaschine setzen und die Meringue mit hoher Rührgeschwindigkeit aufschlagen, bis die Masse dick ist und die Rührschüssel sich nicht mehr warm anfühlt.

3 Die Rührgeschwindigkeit auf mittleres Tempo verlangsamen und nach und nach jeweils 1 EL weiche Butter einrühren. Wenn die Butter vollständig eingerührt wurde, die Masse bei hoher Rührgeschwindigkeit 1 Minute aufschlagen, bis eine geschmeidige Buttercreme entstanden ist. Dann Kokosextrakt und Salz einrühren.

4 Die Buttercreme in einen Spritzbeutel mit glatter Lochtülle füllen, jeweils zwischen zwei Cookies geben und behutsam zusammendrücken. Restliche Buttercreme kann 1 Monat eingefroren werden.

5 Die gefüllten Cookies lassen sich bis 4 Stunden bei Raumtemperatur lagern, länger und bis zu 2 Tage im Kühlschrank aufbewahren. Vor dem Servieren aus dem Kühlschrank nehmen und Raumtemperatur annehmen lassen.

Milchreis aus dem Ofen mit Vanille und Kardamom

Wer meinen Blog kennt, weiß, dass ich *arroz con leche*, eine Art Milchreis, liebe. Tatsächlich habe ich meinen Blog nach den köstlichen Düften von Zimt und Vanille, die dafür leise auf dem Herd köcheln, »Cannelle et Vanille« genannt. Dieses Dessert bereitete meine Großmutter immer aus Rohmilch zu, die vom nahen Bauernhof täglich in die Bäckerei geliefert wurde. Und dieses Dessert mache ich noch heute für meine eigene Familie, wenn wir etwas Wärme und Trost brauchen. Das traditionelle Rezept ist ziemlich zeitaufwendig, weil man ununterbrochen am Herd stehen und rühren muss. Meine Version ist etwas komfortabler, weil der Milchreis langsam im Ofen gart – das Ergebnis ist aber ebenso cremig und köstlich. Kardamom und Zitronenschale sorgen für das gewisse Etwas.

Für 4 Portionen

1 l Vollmilch
100 g Arborio-Reis
50 g naturbelassener Rohrzucker
1 Vanilleschote, längs aufgeschnitten, Mark ausgekratzt
1 Zimtstange
4 Kardamomkapseln, zerstoßen
abgeriebene Schale von ½ Zitrone
⅛ TL Salz

1 Den Backofen auf 160 Grad vorheizen. Alle Zutaten in einer ausreichend großen Auflaufform vermischen. Die Form mit Backpapier und anschließend mit Alufolie abdecken.

2 Den Auflauf im vorgeheizten Ofen 1 Stunde backen. Dann Folie und Backpapier entfernen, den Auflauf umrühren und weitere 15–20 Minuten backen, bis er dick und cremig ist. Wie lange genau, hängt von der Größe der Form und der Qualität des Reises ab. Aber vergessen Sie nicht, dass der Milchreis noch nachdickt, wenn er steht. Bei Raumtemperatur oder kalt servieren.

Buchweizen-Schokoladenkuchen mit Haselnüssen

Bei mir gibt es immer ein Dessert. Ganz gleich, ob ein Stück Zartbitterschokolode oder ein Cookie – nach jeder Mahlzeit muss etwas Süßes sein. Dieser leichte, saftige Kuchen gehört zu meinen Lieblingsdesserts, die ich nach einer gehaltvollen Suppe oder einer Gemüsequiche serviere. Dieser Kuchen lässt sich einfach zubereiten und ist recht gesund – deshalb genieße ich ihn mit gutem Gewissen. Und meine Kinder kratzen liebend gerne die Rührschüssel aus. Den Kuchen backe ich übrigens oft schon am Vortag.

Für einen Kuchen von 20 cm Durchmesser

30 g Haselnüsse
170 g Zartbitterschokolade, fein gehackt
125 ml Kokosöl, flüssig
4 Eier, getrennt
100 g Kokospalmzucker
80 ml Vollmilchjoghurt
1 TL Vanilleextrakt
75 g gemahlene Haselnüsse
35 g Buchweizenmehl
½ TL Salz

1 Den Backofen auf 180 Grad vorheizen. Die Haselnüsse auf einem Blech verteilen und im Ofen 5–7 Minuten rösten, bis sie duften. Dann in ein sauberes Küchentuch geben und kräftig reiben, sodass sich die Haut löst. Anschließend die Nüsse grob hacken.

2 Die gehackte Schokolade und das Kokosöl in einer Schüssel vermischen, über einem heißen Wasserbad zum Schmelzen bringen und anschließend etwas abkühlen lassen.

3 Die Eigelbe und 50 g des Palmzuckers in einer großen Schüssel verrühren. Joghurt, Vanilleextrakt, die flüssige Schokoladenmischung, die gemahlenen Haselnüsse, das Buchweizenmehl und das Salz dazugeben und gut verrühren.

4 In einer separaten Schüssel die Eiweiße halb steif schlagen. Langsam unter weiterem Schlagen den restlichen Zucker hinzufügen, bis der Eischnee steif ist. Zunächst ein Drittel des Eischnees unter die Eigelb-Schokoladen-Masse heben, anschließend den restlichen Eischnee behutsam so unterheben, dass möglichst viel Luft in die Masse eingearbeitet wird. Zuletzt die gehackten Haselnüsse unterheben.

5 Den Boden einer runden Kuchenform mit Backpapier auslegen und die Form mit flüssiger Butter fetten (oder mit Antihaftspray besprühen). Den Teig in die Form füllen und im vorgeheizten Ofen 30–35 Minuten backen, bis er in der Mitte durchgebacken ist (Stäbchenprobe machen). Den Kuchen nicht zu lange backen, damit die Schokolade nicht verbrennt. Den Kuchen etwas in der Form abkühlen lassen, dann stürzen und vollständig auf einem Kuchengitter abkühlen lassen.

Mandelkuchen mit kandierten Bitterorangen

In diesem Rezept werden die Bitterorangen leicht in Vanillesirup kandiert, was einen feinen Süß-Sauer-Kontrast ergibt. Himmlisch schmecken sie auch mit Vanilleeis serviert. Wenn Sie keine Bitterorangen bekommen, verwenden Sie Kumquats. Unbehandelte, dünnschalige Zitrusfrüchte sind für dieses Rezept ideal.

Für einen Kuchen von 23 cm Durchmesser

- 200 g naturbelassener Rohrzucker
- 125 ml Wasser
- 1 Vanilleschote, längs aufgeschnitten, Mark ausgekratzt
- 450 g kleine Bitterorangen, entkernt und dünn aufgeschnitten (ungeschält)
- 200 g glutenfreie Mandelpaste
- 4 Eier
- abgeriebene Schale von 1 Orange
- abgeriebene Schale von 1 Zitrone
- 30 g Hirsemehl
- ½ TL Backpulver
- ¼ TL Salz
- 85 g Butter, geschmolzen und abgekühlt

1 Den Zucker mit dem Wasser in einem Topf erhitzen. Vanilleschote und Mark hinzufügen, zum Kochen bringen und dann bei reduzierter Hitze köcheln lassen, bis sich der Zucker aufgelöst hat. Die Orangenscheiben dazugeben und 10 Minuten im Zuckersirup kochen, bis sie durchscheinend sind. Den Topf vom Herd nehmen und die Orangenscheiben im Sirup auskühlen lassen.

2 Die Mandelpaste, 1 Ei, Orangen- und Zitronenschale in der Rührschüssel der Küchenmaschine mit dem Flachrührer bei mittlerer Geschwindigkeit zu einer dicken Paste verrühren. Es macht nichts, wenn sie noch kleine Klumpen enthält. Die 3 restlichen Eier dazugeben und die Masse nun mit dem Rührbesen 5 Minuten bei hoher Geschwindigkeit rühren, bis sie hell und dickcremig ist.

3 Hirsemehl, Backpulver, Salz und flüssige Butter dazugeben und bei hohem Tempo weitere 30 Sekunden rühren, bis eine homogene Masse entstanden ist.

4 Den Backofen auf 180 Grad vorheizen. Den Boden der Kuchenform mit Backpapier auslegen. Das Papier und den Formenrand fetten und den Teig einfüllen. Im vorgeheizten Ofen 30 Minuten backen (Stäbchenprobe machen). Den Kuchen 20 Minuten in der Form abkühlen lassen, dann auf ein Kuchengitter stürzen.

5 Den Kuchen mit den kandierten Bitterorangen belegen, mit dem Zuckersirup beträufeln und servieren.

Schoko-Bananen-Brot mit Ganachefüllung

Meine Kinder bekommen von diesem süßen Schoko-Bananen-Brot nie genug. Es steckt voller vollwertiger Zutaten und bleibt dank des Olivenöls und der reifen Bananen tagelang saftig. An kalten Tagen verkriechen wir uns unter eine kuschelige Decke und schwelgen in diesem schokoladigen Genuss. Oft fülle ich das Schoko-Bananen-Brot mit einer Ganache – ein köstlicher und sehr nahrhafter Genuss.

Für 4–6 Portionen

Für das Schoko-Bananen-Brot (für eine Kastenform von 22 cm Länge)
3 reife Bananen
140 g extrafeines Vollkornreismehl
35 g Buchweizenmehl
25 g gemahlene Haselnüsse
2 EL Tapiokastärke
1 EL ungesüßtes Kakaopulver
½ TL Salz
½ TL Backnatron
3 Eier
200 g naturbelassener Rohrzucker
125 ml Olivenöl
2 TL Vanilleextrakt

Für die Schoko-Haselnuss-Ganache (ergibt 375 ml)
¼ l Kokosmilch
2 EL Haselnussbutter (siehe Seite 69)
290 g Zartbitterschokolade, fein gehackt
2 TL Vanilleextrakt
½ TL Fleur de sel

Das Schoko-Bananen-Brot backen

1 Die Bananen im Mixer oder der Küchenmaschine pürieren (es sollte etwa 250 g Püree ergeben).

2 Den Backofen auf 190 Grad vorheizen. Vollkornreismehl, Buchweizenmehl, gemahlene Haselnüsse, Tapiokastärke, Kakaopulver, Salz und Natron in einer großen Schüssel vermischen.

3 In einer separaten Schüssel Eier, Zucker, Bananenpüree, Olivenöl und Vanilleextrakt verrühren, zur Mehlmischung geben und alles zu einer glatten Masse verarbeiten.

4 Den Teig in eine gefettete Kastenform geben und im vorgeheizten Ofen 50 Minuten bis 1 Stunde backen (Stäbchenprobe machen). Das Schoko-Bananen-Brot in der Form 15 Minuten abkühlen lassen, dann auf ein Kuchengitter stürzen und vollständig abkühlen lassen. Im Kühlschrank hält es sich gut verpackt 5 Tage.

Die Ganache zubereiten und das Brot füllen

1 Kokosmilch und Haselnussbutter in einem kleinen Topf bei mittlerer bis hoher Hitze zum Köcheln bringen.

2 Die fein gehackte Schokolade in einer Schüssel mit der köchelnden Kokosmilch übergießen und unter Rühren zum Schmelzen bringen. Vanilleextrakt und Fleur de sel einrühren. Nicht überrühren, da die Ganache sonst ihre Geschmeidigkeit verliert.

3 Mit dem Abkühlen wird die Ganache fest. Um sie wieder streichfähig zu machen, rührt man sie über dem heißen Wasserbad gründlich durch. Im Kühlschrank hält sie sich bis zu 1 Woche.

4 Das Schoko-Bananen-Brot in knapp 1 cm dicke Scheiben schneiden. Auf jeder Scheibe etwa 2 EL Schoko-Haselnuss-Ganache verstreichen und eine zweite Scheibe daraufsetzen. Die süßen »Sandwiches« in einer Grillpfanne oder einem Sandwich-Toaster kurz erhitzen, bis sie außen leicht knusprig sind und die Ganache-Füllung anschmilzt. Warm servieren.

Frühling

FRÜHLING
Pikant

Ricotta-Gnocchi mit Erbsensprossen-Mandel-Pesto • Avocadosuppe mit Krabben, Spargel und Rucola • Risotto mit Garnelen und Grapefruit • Quinoatarte mit Zucchini und Ziegenkäse • Kartoffel-Lachs-Erbsen-Burger mit Erbsensprossen-Mayonnaise • Bruschetta mit Bohnenpaste und Rohschinken • Salat von Thunfisch, Grapefruit und Avocado mit pikanter Knoblauchvinaigrette • Venusmuscheln mit Erbsen und Kartoffeln en papillote • Frühlingssalat mit Quinoa • Lachs in Kamillensud mit Gurken-Fenchel-Salat • Maiscracker mit Kräutern und Walnüssen • Fenchel-Spinat-Cremesuppe • Lammhackbällchen mit Kräutern in Kokosmilch • Reissuppe mit Hühnchen und Zuckerschoten • Brunnenkresseflan mit Wachteleiern, grünem Spargel und Wassermelonen-Rettich

Im Frühling 2010 wurde bei mir eine Glutenunverträglichkeit diagnostiziert. Den Winter hatte ich geschwächt und ständig von Schwindel geplagt mehrheitlich im Bett verbracht. Sowohl mein Körper als auch mein Geist brauchten einen Neustart. Ich hätte nie geglaubt, die Diagnose Glutenunverträglichkeit aus dem Mund meines Arztes mit solcher Begeisterung aufzunehmen. Doch für mich hätte es kein besseres Timing geben können – der Frühling war ideal, um wieder in Schwung zu kommen.

Meine Eltern reisten aus dem Baskenland an, um mich bei dem Heilungsprozess zu unterstützen. Wir klapperten die Bauernmärkte ab, wo wöchentlich neue Produkte auftauchten. Leuchtend grüne, knackige Erbsen für Suppen und Risottos, Erbsensprossen für Pesto, zarter Spargel und alle Sorten frischer Kräuter entfachten meinen Appetit auf eine frische Küche aufs Neue. Mit meiner Mama an der Seite erinnerte ich mich an die Essenz der baskischen Küche: aus besten Zutaten einfache, unverkünstelte Gerichte zubereiten. Wir unterhielten uns über den Garten meiner Großmutter. Es rührte mich zu hören, wie eng die Kindheitserinnerungen meiner Mutter mit diesem Garten verbunden waren. Für mich war diese gemeinsame Zeit des Kochens und Erinnerns sehr heilsam.

Dieser Frühling tat mir gut. Kochen um der gesunden Ernährung willen – dieses Motto bestimmte mein Leben. Und meine Kinder spürten das. »Jetzt, wo du wieder gesund bist, möchte ich, dass wir ein Picknick machen«, sagte Jon. Und es war eine tolle Idee. Am folgenden Wochenende füllten wir meinen Fahrradkorb mit einigen Scheiben Quinoatarte mit Zucchini und Ziegenkäse (Seite 168), einer Thermoskanne mit Avocadosuppe (Seite 165) und einem Laib Brioche (Seite 130). Wir radelten nicht weit – der Park in der Nähe unseres Hauses reichte uns schon. Danach wurden uns wöchentliche Picknicks zur Gewohnheit.

Ricotta-Gnocchi mit Erbsensprossen-Mandel-Pesto

Erbsensprossen sind für mich ein Inbegriff des Frühlingsgartens. Ihre feinen, zarten Blätter sind wunderbar in Salaten, schnellen Pfannengerichten oder Frittatas. In diesem Rezept verarbeite ich sie zu einem leuchtend grünen Pesto, das ausgezeichnet zu den Gnocchi passt. Falls Sie keine Erbsensprossen zur Verfügung haben, können Sie das Pesto auch mit Brunnenkresse oder Spinat machen.

Im Herbst bereite ich dieses Gericht mit geschmortem Winterkürbis oder Hokkaido zu, der leicht und cremig ist und ein herrliches Kastanienaroma besitzt.

Für 4–6 Portionen

Für das Erbsensprossen-Mandel-Pesto

1 Knoblauchzehe, fein gehackt
40 g gehobelte Mandeln
60 g Erbsensprossen (ersatzweise Brunnenkresse oder Spinat), von groben Stängeln befreit, gehackt
30 g fein geriebener Parmesan
½ TL Salz
½ TL schwarzer Pfeffer aus der Mühle
125 ml Olivenöl

Für die Ricotta-Gnocchi

225 g Ricotta
2 Eigelb
70 g extrafeines Vollkornreismehl
40 g Kartoffelstärke
35 g Quinoamehl
1 TL Salz
⅛ TL frisch geriebene Muskatnuss
Vollkornreismehl zum Bestäuben

Das Pesto zubereiten

1 Knoblauch und Mandeln im Mixer oder Blitzhacker fein pürieren. Die Erbsensprossen dazugeben und alles zu einer Paste verarbeiten. Parmesan, Salz und Pfeffer hinzufügen und nochmals kurz mischen.

2 Das Olivenöl bei laufendem Motor in dünnem Strahl einlaufen lassen, bis eine geschmeidige Paste entstanden ist. Das Pesto lässt sich im Voraus zubereiten und im Kühlschrank bis zu 5 Tage, im Tiefkühler bis zu 1 Monat aufbewahren.

Die Gnocchi zubereiten

1 Alle Zutaten in der großen Schüssel vermengen. Der Teig sollte ein wenig klebrig sein und gut zusammenhalten. Ist er zu feucht, geben Sie noch etwas Mehl dazu – jedoch nicht zu viel, da die Masse sonst zu trocken und zu schwer wird.

2 Die Arbeitsfläche mit Reismehl bestäuben. Den Teig zu einer geschmeidigen Masse verkneten, zu einer Kugel formen und in vier Portionen teilen.

3 Jede Portion zu einer Rolle von etwa 1½ cm Durchmesser formen. Die Schneide eines Messers mit Mehl bestäuben und die Rollen in 1½ cm dicke Scheiben schneiden. Diese über ein Gnocchibrett rollen oder mit einer Gabel das typische Rillenmuster eindrücken. Die Gnocchi auf ein mit Reismehl bestäubtes Backblech setzen und 15 Minuten kalt stellen. Bis zu diesem Punkt kann man die Gnocchi auch vorbereiten und einfrieren; dazu auf einem Blech in den Tiefkühler geben und die gefrorenen Gnocchi später in Tiefkühlbeutel umfüllen.

4 In der Zwischenzeit gesalzenes Wasser in einem großen Topf zum Kochen bringen. Die Gnocchi portionsweise in das kochende Wasser geben und garen, bis sie nach 2–3 Minuten an die Oberfläche aufsteigen. Mit einem Schaumlöffel herausheben, mit dem Pesto mischen und servieren.

Avocadosuppe mit Krabben, Spargel und Rucola

Eine himmlische Frühlingssuppe! Die Avocado macht sie wunderbar cremig, Rucola verleiht ihr eine pfeffrige Note und das Krabbenfleisch einen süßlichen Touch. Man kann sie warm oder kalt servieren.

Für 4 Portionen

2 EL Olivenöl
1 Schalotte, fein gehackt
2 Knoblauchzehen, fein gehackt
450 g grüner Spargel, von harten Enden befreit, gewürfelt
Salz
¾ l Gemüsebrühe
60 g Rucola
1 Avocado, entsteint und geschält
100 g Krabbenfleisch (ich verwende Scherenfleisch aus der Dose)
2 EL Vollmilchjoghurt zum Servieren
nach Belieben Rucolasprossen zum Garnieren

1 Das Öl bei mittlerer Temperatur in einem großen Topf erhitzen. Schalotte, Knoblauch, Spargel und ¼ TL Salz darin 3 Minuten andünsten, aber nicht bräunen.

2 Die Gemüsebrühe dazugießen, zum Kochen bringen und bei reduzierter Hitze 4 Minute köcheln lassen, bis der Spargel zart ist.

3 Den Rucola hinzufügen und 1 weitere Minute kochen. Dann den Topf vom Herd nehmen, die gewürfelte Avocado sowie ½ TL Salz hinzugeben und die Suppe mit dem Pürierstab oder im Mixer pürieren und durch ein Sieb in eine saubere Schüssel streichen. Falls nötig nochmals abschmecken.

4 Das Krabbenfleisch, je einen Klecks Joghurt und Sprossen auf der Suppe verteilen und warm oder kalt servieren. Reste halten sich im Kühlschrank bis zu 3 Tage.

Risotto mit Garnelen und Grapefruit

Risotto, oder *arroz caldoso,* wie wir es nennen, ist eines der Lieblingsgerichte meiner Familie. Mindestens einmal pro Woche bringe ich einen Risotto auf den Tisch, immer in unterschiedlichen Variationen. Manchmal mit Käse, manchmal ohne. Manchmal aus dem Ofen, manchmal gerührt aus dem Topf. In diesem Rezept sorgt die Grapefruit für fruchtige Frische – unerwartet, aber umso köstlicher.

Manche Menschen scheuen sich, einen ganzen Fisch mit Kopf zu kaufen – aber wenn Sie einen bekommen, sollten Sie nicht zögern! Gerade der Kopf besitzt ein unvergleichliches Aroma und ergibt einen wunderbaren Fond.

Für 4 Portionen

340 g mittelgroße Garnelen, ungeschält
1¼ l Gemüsebrühe
Salz
3 EL Olivenöl
½ kleine rote Zwiebel, gewürfelt
290 g Risottoreis (Arborio)
125 ml Weißwein
1 TL fein abgeriebene Schale von roter Grapefruit
1 rote Grapefruit, Filets ausgelöst, Saft mit den Händen ausgedrückt
2 EL fein gehackte Petersilie
1 EL frische Thymianblätter
30 g Parmesan, fein gerieben

1 Die Garnelen schälen und die Schalen aufbewahren. Die Gemüsebrühe in einem kleinen Topf zum Kochen bringen, die Schalen sowie ½ TL Salz hinzugeben und 5 Minuten köcheln lassen. Den Schaum von der Oberfläche abschöpfen und die Brühe anschließend durch ein feines Sieb in einen sauberen Topf abseihen; die Garnelenschalen wegwerfen. Die Brühe bei niedriger Hitze auf dem Herd warm halten.

2 In einem großen Topf 1 EL Olivenöl bei mittlerer bis hoher Temperatur erhitzen. Die Garnelen mit ½ TL Salz würzen und im heißen Öl unter einmaligem Wenden etwa 1 Minute andünsten, bis sie sich rosa färben. Auf einen Teller geben und zugedeckt beiseitestellen.

3 Die restlichen 2 EL Olivenöl im Topf erhitzen und darin die gewürfelte Zwiebel mit ¼ TL Salz 5 Minuten andünsten. Den Reis beifügen und unter ständigem Rühren 2 Minuten anschwitzen, bis alle Körnern gut mit Öl umhüllt sind. Mit dem Weißwein aufgießen und 1–2 Minuten aufkochen lassen.

4 Dann unter Rühren 125 ml Garnelenfond hinzufügen. Sobald der Reis die Brühe aufgesogen hat, weitere 125 ml Fond dazugießen und unter Rühren weiterköcheln lassen. So verfahren, bis der Reis nach 16–18 Minuten bissfest gegart ist.

5 Zum Schluss die abgeriebene Grapefruitschale, den Grapefruitsaft und die Fruchtfilets einrühren. Weitere 2 Minuten köcheln lassen, dann Petersilie, Thymian, Parmesan und die gegarten Garnelen unterheben. Sobald die Garnelen durch und durch heiß sind, servieren.

Quinoatarte mit Zucchini und Ziegenkäse

Diese Tarte ist ein Hauptgang. Quinoamehl im Teigboden und gekochtes Quinoa in der Füllung sorgen für viel Eiweiß, Magnesium, Eisen – und ein einzigartig nussiges Aroma. Sie können das Quinoa durch Reis ersetzen, wenn Sie ein etwas milderes Aroma vorziehen.

Für eine rechteckige oder eine runde Tarteform von 23 cm Durchmesser

Für den Quinoa-Teigboden

70 g extrafeines Vollkornreismehl
70 g Quinoamehl
35 g gemahlene Mandeln
30 g Amarantmehl
1 TL Salz
1 TL frische Thymianblätter
60 ml Olivenöl
125 ml kaltes Wasser
Vollkornreismehl zum Bestäuben

Für die Füllung

50 g Quinoa, abgespült
125 ml Wasser
Salz
2 mittelgroße Zucchini, gerieben
2 EL Olivenöl
6 Frühlingszwiebeln oder 2 mittelgroße Stangen Lauch, gewürfelt
3 Eier
60 g Crème fraîche
½ TL fein abgeriebene Zitronenschale
¼ TL schwarzer Pfeffer aus der Mühle
60 g Ziegenkäse, zerbröselt
Brunnenkresse zum Garnieren

Den Teigboden zubereiten

1 Mehle, Mandeln, Salz und Thymian in der Küchenmaschine vermengen und mischen. Das Olivenöl und das kalte Wasser hinzufügen und alles rasch zu einem Teig verarbeiten.

2 Den Teig auf der Arbeitsfläche einige Male durchkneten und zu einer flachen Platte formen. Diese in Klarsichtfolie verpackt 30 Minuten kalt stellen.

3 Die Arbeitsfläche mit Reismehl bestäuben und den Teig darauf etwa 3 mm dünn ausrollen. Den Teig behutsam über das Nudelholz schlagen, in die Tarteform legen und vorsichtig in die Form drücken; falls er reißt, wieder zusammendrücken. Überstehende Teigränder abschneiden. Den Teigboden in der Form 30 Minuten im Kühlschrank ruhen lassen.

4 Den Backofen auf 190 Grad vorheizen. Den Teigboden mit Backpapier bedecken, dieses mit getrockneten Bohnen oder Blindbackgewichten beschweren und im vorgeheizten Ofen 20 Minuten backen. Dann Bohnen oder Gewichte sowie das Papier entfernen und den Boden weitere 10 Minuten backen. Den Boden abkühlen lassen; in der Zwischenzeit die Füllung zubereiten.

Die Füllung zubereiten und die Tarte backen

1 Die Ofentemperatur auf 180 Grad reduzieren. In einem kleinen Topf Quinoa, Wasser und 1 Prise Salz zum Kochen bringen; dann bei reduzierter Hitze zugedeckt 15 Minuten köcheln lassen.

2 Die geriebenen Zucchini in einer Schüssel mit ½ TL Salz vermengen. Die Masse in ein Sieb geben und 15 Minuten abtropfen lassen. Das Tropfwasser wegschütten.

3 Das Olivenöl in einer großen Pfanne bei mittlerer Temperatur erhitzen und darin die abgetropften Zucchini zusammen mit den Frühlingszwiebeln 5 Minuten andünsten. Das gegarte Quinoa einrühren, die Pfanne vom Herd nehmen und beiseitestellen.

4 Eier, Crème fraîche, 1 TL Salz, Zitronenschale und Pfeffer verrühren.

5 Die Zucchinimischung auf dem Teigboden verteilen und die Eiermischung darübergießen. Mit dem zerbröselten Ziegenkäse bestreuen.

6 Die Tarte im vorgeheizten Ofen bei 180 Grad 25–30 Minuten backen, bis die Füllung fest ist. Die Tarte 15 Minuten abkühlen lasen, dann aufschneiden. Warm oder auf Raumtemperatur abgekühlt mit Brunnenkresse garniert servieren. Die Tarte hält sich im Kühlschrank bis zu 3 Tage oder tiefgekühlt bis zu 1 Monat.

Kartoffel-Lachs-Erbsen-Burger mit Erbsensprossen-Mayonnaise

Diese Burger sind von einem meiner ewigen Lieblingsrezepte inspiriert: Stockfisch-Brandade. Das ist in Milch pochierter und mit luftigem Kartoffelpüree vermischter Stockfisch. Auch diese Version setzt auf Kartoffelpüree, außerdem auf Erbsen und in einer Mischung aus Kokosmilch, Thymian und Knoblauch pochierten Lachs. Dazu wird eine Erbsensprossen-Mayonnaise gereicht; wenn keine Erbsensprossen zu bekommen sind, können Sie stattdessen Spinat oder Brunnenkresse verwenden.

Für 4–6 Portionen

Für die Erbsensprossen-Mayonnaise (etwa 250 g)

- 1 Ei
- ½ TL Dijonsenf
- 1 TL frisch gepresster Zitronensaft
- ¼ TL Salz
- ¼ Tasse Erbsensprossen, Stängel entfernt
- 2 EL Olivenöl
- 125 ml Traubenkernöl

Für die Burger (ergibt 12 Stück)

- 2 mittelgroße Kartoffeln (680 g), geschält und in 5 cm große Stücke geschnitten
- 165 ml Kokosmilch
- 80 ml Gemüsebrühe
- 2 Knoblauchzehen, angequetscht, aber ganz belassen
- 2 Zweige Thymian
- 225 g Lachs
- 60 g Erbsen
- 2 Eier, leicht verklopft
- 1 TL Salz
- ½ TL schwarzer Pfeffer aus der Mühle
- 1 TL fein gehackte Petersilie
- 3 EL Olivenöl

Die Mayonnaise zubereiten

Ei, Senf, Zitronensaft, Salz und Erbsensprossen im Mixer vermengen. Bei laufendem Motor langsam das Olivenöl einlaufen lassen, anschließend das Traubenkernöl. So entsteht eine emulsionsartige Paste. Die Mayonnaise bis zum Servieren kalt stellen. Sie muss innerhalb eines Tages verbraucht werden.

Die Burger zubereiten

1 Die Kartoffeln in einem Topf mit Wasser zum Kochen bringen und bei reduzierter Hitze zugedeckt etwa 9 Minuten köcheln lassen, bis eine Messerspitze in der Mitte ohne Widerstand eindringt. Das Wasser abgießen und die Kartoffeln im Topf abkühlen lassen.

2 In der Zwischenzeit Kokosmilch, Gemüsebrühe, Knoblauchzehen und Thymianzweige in einem Topf zum Kochen bringen; dann auf der ausgeschalteten Herdplatte 10 Minuten ziehen lassen. Anschließend erneut zum Köcheln bringen, den Lachs hineingeben und zugedeckt bei niedriger Hitze (Es darf nicht kochen!) 6–8 Minuten garen. Den Lachs aus dem Sud nehmen und die Haut abziehen. Den Sud wegschütten. Den Lachs mit einer Gabel zerkleinern.

3 In einem kleinen Topf ¼ l Wasser zum Kochen bringen. Darin die Erbsen 1 Minute blanchieren, abgießen und abkühlen lassen.

4 Die Kartoffeln und die blanchierten Erbsen in einer Schüssel mit einer Gabel zerquetschen. Lachs, Eier, Salz, Pfeffer und Petersilie unterheben.

5 Das Olivenöl bei mittlerer Temperatur in einer beschichteten Pfanne erhitzen. Aus jeweils etwa 80 g der Kartoffelmasse Bratlinge formen und diese portionsweise im heißen Öl von jeder Seite 2–3 Minuten goldbraun braten. Falls nötig nochmals etwas Olivenöl nachgeben. Die Bratlinge mit der Erbsensprossen-Mayonnaise servieren.

Bruschetta mit Bohnenpaste und Rohschinken

Nachdem bei mir eine Glutenunverträglichkeit diagnostiziert worden war und ich kein Getreide mehr essen durfte, waren die kleinen Snacks als Zwischenverpflegung für mich am schwersten zu ersetzen. Dieser Bohnenaufstrich, der auch gut zu rohem Gemüse passt, ist ein guter Ersatz. Verpackt in kleine Dosen, nahm ich ihn überall hin mit, falls ich etwas brauchte, um meinen Blutzuckerspiegel stabil zu halten. In diesem Rezept streiche ich die Bohnenpaste auf geröstete Quinoa-Brioche und reiche sie zu Suppe oder Salat – was eine vollständige Mahlzeit ergibt.

Für 4–6 Portionen

- 450 g getrocknete grüne Flageolet- oder Cannellinibohnen
- Salz
- 1 Frühlingszwiebel, gewürfelt
- 10 g Brunnenkresse
- 125 ml Olivenöl
- 8 Scheiben Quinoa-Brioche (siehe Seite 131)
- 60 g Radieschen, dünn aufgeschnitten
- 8 dünne Scheiben Rohschinken (etwa 115 g)
- Brunnenkresse zum Garnieren

1 Die Bohnen in einen Topf geben und mit so viel Wasser auffüllen, dass sie etwa handbreit damit bedeckt sind. Über Nacht einweichen lassen und am nächsten Tag abgießen. Die Bohnen in einen sauberen Topf geben, mit Wasser bedecken, zum Kochen bringen und bei reduzierter Hitze 1½–2 Stunden weich kochen lassen. Mit ½ TL Salz würzen.

2 Die gekochten Bohnen abgießen und in den Mixer oder die Küchenmaschine geben. Frühlingszwiebel (etwas zum Garnieren beiseitelegen), Brunnenkresse und ½ TL Salz hinzufügen und alles rasch zerkleinern. Dabei das Olivenöl in dünnem Strahl einlaufen lassen, sodass eine dicke, stückige Masse, aber kein Püree entsteht.

3 Die Briochescheiben rösten. Mit der Bohnenpaste bestreichen und mit den Radieschen sowie dem Rohschinken belegen. Mit Frühlingszwiebel und Brunnenkresse garniert servieren.

Tipp: Schneller geht es mit Cannellinibohnen aus der Dose; diese nur gut abspülen, dann weiterverarbeiten wie beschrieben. So hat man im Nu eine schnelle Vorspeise für Überraschungsgäste zur Hand.

Salat von Thunfisch, Grapefruit und Avocado mit pikanter Knoblauchvinaigrette

Ich war zwölf, als ich an einem Samstagvormittag in der Küche stand und beschlossen hatte, zum ersten Mal für die ganze Familie das Mittagessen zuzubereiten. Ich hatte schon alle Zutaten für *patatas con salsa verde* bereitgestellt – Kartoffeln, Knoblauch, Erbsen und Olivenöl. Ich hatte sogar schon den kleinen Hecht gesäubert und ausgenommen, den Mama vom Markt mitgebracht hatte. Ihr Vertrauen gab mir Rückhalt – und auch der Anblick der vorbereiteten Zutaten. Bis heute liebe ich es, Fisch zu putzen und auszunehmen.

Dies ist einer der Lieblingssalate meiner Mama. Er ist zugleich süß, säuerlich und ein bisschen scharf.

Für 4 Portionen

- 3 EL Olivenöl
- 340 g Thunfischsteak
- Salz, schwarzer Pfeffer aus der Mühle
- ½–1 TL rote Chiliflocken, je nach gewünschter Schärfe
- 2 Knoblauchzehen, in dünne Scheiben geschnitten
- 1 EL frisch gepresster Grapefruitsaft
- 80 g Brunnenkresse
- 1 rote Grapefruit, geschält, Filets ausgelöst
- 1 Avocado, geschält, entsteint und in schmale Spalten geschnitten

1 Eine Pfanne bei mittlerer bis hoher Temperatur erhitzen und 1 EL Olivenöl hineingeben. Den Thunfisch mit Salz und Pfeffer würzen und von jeder Seite 1 Minute scharf anbraten; dann aus der Pfanne nehmen und gegen die Faserrichtung in schmale Scheiben aufschneiden.

2 In derselben Pfanne die restlichen 2 EL Olivenöl erhitzen und darin Chiliflocken und Knoblauch andünsten, bis der Knoblauch etwas bräunt (aber nicht verbrennen lassen!). Sofort den Grapefruitsaft dazugeben. Die Vinaigrette in eine Schüssel gießen und salzen.

3 Kresse, Grapefruit, Avocado und Thunfischscheiben mit der Vinaigrette mischen und sofort servieren.

ECHTER BONITO

Der Echte Bonito oder Bonito del Norte ist der Stolz der Basken – manchmal aber auch Anlass für Konflikte. Die Bonitofischerei ist eine jahrhundertealte Tradition in den Küstenorten. Dieser wertvolle Thunfisch wird im Golf von Biskaya mit der Schnur geangelt und anschließend vor Ort von Hand weiterverarbeitet. Jedes Jahr fuhren meine Eltern nach Bermeo, um fangfrischen Bonito zu kaufen und ihn später in Olivenöl einzulegen. Den so eingemachten Fisch verarbeiteten wir in Salaten oder verspeisten ihn ganz einfach auf frisch geröstetem Brot. Bonito ist eine kleine Thunfischart, die kaum schwerer als 15 kg wird und ein weißes, sehr zartes Fleisch besitzt.

Venusmuscheln mit Erbsen und Kartoffeln *en papillote*

Dies ist meine Version des traditionellen baskischen Rezepts *almejas en salsa verde* – ein einfaches Muschelgericht mit Olivenöl, Knoblauch, viel Petersilie und einem Hauch roter Chiliflocken. Bei mir werden die Muscheln in der Papierhülle gegart statt im traditionellen Tontopf. Mit Brot serviert, ist dieses Gericht eine meiner liebsten Mittagsmahlzeiten.

Für 4 Portionen

75 g grüne Erbsen
Olivenöl zum Bestreichen
2 mittelgroße mehligkochende Kartoffeln, geschält
1 kg Venusmuscheln
15 g Petersilie, gehackt
4 Zweige Thymian
1 TL rote Chiliflocken
abgeriebene Schale von 1 Zitrone
30 g Butter, in Stücke geschnitten
60 ml Weißwein
2 EL Olivenöl
3 Knoblauchzehen, hauchdünn geschnitten

1 In einem kleinen Topf Wasser zum Kochen bringen und darin die Erbsen 1 Minute blanchieren. Abgießen und in Eiswasser abschrecken, um den Garprozess zu stoppen. Abtropfen lassen.

2 4 Stücke Backpapier von etwa 33 x 23 cm Größe zuschneiden, jeweils zur Hälfte zusammenfalten und auf der Arbeitsfläche auslegen. Das Papier in der Mitte jeweils mit etwas Olivenöl bestreichen.

3 Den Backofen auf 200 Grad vorheizen. Die Kartoffeln mit einem Gemüsehobel fein aufschneiden und auf die mit Olivenöl bestrichene Fläche der Backpapiere legen. Darauf die Muscheln und die Erbsen verteilen. Alles mit Petersilie, Thymian, Chiliflocken und Zitronenschale bestreuen und Butterflöckchen daraufsetzen. Anschließend den Wein gleichmäßig darüber verteilen. Die Kanten des Backpapiers umklappen und die Päckchen fest verschließen. Falls nötig mit Papierclips fixieren.

4 Die Päckchen auf ein Backblech setzen und im vorgeheizten Ofen 20 Minuten backen, bis sich die Muscheln geöffnet haben. Tasten Sie vorsichtig durch das Papier, um festzustellen, ob sich die Muscheln geöffnet haben.

5 Etwa 2 Minuten vor Ende der Backzeit den Knoblauch in einer kleinen Pfanne im Olivenöl bei mittlerer Hitze andünsten, bis er duftet. Die Päckchen aus dem Ofen nehmen, öffnen und die Muscheln mit dem Knoblauchöl beträufeln. Sofort servieren.

Frühlingssalat mit Quinoa

Quinoasalate sind immer voller Nährstoffe und Eiweiß. Sie zählen zu meinen schnellen Lieblingsmittagsessen – die komplette Mahlzeit steht in 20 Minuten auf dem Tisch. Minze und Zitrone geben diesem Salat zusammen mit dem zerbröselten Feta eine frische, frühlingshafte Note.

Für 4 Portionen

½ l Hühnerbrühe oder Wasser
Salz
175 g Quinoa, abgespült
160 g grüne Erbsen
160 g frische Dicke Bohnen
60 g Feta, zerbröselt
15 g frische Minzeblätter
20 g Brunnenkresse
2 TL fein abgeriebene Zitronenschale
60 ml Olivenöl
½ TL schwarzer Pfeffer aus der Mühle

1 Die Hühnerbrühe mit ½ TL Salz zum Kochen bringen. Das Quinoa dazugeben und bei reduzierter Temperatur zugedeckt 15 Minuten köcheln lassen, bis es die Brühe aufgenommen hat. Dann das Quinoa in eine große Schüssel geben und 15 Minuten abkühlen lassen.

2 In der Zwischenzeit in einem zweiten Topf ¾ l Wasser und 2 TL Salz zum Kochen bringen. Darin die Erbsen und die Dicken Bohnen 1 Minute blanchieren. Abgießen und sofort in Eiswasser abschrecken, um den Garprozess zu stoppen und die grüne Farbe zu erhalten.

3 Erbsen, Bohnen und die restlichen Zutaten zu dem Quinoa in die Schüssel geben. Unterheben und bei Raumtemperatur oder gekühlt servieren.

QUINOA-VARIANTEN

Nach der Diagnose meiner Glutenunverträglichkeit musste ich für einige Monate auf Getreide verzichten, um festzustellen, ob sich mein Verdauungsapparat wieder erholen und die Entzündungen abklingen würden. Dabei lernte ich, dass ich Quinoa bedenkenlos essen kann, da es biologisch betrachtet kein Getreide, sondern die stärkehaltige Frucht einer einjährigen krautigen Pflanze ist, ein sogenanntes Pseudo-Getreide, wie manche es auch nennen. Quinoa wird hauptsächlich in Peru und Bolivien angebaut, wo es angeblich mehr als 1800 Sorten davon gibt. Drei Hauptsorten findet man auch bei uns im Handel.

Weißes Quinoa ist die häufigste Sorte. Es ist hell elfenbeinfarben und hat den mildesten Geschmack aller drei Sorten. Es gart schneller als die anderen und hat eine weiche Konsistenz. Toll in Salaten, Füllungen, Suppen und für Dessertspeisen.

Rotes Quinoa enthält noch etwas mehr Eiweiß, Kalzium, Eisen, Phosphor und Riboflavin als die weiße Variante, gart etwas langsamer und besitzt eine knackigere Konsistenz sowie ein nussigeres Aroma. Wunderbar für Salate, da es fester bleibt als die weiße Variante.

Schwarzes Quinoa besitzt einen erdigeren, süßeren Geschmack als weißes Quinoa, braucht etwas länger zum Garen und bleibt auch nach dem Kochen tiefschwarz. Ebenfalls toll für Salate.

Lachs in Kamillensud mit Gurken-Fenchel-Salat

Beim Pochieren bleibt das Fischfleisch schön zart und blättrig. Experimentieren Sie mal mit unterschiedlichen Würzungen des Pochierfonds. Ich mag den folgenden Sud mit Kamille und Kräutern besonders gerne.

Für 4 Portionen

Für den Gurken-Fenchel-Salat

1 Gurke, entkernt, dünn aufgeschnitten
1 Fenchelknolle, dünn aufgeschnitten
1 Schalotte, gehackt
2 EL frisches Koriandergrün oder Kerbel
1 TL Salz
½ TL schwarzer Pfeffer aus der Mühle
½ TL Dijonsenf
1 TL frisch gepresster Zitronensaft
2 EL Olivenöl
1 TL gemahlener rosa Pfeffer

Für den Lachs in Kamillensud

1 Schalotte, halbiert
1 Karotte, geschält und gewürfelt
4 Streifen Zitronenschale
1 TL Fenchelsamen
Salz
1 EL lose getrocknete Kamillenblätter oder 4 Beutel Kamillentee
170 g Lachs, in Portionsstücke zerteilt

Den Salat anrichten

Alle Zutaten in einer Schüssel mischen und durchziehen lassen, während der Lachs zubereitet wird.

Den Lachs pochieren

1 In einem Topf 1½ l Wasser mit der Schalotte, der Karotte, Zitronenschale, Fenchelsamen und ½ TL Salz zum Kochen bringen und anschließend bei reduzierter Temperatur 15 Minuten köcheln lassen. Dann die Kamille hinzufügen und den Sud auf der ausgeschalteten Herdplatte 15 Minuten durchziehen lassen. Anschließend den Sud in eine große, tiefe Pfanne abseihen.

2 Den Sud in der Pfanne erneut zum Kochen bringen und die Pfanne vom Herd nehmen. Den Lachs salzen und die Stücke in den heißen Sud legen. Den Lachs in der zugedeckten Pfanne je nach Dicke der Stücke etwa 10 Minuten sanft garen lassen. Ein Stück herausnehmen und prüfen, ob es gar ist. Der Lachs sollte in der Mitte durchgegart, aber nicht trocken sein.

3 Den Lachs aus dem Sud nehmen und mit dem Gurken-Fenchel-Salat anrichten.

Maiscracker mit Kräutern und Walnüssen

Dieses leckere Cracker-Grundrezept kann man auf unterschiedliche Arten variieren. Ersetzen Sie das Maismehl durch Quinoamehl und geben Sie 1/4 Tasse knusprig gebratenen Rohschinken in den Teig – dies ist eine herzhaftere Version. Sie können die Cracker auch zu größeren Kreisen ausstechen und sie mit Ziegenkäse, Räucherlachs und Schnittlauch belegen.

Für 20 Stück

- 70 g extrafeines Vollkornreismehl
- 45 g glutenfreies Maismehl (nicht Maisstärke!)
- 3 EL glutenfreies Hafermehl
- 2 EL Tapiokastärke
- 1 TL Salz
- ½ TL schwarzer Pfeffer aus der Mühle
- 55 g Butter (Raumtemperatur)
- 1 Ei, leicht verklopft
- 30 g fein gehackte Walnüsse
- 20 g fein gehackte Petersilie
- 2 EL Olivenöl

1 Die Mehle, Stärke, Salz und Pfeffer in einer Schüssel vermischen. Dann die weiche Butter mit den Fingern einarbeiten, sodass eine krümelige Masse entsteht. Anschließend das Ei hinzufügen, die Masse mehrmals gut durchkneten und dann zu einer Scheibe formen. Diese in Klarsichtfolie verpackt 1 Stunde kalt stellen.

2 Den Backofen auf 200 Grad vorheizen. Die gehackten Walnüsse und die Petersilie auf der Arbeitsfläche verteilen, den Teig darauflegen und mit einem leicht bemehlten Nudelholz circa 1/2 cm dick ausrollen. Die Teigplatte etwa 15 Minuten kalt stellen, bis sie fest ist. Mit einem runden Ausstecher mit glattem oder gewelltem Rand von 5 cm Durchmesser Kekse ausstechen und diese auf ein mit Backpapier belegtes Blech setzen.

3 Die Cracker mit Olivenöl bestreichen und im vorgeheizten Ofen 13–15 Minuten hellbraun backen. 10 Minuten auf dem Blech abkühlen lassen, dann zum vollständigen Abkühlen auf ein Kuchengitter heben.

Fenchel-Spinat-Cremesuppe

»Zieht die Gummistiefel an und holt ein paar Kartoffeln fürs Mittagessen«, sagte Oma Dolores und stützte sich auf einen langen Ast, der ihr als Stock diente. Selbst mit neunzig Jahren ging sie noch jeden Tag hinaus in den Garten, um Gemüse fürs Mittagessen zu ernten. »Die Kartoffeln muss man nur ein bisschen abbürsten, und schon sind sie gut für die Suppe.« Und sie hatte recht. Neue Frühlingskartoffeln sind butterzart. Reichen Sie zu dieser Suppe die Maiscracker mit Kräutern und Walnüssen von Seite 183.

Für 4–6 Portionen

2 EL Olivenöl
1 große Schalotte, gewürfelt
1 Fenchelknolle, gewürfelt
½ TL Salz
¼ TL schwarzer Pfeffer aus der Mühle
3 kleine mehligkochende Kartoffeln, gewürfelt
¼ TL gemahlener Koriander
¼ TL gemahlener Fenchel
625 ml Hühnerbrühe
30 g Spinatblätter
60 g Mascarpone
Olivenöl zum Beträufeln

1 Das Olivenöl in einem Topf bei mittlerer Temperatur erhitzen. Schalotte, Fenchel, Salz und Pfeffer 5 Minuten darin andünsten, bis das Gemüse weich, aber nicht karamellisiert ist.

2 Kartoffeln, Korianderpulver, Fenchelpulver und Hühnerbrühe hinzufügen, alles zum Kochen bringen und anschließend bei reduzierter Hitze zugedeckt 15 Minuten köcheln lassen, bis das Gemüse weich ist.

3 Den Spinat dazugeben und 1 weitere Minute mitkochen. Die Herdplatte ausschalten und den Mascarpone einrühren. Anschließend die Suppe pürieren; falls nötig nachwürzen. Mit Olivenöl beträufelt servieren.

Tipp: Neue Kartoffeln haben eine so dünne Schale, dass man sie gar nicht schälen muss. Aufgrund ihres hohen Wassergehalts eignen sie sich am besten gekocht oder in Suppen. Wenn Sie keine neuen Kartoffeln bekommen, verwenden Sie normale Lagerkartoffeln und schälen Sie sie.

Lammhackbällchen mit Kräutern in Kokosmilch

Baskische *pintxo*-Bars bieten in ihren Vitrinen eine endlose Auswahl kleiner Häppchen an. Freunden, die zum ersten Mal im Baskenland sind, empfehle ich immer, zuerst einen Blick auf die Tafel zu werfen, auf der der Wirt die *raciones* des Tages anpreist. Traditionell sind es Gerichte mit Sauce, die in kleinen Tontöpfen gereicht werden. Zum Beispiel ein Ochsenschwanzeintopf, Muscheln in pikanter Brühe oder in der eigenen Tinte geschmorte Calamari. Und fragen Sie unbedingt nach zusätzlichem Brot, um die reichlich mitservierten Saucen aufzutunken. Hackbällchen zählen immer zu meinen Lieblingsgerichten. In diesem Rezept gare ich sie mit vielen Kräutern in Kokosmilchbrühe.

Für 4–6 Portionen

1 Hackfleisch, Brot, Knoblauch, Ei, Petersilie, Minze, Oregano, ½ TL Salz, Paprikapulver und schwarzen Pfeffer in einer Schüssel mit den Händen vermengen. Kneten Sie das Fleisch nicht zu kräftig, sonst wird es beim Garen trocken und hart. Aus dem Fleischteig Bällchen von 2–3 cm Durchmesser formen und auf ein Brett setzen.

2 Die Kokosmilch mit ½ TL Salz in einer weiten, flachen Pfanne bei mittlerer Hitze zum Köcheln bringen. Die Hackbällchen in die Kokosmilch geben und bei niedriger Temperatur zugedeckt 20 Minuten garen lassen.

3 Joghurt und Zitronensaft behutsam in die Sauce rühren. Warm servieren.

Tipp: Das Lammhackfleisch können Sie durch gehacktes Hühnchen- oder Putenfleisch ersetzen.

450 g Hackfleisch vom Lamm
50 g glutenfreies Brot, zerbröselt
1 Knoblauchzehe, gerieben
1 Ei, leicht verklopft
2 EL fein gehackte Petersilie
2 EL fein gehackte frische Minze
1 EL fein gehackte frische Oreganoblätter
Salz
½ TL scharfes Paprikapulver
¼ TL schwarzer Pfeffer aus der Mühle
375 ml Kokosmilch
125 ml Vollmilchjoghurt
1 EL frisch gepresster Zitronensaft

Reissuppe mit Hühnchen und Zuckerschoten

Diese Brühe ist ganz einfach und dennoch herrlich aromenreich. Der Trick besteht darin, sehr frische Kräuter sowie ein ganzes Hühnchen mit Knochen und Haut zu verarbeiten. Sie können den ersten Schritt überspringen und statt selbst gemachter Hühnerbrühe fertig gekauften Hühnerfond verwenden, aber verwenden Sie unbedingt frische Kräuter!

Für 4 Portionen

- 2 Hühnerbrustfilets, mit Haut und Knochen (Sie können auch das dunklere Fleisch der Schenkel verarbeiten)
- 2 junge Lauchstangen oder 1 mittelgroße Stange Lauch, in Streifen geschnitten
- 1 mittelgroße Karotte, geschält
- 2 Knoblauchzehen, angequetscht, aber ganz belassen
- 1 Bund Petersilie
- 1 Bund Kerbel
- 2 Zweige Thymian
- 2 TL Salz
- 1 TL schwarzer Pfeffer aus der Mühle
- 50 g Risottoreis (Arborio)
- 40 g Zuckerschoten (Kefen)
- Olivenöl zum Beträufeln

1 Die Hühnchenteile mit Gemüse (allerdings nur der Hälfte des Lauchs!), Kräutern, Salz und Pfeffer in einen Topf geben, mit 2 l Wasser bedecken und bei mittlerer bis hoher Hitze zum Kochen bringen. Den entstehenden Schaum abschöpfen. Dann die Brühe bei niedriger Hitze zugedeckt 1 Stunde köcheln lassen. Dabei nicht umrühren.

2 Die Hühnchenteile aus der Brühe nehmen und beiseitestellen. Den Sud in einen sauberen Topf abseihen. Gemüse und Kräuter wegwerfen.

3 Die Brühe bei mittlerer bis hoher Temperatur erneut zum Kochen bringen. Den Reis hinzufügen und die Suppe zugedeckt bei reduzierter Hitze 10 Minuten köcheln lassen.

4 In der Zwischenzeit das Hühnchenfleisch von den Knochen lösen und zerkleinern. Nach 10 Minuten Kochen den restlichen Lauch, die Zuckerschoten und das zerkleinerte Hühnchenfleisch in die Suppe geben und zugedeckt weitere 5 Minuten köcheln lassen. Falls nötig nachwürzen und die Suppe mit Olivenöl beträufelt servieren.

Brunnenkresseflan mit Wachteleiern, grünem Spargel und Wassermelonen-Rettich

An faulen Wochenenden hängen wir gerne rum, spielen mit den Kindern, essen eine Schüssel Obstsalat und genießen einen gemütlichen Brunch – ein purer Luxus und jede Warteminute wert. Waffeln und Eier mögen alle – aber manchmal darf es auch etwas Ausgefalleneres sein. Zum Beispiel wachsweich gekochte Wachteleier mit einem cremigen Brunnenkresseflan. Exklusiver Wassermelonen-Rettich (er heißt in China auch Mantanghong) und grüner Spargel sorgen für zusätzliche Akzente und knackige Frische. (Wassermelonen-Rettich lässt sich übrigens aus Samen gut im Garten selber ziehen.)

Für 4–6 Portionen

- 2 EL Olivenöl
- 2 Knoblauchzehen, angequetscht, aber ganz belassen
- 80 g Brunnenkresse
- 1 TL Selleriesalz
- ½ TL schwarzer Pfeffer aus der Mühle
- ½ TL frisch geriebene Muskatnuss
- ¼ l Kokosmilch
- ¼ l Vollrahm oder Sahne extra
- 4 Hühnereier
- 6 Wachteleier
- 90 g grüne Spargelspitzen
- 1 Wasermelonen-Rettich, geputzt
- ¼ TL Salz

1 1 EL Olivenöl bei mittlerer Temperatur in einer Pfanne erhitzen. Darin den Knoblauch 1 Minute andünsten, bis er zu bräunen beginnt; dann den Knoblauch entfernen. Brunnenkresse, Selleriesalz, Pfeffer und Muskatnuss 1 Minute in der Pfanne andünsten, bis die Kresse zusammenfällt. Die Pfanne vom Herd nehmen.

2 Die Brunnenkresse zusammen mit Kokosmilch und Rahm im Mixer fein pürieren, die 4 Hühnereier dazugeben und nochmals mixen.

3 Den Backofen auf 160 Grad vorheizen. Die Kressecreme in 6 Souffléförmchen (je 180 ml Inhalt) füllen und diese auf ein tiefes Backblech stellen. Das Blech in den Ofen schieben und bis zur halben Höhe der Souffléförmchen mit kochendem Wasser auffüllen.

4 Die Flans im vorgeheizten Ofen im Wasserbad 30–35 Minuten garen oder so lange, bis sie in der Mitte fest sind.

5 In der Zwischenzeit in einem Topf ¾ l Wasser zum Kochen bringen. Mit einem Holzlöffel im kochenden Wasser rühren, um einen Wirbel zu bilden, und behutsam die Wachteleier ins Wasser gleiten lassen; das Wasser mit dem Holzlöffel einige weitere Sekunden aufwirbeln – auf diese Weise liegen die Dotter genau in der Mitte der Eier. Die Eier 1 Minute kochen, dann in einer Schüssel mit Eiswasser abschrecken. Die Eier vorsichtig schälen und halbieren. Die Dotter sollten exakt in der Mitte der Eier und wachsweich sein.

6 Die Spargelspitzen in kochendem Salzwasser 1 Minute blanchieren, dann in Eiswasser abschrecken – so behalten sie ihre grüne Farbe. Den Wassermelonen-Rettich in hauchdünne Scheiben schneiden. Spargelspitzen und Rettichscheiben mit Salz und 1 EL Olivenöl vermischen.

7 Die warmen Brunnenkresseflans zusammen mit den Wachteleiern, dem Spargel und dem Wassermelonen-Rettich servieren.

FRÜHLING
Süß

Olivenöl-Madeleines mit Zitrone und Buttermilch • Schichtdessert mit Löffelbiskuit, Rhabarber und Crème fraîche • Macarons • Buttercremefüllung • Himbeertörtchen mit Schokoladen-Frangipane • Erdbeer-Galettes mit Pistazienstreusel • Schokoladenmousse-Törtchen • Kokos-Zitronen-Soufflés • Rhabarber-Buchweizen-Törtchen • Geschmorte Aprikosen mit Rosmarin-Zitronen-Eiscreme • Pistazien-Rosenküchlein • Erdbeeren mit Amarettistreusel und Mascarponecreme • Quinoabrot mit Banane und Karotte • Buttermilch-Eiscreme mit Honig-Mandel-Tuiles • Vanillecremetarte mit Orangenblütenwasser • Sorbet von geschmorten Erdbeeren und Kokosmilch

Es ist ein Naturgesetz: Irgendwann verabschiedet sich allmählich das trostlose Winterwetter, und der Frühling kündigt sich mit seiner ganzen Strahlkraft und Frische an. Kirschbäume säumen die ruhigen Straßen auf unserem allmorgendlichen Weg zur Schule. Irgendwann Mitte April stehen sie plötzlich in voller Blüte und verzaubern die Landschaft mit ihren pastellfarbenen, weißen und rosa Blütenwolken.

»Bald gibt es die ersten Erdbeeren!«, verkünde ich meinem Sohn Jon. Die Kirschblüte ist das Startsignal für alles, was nun folgt: Holzsteigen voller sonnengereifter Erdbeeren machen den Anfang. Wir transportieren sie nach Hause und müssen sie nicht einmal in den Kühlschrank stellen, weil sie gar nicht so lange überleben. Gezuckert und mit einem Schuss Orangensaft übergossen, sind sie ein köstliches Dessert nach dem Mittagessen. Und dann wird natürlich auch eingekocht. Die nicht mehr ganz makellosen Erdbeeren verarbeitet meine Mama immer zu Marmelade – leicht, nicht zu süß und nicht zu dick.

»Wer soll denn auf diese Erdbeerstände an der Straße hereinfallen?«, fragte ich meinen Mann in unserem ersten Winter in Florida. Es war Januar und die Erdbeerstände schossen plötzlich wie Pilze aus dem Boden. Ich konnte es kaum glauben. Doch schnell gewöhnten wir uns an die Vorteile des milden Klimas. »Erdbeeren im Januar? Warum eigentlich nicht?«

Ab Ende Mai gibt es Kirschen, und wenn sich der Frühling zum Sommer mausert, folgen schon die Aprikosen. Das ist die Saison der Tartes, Clafoutis und der ersten hausgemachten Eiscreme.

Olivenöl-Madeleines mit Zitrone und Buttermilch

»Amatxu, bäckst du uns wieder diese buckligen Kuchen?«, fragt Jon und tunkt einen imaginären Keks in seine Milch. Schon oft hat er meinen Vater dabei beobachtet, wie er Madeleines in seinen *café con leche* tunkt. In unserer Familie dürfen nicht nur die Kindern Kuchen, Kekse oder Brot in ihr Getränk eintauchen – wir alle tun es gern und oft, besonders beim Nachmittagstee oder -kaffee.

Für 36 Stück

80 g Butter
200 g naturbelassener Rohrzucker
fein abgeriebene Schale von 3 Zitronen
3 Eier
100 g extrafeines Vollkornreismehl
50 g Hirsemehl
30 g Tapiokastärke
1 EL Leinsamenmehl
1 TL Backpulver
½ TL Salz
60 ml Vollmilch-Buttermilch
125 ml Olivenöl

1 Die Butter in einem kleinen Topf schmelzen und vollständig abkühlen lassen.

2 Zucker und Zitronenschale in der Rührschüssel der Küchenmaschine vermischen und zwischen den Fingerspitzen zerreiben; so lösen und verteilen sich die in der Zitronenschale enthaltenen ätherischen Öle. Die Eier hinzufügen und alles bei hoher Geschwindigkeit 5 Minuten schaumig schlagen.

3 Vollkornreismehl, Hirsemehl, Tapiokastärke, Leinsamenmehl, Backpulver und Salz in einer separaten Schüssel vermischen und die Mehlmischung bei niedriger Geschwindigkeit zu der Eiermischung in die Rührschüssel geben.

4 Buttermilch, Olivenöl und die geschmolzene Butter ebenfalls bei niedriger Geschwindigkeit einrühren. Anschließend die Masse bei hohem Tempo weitere 30 Sekunden durchrühren, sodass ein geschmeidiger Teig entsteht.

5 Die Rührschüssel mit Klarsichtfolie abdecken und 2 Stunden kalt stellen. Der Teig kann bis hierher vorbereitet und bis zu 2 Tage im Kühlschrank aufbewahrt werden.

6 Den Backofen auf 220 Grad vorheizen. Madeleine-Formen oder die Vertiefungen eines Madeleine-Blechs gut fetten. Wenn Sie mit einem Spritzbeutel arbeiten, wählen Sie eine glatte Lochtülle mit einer Öffnung von etwa 1½ cm und spritzen Sie den Teig in die Formen; andernfalls benutzen Sie dafür einen kleinen Löffel.

7 Die Madeleines im vorgeheizten Ofen 8 Minuten backen; dabei die Backofentür nicht öffnen! Dann die Ofentemperatur auf 180 Grad senken und die Madeleines weitere 5 Minuten goldbraun backen. Herausnehmen, 5 Minuten in der Form abkühlen lassen, dann auf eine Platte geben.

Tipp: Wenn Sie kein Leinsamenmehl zur Hand haben, ersetzen Sie es durch 1 EL extrafeines Vollkornreismehl.

MADELEINE-FORMEN

Madeleine-Formen sind in unterschiedlichen Varianten erhältlich: beschichtet, aus Aluminium oder Silikon. Ich habe alle ausprobiert. In Metallformen bräunt Gebäck in der Regel schöner – und Madeleines machen da keine Ausnahme. Aber letztlich ist alles eine Frage der individuellen Vorlieben. Ich persönlich schätze die weiche Textur und die helle Färbung, die sich in Silikonformen ergibt. Aber auch die dunklere Färbung in Metallformen hat ihren Reiz.

Schichtdessert mit Löffelbiskuit, Rhabarber und Crème fraîche

Löffelbiskuits selber zu backen hat einen ganz besonderen Reiz: das behutsame Unterheben des samtweichen Eischnees und die endlosen Reihen gleichmäßig aufgespritzten Teigs machen mich einfach glücklich. Ich habe gerne Löffelbiskuits im Tiefkühler auf Vorrat – falls mich in letzter Sekunde die Lust auf ein Tiramisu oder einen Trifle überkommt. Dieses Rezept ergibt mehr Löffelbiskuits, als Sie für das Dessert benötigen. Frieren Sie den Rest in einen luftdicht verschließbaren Behälter gestapelt ein; so hält er sich bis zu 1 Monat. Sie können dieses Rezept auch ohne die gemahlenen Chiasamen zubereiten – allerdings geben sie dem Teig etwas mehr Struktur.

Für 4 Portionen

Für die Löffelbiskuits (ergibt etwa 35 Stück)
4 Eier, getrennt
70 g naturbelassener Rohrzucker
2 TL fein abgeriebene Zitronenschale
60 g Puderzucker, gesiebt
70 g extrafeines Vollkornreismehl
30 g Maisstärke
2 TL gemahlene Chiasamen
Puderzucker zum Bestäuben

Die Löffelbiskuits zubereiten

1 Den Backofen auf 190 Grad vorheizen und zwei Backbleche mit Backpapier belegen.

2 Eigelbe, Zucker und Zitronenschale in der Rührschüssel der Küchenmaschine mit dem Rührbesen aufschlagen: Achten Sie darauf, dass der Zucker sich nicht auf den Eigelben festsetzt und eine harte Kruste bildet. Die Ei-Zucker-Mischung auf höchster Stufe etwa 7 Minuten aufschlagen, bis eine helle, dicke Creme entstanden ist; diese in eine große Schüssel umfüllen.

3 Rührschüssel und Rührbesen gründlich mit heißem Seifenwasser waschen und sorgfältig abtrocknen. Solange noch Fett daran haftet, werden die Eiweiße nicht steif.

4 Nun die Eiweiße in die Rührschüssel geben und auf höchster Stufe schlagen, bis sich weiche Spitzen zu bilden beginnen. Dann langsam in vier Portionen den gesiebten Puderzucker dazugeben und weiterrühren, bis der Eischnee steif wird.

5 Ein Drittel des Eischnees unter die Ei-Zucker-Masse heben. Dann den restlichen Eischnee so behutsam unterziehen, dass er nicht zusammenfällt.

6 Vollkornreismehl, Maisstärke und die gemahlenen Chiasamen in eine Schüssel sieben. Die Mischung vorsichtig unter die Eiermasse ziehen, sodass diese nicht zusammenfällt. Es sollte ein dicker, stabiler Teig sein, der auch dann seine Form behält, wenn er durch den Spritzbeutel gedrückt wird. Ist er zu flüssig, haben Sie entweder die Eigelbe oder die Eiweiße nicht fest genug aufgeschlagen oder sind beim Unterheben zu wenig behutsam vorgegangen.

7 Den Teig in einen Spritzbeutel mit glatter Lochtülle (Nr. 6 oder 7) füllen und auf die vorbereiteten Bleche jeweils mit $1\frac{1}{2}$ cm Abstand drei Reihen 6 cm langer Löffelbiskuits aufspritzen. Die Löffelbiskuits mit etwas gesiebtem Puderzucker bestäuben.

8 Die Löffelbiskuits im vorgeheizten Ofen 13–14 Minuten hell goldbraun backen; den Ofen während der ersten 8 Backminuten nicht öffnen. Die Biskuits vollständig abkühlen lassen. Dann das Backpapier vorsichtig abziehen.

Fortsetzung Seite 198

Für das Rhabarberkompott
(ergibt etwa 375 ml)
450 g Rhabarber, in 5 cm lange Stücke geschnitten
3 EL frisch gepresster Orangensaft
2 EL Honig
1 TL frisch abgeriebene Orangenschale

Für die Creme
340 g Crème fraîche bzw. Vollrahm oder Sahne extra
1 EL extrafeiner Zucker
nach Belieben 1 TL Orangenblütenwasser

Zum Fertigstellen
12 Löffelbiskuits
120 g Erdbeeren, geputzt, in Scheiben, und ganze Himbeeren

Das Kompott zubereiten
Alle Zutaten in einem Topf bei mittlerer Hitze 5 Minuten köcheln, bis der Rhabarber gerade weich ist, aber nicht zerfällt. Vollständig abkühlen lassen.

Die Creme zubereiten
Alle Zutaten in eine Schüssel geben. Falls Sie Crème fraîche verwenden, diese mit dem Schneebesen aufschlagen, bis sie weiche Spitzen bildet (das dauert nicht sehr lang). Falls Sie Sahne oder Rahm verwenden, diese mit dem Handmixer oder in der Küchenmaschine aufschlagen, bis sich weiche Spitzen bilden.

Das Dessert einschichten
Die Hälfte des Rhabarberkompotts gleichmäßig auf 4 Dessertgläser verteilen. Darauf jeweils 1½ Löffelbiskuits legen (diese dazu wie benötigt zerbrechen). Dann die Hälfte der Creme daraufgeben. Mit je einer weiteren Lage Rhabarberkompott, Löffelbiskuit und Creme fortfahren. Mit frischen Beeren garniert servieren.

HAUSGEMACHTE CRÈME FRAÎCHE

Traditionell wird Crème fraîche aus unpasteurisierter Milch und Bakterien, die natürlicherweise in der Luft vorkommen, hergestellt. Wie auch bei Sauerteigbrot, Käse oder Wein, erhält das Endprodukt so, je nachdem, welche Bakterien in der Luft vorhanden sind, immer wieder einen unterschiedlichen Charakter. Genau das mag ich: das Überraschungsmoment und die Einzigartigkeit. Da unpasteurisierte Milch für die meisten von uns nur schwer aufzutreiben ist, habe ich mich für eine unkomplizierte Variante entschieden, die trotzdem herrlich cremig wird. Am besten gelingt das Rezept, wenn Sie dafür keinen ultrahocherhitzten Rahm verwenden.

½ l Vollrahm (Sahne oder Sahne extra) und 2 EL Vollmilch-Buttermilch in einem kleinen Topf bei mittlerer Temperatur auf 27 Grad erhitzen (mit einem Digital-Thermometer prüfen). Die Mischung in eine saubere Glasschüssel füllen und nicht vollständig mit einem Deckel verschließen. Die Mischung bei Raumtemperatur 6 bis 24 Stunden stehen lassen, bis sie leicht eindickt. Dann umrühren und vor der Weiterverarbeitung mindestens 24 Stunden kalt stellen. Im Kühlschrank wird die Crème fraîche noch weiter eindicken; innerhalb von 10 Tagen verbrauchen.

Macarons

Ich liebe es, feine Konditoreien zu besuchen und mich von den Auslagen inspirieren zu lassen. Mit achtzehn war ich zum ersten Mal in Paris und verliebte mich Hals über Kopf in die bunten Macarons, die sich in so vielen Patisserien türmten. In Barcelona schaue ich immer wieder gerne in den Pastelerias Escribà und Bubó vorbei; hier gibt es jedes Mal neue verblüffende Geschmackskombinationen zu entdecken.

Das folgende Rezept ist die Adaption eines Rezepts des Meisterkonditors Sébastien Cannone, das ich seit Jahren backe. Es gelingt immer. Die Macarons haben eine hauchdünne, knusprige Schale und einen saftigen Kern.

Für etwa 48 Stück

- 5 Eiweiß, gelagert (siehe Tipps Seite 202)
- 175 g fein gemahlene Mandeln, gesiebt
- 240 g Puderzucker, gesiebt
- ½ TL Salz
- Lebensmittelfarbe (Pulver oder flüssig, nach Belieben)
- 1½ TL Eiweißpulver, fakultativ (siehe Tipps Seite 202)
- 80 g naturbelassener Rohrzucker
- Buttercreme oder andere Füllung nach Wahl (z. B. nach Buttercreme-Grundrezept Seite 203)

1 Die Eiweiße aus dem Kühlschrank nehmen und vor der Weiterverarbeitung mindestens 1 Stunde Raumtemperatur annehmen lassen. Dann 140 g Eiweiß abwiegen. Keine Sorge, wenn nur ein paar Gramm fehlen – das Rezept wird trotzdem funktionieren.

2 Vier Backbleche mit Silikonmatten oder Backpapier belegen. Gemahlene Mandeln, Puderzucker, Salz und, falls verwendet, Lebensmittefarbe in Pulverform in eine große Schüssel sieben. Bei der Farbe bedenken, dass die Färbung blasser wird, wenn der Eischnee hinzukommt. (Flüssige Lebensmittelfarbe wird erst in Schritt 4 hinzugefügt.)

3 Falls Sie Eiweißpulver verwenden, geben Sie es in eine kleine Schüssel, fügen 1 EL Eiweiß hinzu und verrühren alles. Diese Mischung zu den restlichen Eiweißen geben.

4 Die Eiweiße in der Rührschüssel der Küchenmaschine bei mittlerer Geschwindigkeit schlagen. Bei nicht allzu hoher Geschwindigkeit wird der Eischnee stabiler. Ist der Eischnee fast steif, nach und nach jeweils 1 EL Rohrzucker hinzufügen und weiterschlagen. Ist der Zucker vollständig eingerührt, auf höchster Stufe weiterschlagen, bis der Eischnee steife Spitzen bildet. Nun, falls verwendet, die flüssige Lebensmittelfarbe hinzufügen; jedoch nicht mehr als 2–3 Tropfen, da der Teig sonst zu feucht wird und beim Backen reißt.

5 Nun die Mandelmischung auf einmal zum Eischnee geben und unterheben; es sollte eine glänzende Masse entstehen. Zur Probe einen teelöffelgroßen Klecks Teig auf die Silikonmatte setzen und 30 Sekunden beobachten: Bleibt oben eine Spitze stehen, müssen Sie die trockenen Zutaten noch gründlicher unterheben. Der Teig muss so flüssig sein, dass keine Spitze stehen bleibt – allerdings darf er auch nicht allzu sehr auseinanderfließen. Ist er zu flüssig, werden die Macarons nicht das gewünschte »Füßchen« bilden.

6 Den Teig in einen Spritzbeutel mit glatter Lochtülle (Öffnung von 1,2 cm Durchmesser) füllen. Im Abstand von 3–5 cm den Teig in Kreisen von 2½ cm Durchmesser auf die Silikonmatten spritzen; bei

Raumtemperatur 30–45 Minuten stehen lassen, bis sich auf der Oberfläche der Macarons eine trockene Haut gebildet hat, sodass der Teig bei leichtem Fingerdruck nicht festklebt.

7 Den Backofen auf 180 Grad vorheizen. Das erste Blech auf der mittleren Schiene in den Ofen schieben und die Ofentemperatur auf 150 Grad reduzieren. 8 Minuten backen, das Backblech umdrehen und weitere 5 Minuten backen. Prüfen Sie, ob die Macarons fertig gebacken sind, indem Sie eines mit den Fingern leicht hin und her bewegen. Auch wenn es noch an der Silikonmatte klebt, muss sich die Mitte fest und nicht mehr flüssig anfühlen. Das Blech aus dem Ofen nehmen und die Macarons auf dem Blech vollständig abkühlen lassen.

8 Die Ofentemperatur wieder auf 180 Grad einstellen und die restlichen Bleche ebenso backen.

9 Sind alle Macarons abgekühlt, die Hälfte von ihnen umdrehen. Einen Spritzbeutel mit Buttercreme oder einer Füllung nach Wahl füllen und je einen Klecks auf die Unterseiten der Macarons setzen. Die restlichen Macarons daraufsetzen und behutsam festdrücken.

10 Gefüllte Macarons bei Raumtemperatur aufbewahren – im Kühlschrank werden sie feucht. Man kann sie auch einfrieren, muss sie dann aber unmittelbar nach dem Auftauen verzehren. Ungefüllte Macarons kann man luftdicht verpackt bei Raumtemperatur 1 Tag oder gut verpackt tiefgekühlt bis zu 1 Monat aufbewahren.

Macaron-Variationen

Pistazien-Macarons: Nehmen Sie 100 g ungesalzene, ungeröstete Pistazienkerne und 80 g gemahlene Mandeln. Mahlen Sie Pistazien, gemahlene Mandeln und Puderzucker im Mixer zu feinem Pulver. Dann folgen Sie dem Grundrezept und geben, falls gewünscht, 2 Tropfen Gel-Lebensmittelfarbe zu dem Eischnee. Für die Füllung 250 g Mascarpone und 2 TL fein abgeriebene Zitronenschale verrühren.

Schokoladen-Macarons: Sieben Sie 2 EL dunkles Kakaopulver zu den trockenen Zutaten. Füllen Sie die Macarons mit Espresso-Buttercreme (2 TL Espressopulver in 250 g Buttercreme rühren).

Vanille-Salz-Macarons: Statt ½ TL geben Sie ¾ TL Salz zu den trockenen Zutaten und ersetzen den Rohrzucker durch Vanillezucker. Mit Vanille-Buttercreme füllen.

Himbeer-Macarons: Geben Sie 2 TL gefriergetrocknetes Himbeerpulver und 2 Tropfen rote Lebensmittelfarbe (fakultativ) in den Teig. Für die Füllung verrühren Sie 250 g Buttercreme (Grundrezept) mit 1 EL zerquetschten Himbeeren.

SO GELINGEN MACARONS

Macarons sind nicht schwierig zuzubereiten – wenn man folgende Punkte beherzigt:

1 Exaktes Abwiegen der Zutaten ist wichtig (keine Tassenmaße verwenden).

2 Das Eiweiß muss gelagert sein; das heißt, man trennt Eigelb und Eiweiß mindestens 2 Tage im Voraus und bewahrt das Eiweiß unbedeckt im Kühlschrank auf. So verdunstet etwas Wasser, was das Eiweiß fester macht. Außerdem schlägt der pH-Wert des Eiweißes in den sauren Bereich um, was beim Schlagen zu mehr Volumen führt.

3 Die Luftfeuchtigkeit spielt ebenfalls eine Rolle: Bei hoher Luftfeuchte sollte man Eiweißpulver verwenden. Ist der Teig zu feucht, bekommen die Macarons beim Backen Risse. Bei hoher Luftfeuchte empfehle ich Mandeln und Puderzucker zu trocknen. Dazu gemahlene Mandeln und Puderzucker auf einem Backblech verteilen und über Nacht in den ausgeschalteten Ofen schieben; das Ofenlicht einschalten (Restwärme und Wärme der Ofenbeleuchtung reichen aus).

4 Lebensmittelfarbe in Pulverform ergibt eine intensivere Färbung. Ich bevorzuge natürliche Farben in flüssiger Form; allerdings können davon nur einige Tropfen hinzugefügt werden, ohne die Teigkonsistenz zu stark zu verändern. Das Ergebnis ist dann nur eine leichte Färbung.

5 Jeder Ofen ist anders – daher müssen Sie mit der Backtemperatur experimentieren. Heizen Sie den Ofen auf 180 Grad vor und schalten Sie ihn dann auf 150 Grad herunter, sobald die Macarons im Ofen sind. Schieben Sie immer nur ein Blech in den Ofen, und zwar auf der mittleren Schiene.

6 Ich bevorzuge Silikonmatten, aber mit Backpapier funktioniert es ebenfalls. Achten Sie darauf, dass das Backblech völlig eben, nicht gewellt oder verzogen ist; sonst verlieren die Macarons schon während des Backens ihre Form.

Grundrezept für Buttercremefüllung

In einem luftdicht verschlossenen Behälter tiefgekühlt, lässt sich diese Buttercreme bis zu 3 Monate aufbewahren. Bei Raumtemperatur taut sie über Nacht auf.

Für 4 Portionen

3 Eiweiß
180 g naturbelassener Rohrzucker
¼ TL Salz
280 g Butter (Raumtemperatur)
Aromastoffe wie Vanilleextrakt, Zitronenschale, Espressopulver usw., nach Wahl

1 Eiweiße, Zucker und Salz in der Rührschüssel der Küchenmaschine dickcremig aufschlagen. Dann die Schüssel über ein heißes Wasserbad setzen und weiterschlagen, bis sich der Zucker aufgelöst hat und sich die Masse heiß anfühlt. Die Schüssel zurück in die Küchenmaschine setzen und die Masse mit dem Rührbesen so lange zu steifem Eischnee aufschlagen, bis sich der Boden der Schüssel wieder kalt anfühlt.

2 Dann nach und nach bei niedriger bis mittlerer Rührgeschwindigkeit die Butter in jeweils esslöffelgroßen Portionen hinzufügen. Ist die Butter vollständig eingerührt, erscheint die Creme möglicherweise klumpig; das macht aber nichts. Die Rührgeschwindigkeit auf die höchste Stufe erhöhen und die Creme so lange rühren, bis eine glatte, homogene Masse entstanden ist.

3 Aromastoffe nach Wahl hinzugeben und unterheben.

Himbeertörtchen mit Schokoladen-Frangipane

In diesen üppigen, dunklen Törtchen verbindet sich eine cremige Schoko-Mandel-Füllung, die auf der Zunge zergeht, mit einem fruchtig-frischen Himbeer-Topping.

Für 4–6 Portionen

Für den Schoko-Mandel-Mürbeteig
110 g Butter (Raumtemperatur)
70 g naturbelassener Rohrzucker
½ Vanilleschote, längs aufgeschnitten, Mark ausgekratzt
1 Ei (Raumtemperatur)
100 g extrafeines Vollkornreismehl
35 g Buchweizenmehl
30 g gemahlene Mandeln
3 EL Kartoffelstärke
3 EL ungesüßtes dunkles Kakaopulver
¼ TL Salz
Vollkornreismehl zum Bestäuben

Für Schoko-Frangipane-Füllung und Himbeerbelag
110 g Zartbitterschokolade, fein gehackt
60 ml Vollmilch
200 g glutenfeie Mandelpaste
35 g gemahlene Mandeln
2 Eier (Raumtemperatur)
¼ TL Backpulver
¼ TL Salz
450 g Himbeeren
Puderzucker zum Bestäuben

Den Teigboden zubereiten

1 In der Rührschüssel der Küchenmaschine Butter, Zucker und Vanillemark mit dem Flachrührer bei mittlerer Geschwindigkeit etwa 2 Minuten luftig schlagen. Dann das Ei einrühren.

2 Alle trockenen Zutaten vermischen, zur Buttermasse geben und zu einem weichen Teig verarbeiten. Diesen auf der Arbeitsfläche zu einer Scheibe formen, in Klarsichtfolie verpacken, flach drücken und 1 Stunde kalt stellen. In der Zwischenzeit die Füllung zubereiten.

3 Den Teig aus dem Kühlschrank nehmen und auf der dünn mit Reismehl bestäubten Arbeitsfläche etwa ½ cm dünn ausrollen. Den Teig beim Ausrollen immer leicht bewegen, damit er nicht an der Arbeitsfläche festklebt.

4 Mit einem spitzen Messer Kreise von etwa 13 cm Durchmesser ausschneiden (sie müssen nicht perfekt sein). Die Finger mit Reismehl bestäuben und den Teig in die Tarteformen drücken. Bricht oder reißt der Teig, drückt man ihn einfach wieder zusammen. Überstehenden Teig mit einem spitzen Messer abschneiden. Die mit Teig ausgelegten Förmchen 20 Minuten kalt stellen.

Die Füllung zubereiten und die Tartes backen

1 Den Backofen auf 180 Grad vorheizen. Die fein gehackte Schokolade in eine kleine Schüssel geben. In einem kleinen Topf die Milch zum Kochen bringen und über die Schokolade gießen; diese unter Rühren zum Schmelzen bringen. Beiseitestellen.

2 In der Rührschüssel der Küchenmaschine die Mandelpaste und die gemahlenen Mandeln mit dem Flachrührer bei mittlerer Geschwindigkeit zu einer klumpigen Masse verrühren. 1 Ei hinzufügen und bei hohem Tempo glatt rühren. Das zweite Ei hinzufügen und gut verrühren. Kleine Klumpen stören nicht.

3 Die geschmolzene Schokolade unterrühren. Backpulver und Salz hinzufügen und daruntermischen. Mit dem Abkühlen dickt die Creme ein.

4 Die mit Teig ausgelegten Tarteformen bis zur halben Höhe mit der Frangipane-Creme füllen und 150 g Himbeeren unter die Creme heben.

5 Die Tartes im vorgeheizten Ofen 20–25 Minuten backen, bis die Füllung in der Mitte fest und der Teig knusprig ist.

6 Die Törtchen auf einem Kuchengitter abkühlen lassen. Mit den restlichen Himbeeren garnieren und mit einem Hauch Puderzucker bestäuben.

Erdbeer-Galettes mit Pistazienstreusel

Diese Galettes sind eine Mischung aus Cookie und Tarte. Sie sind dünn wie ein Cookie, der Teig aber erinnert an eine Tarte. Ein tolles Rezept für alle Sorten von Obst.

Für 4–6 Portionen

Für den Teigboden
70 g extrafeines Vollkornreismehl
70 g Amarantmehl
2 EL Kartoffelstärke
2 EL Tapiokastärke
2 TL naturbelassener Rohrzucker
¼ TL Salz
110 g kalte Butter, 1 cm groß gewürfelt
6–8 EL Eiswasser
Vollkornreismehl zum Bestäuben

Für das Erdbeerkompott
110 g Erdbeeren, geputzt und gewürfelt
2 EL naturbelassener Rohrzucker
1 TL frisch gepresster Zitronensaft

Für den Pistazienstreusel
50 g ungesalzene, ungeröstete Pistazienkerne
50 g naturbelassener Rohrzucker
35 g extrafeines Vollkornreismehl
2 EL Maisstärke
70 g kalte Butter, 1 cm groß gewürfelt

Für das Topping
240 g Erdbeeren, dünn aufgeschnitten

Den Teigboden zubereiten

1 Die Mehle, die Stärke, Zucker und Salz in der Küchenmaschine oder im Blitzhacker vermengen und gründlich durchmischen. Die kalten Butterwürfel hinzufügen und rasch einarbeiten, bis sie Erbsengröße haben. Dann 6 EL Eiswasser zugeben und zügig unterkneten. Der Teig sollte sich dann mit den Händen zu einem Klumpen zusammendrücken lassen. Ist die Masse noch zu krümelig, fügen Sie einen weiteren EL Eiswasser hinzu.

2 Den Teig auf der Arbeitsfläche rasch durchkneten und zu einer Scheibe formen. Diese in Klarsichtfolie packen, flach drücken und 1 Stunde im Kühlschrank ruhen lassen.

3 Die Arbeitsfläche leicht mit Reismehl bestäuben und den Teig darauf ½ cm dünn ausrollen. Mit einem runden Ausstecher von 8 cm Durchmesser 8 Kreise ausstechen. Falls nötig die Teigreste verkneten und erneut ausrollen. Die Teigkreise auf ein mit Backpapier belegtes Blech setzen und 30 Minuten kalt stellen.

Das Kompott zubereiten

Alle Zutaten in einem kleinen Topf etwa 7 Minuten köchelnd eindicken lassen. Bis zur Weiterverarbeitung kalt stellen.

Den Streusel herstellen

1 Die Pistazienkerne im Mixer oder Blitzhacker fein hacken. Zucker, Mehl und Maisstärke hinzufügen und untermischen. Die Butter dazugeben und rasch einarbeiten, sodass ein krümeliger Teig entsteht. Beiseitestellen.

2 Überschüssiger Streusel lässt sich im Tiefkühler bis zu 1 Monat aufbewahren.

Die Galettes fertigstellen

1 Den Backofen auf 180 Grad vorheizen. Auf jeden Teigkreis 1 EL Erdbeerkompott, 60 g aufgeschnittene Erdbeeren und Pistazienstreusel geben.

2 Die Galettes im vorgeheizten Ofen 25 Minuten backen, bis Teigboden und Streusel sich goldbraun färben. 5 Minuten abkühlen lassen, dann servieren.

Schokoladenmousse-Törtchen

Diese Törtchen sind genau das Richtige, wenn am Nachmittag der große Heißhunger auf Süßes aufkommt. Leichte Schokomousse trifft hier auf einen dunklen, reichhaltigen, mit Schokostückchen versetzten Boden.

Für 4 Portionen

Für den Boden
100 g ungesüßtes Apfelmus
50 g naturbelassener Rohrzucker
1 Ei
60 ml Olivenöl
1 TL Vanilleextrakt
35 g extrafeines Vollkornreismehl
2 EL Quinoamehl
2 EL gemahlene Mandeln
2 TL Tapiokastärke
2 TL ungesüßtes Kakaopulver
¼ TL Salz
¼ TL Backnatron
2 EL Mini-Schokotröpfchen

Für die Schokomousse
340 g Zartbitterschokolade, zerkleinert
½ l Vollrahm oder Sahne extra
½ Vanilleschote, längs halbiert, Mark ausgekratzt
¼ TL Fleur de sel
30 g Zartbitterschokolade, gehobelt
etwas gehobelte Schokolade zum Garnieren

Den Boden zubereiten

1 Den Backofen auf 180 Grad vorheizen. Eine Springform von 22 cm Durchmesser dünn fetten, den Boden mit Backpapier auslegen.

2 Apfelmus, Zucker, Ei, Olivenöl und Vanilleextrakt in einer Schüssel vermischen. In einer separaten Schüssel die restlichen Zutaten verrühren. Die Apfelmusmischung dazugeben und alles gründlich vermengen.

3 Den Teig in die vorbereitete Springform füllen und im vorgeheizten Ofen 18–20 Minuten backen (Stäbchenprobe machen). Den Kuchen aus dem Ofen nehmen und 15 Minuten in der Form abkühlen lassen, dann aus der Form lösen und auf einem Kuchengitter vollständig abkühlen lassen.

4 Mit einem runden Ausstecher von 6 cm Durchmesser 8 Kreise aus dem Teigboden ausstechen. Das Innere von 8 Tortenringen von 6 cm Durchmesser mit Pergament- oder Backpapier auskleiden und auf ein Backblech setzen. In jeden Tortenring einen der Teigböden setzen.

Die Schokomousse herstellen und die Törtchen fertigstellen

1 Die zerkleinerte Schokolade in einer hitzebeständigen Schüssel über einem heißen Wasserbad unter Rühren zum Schmelzen bringen. 10 Minuten abkühlen lassen.

2 Mit dem Handmixer 375 ml des Rahms zusammen mit dem Vanillemark aufschlagen, bis sich weiche Spitzen bilden. Die geschmolzene Schokolade und das Fleur de sel behutsam unter den Schlagrahm ziehen; anschließend die gehobelte Schokolade unterheben.

3 Die Schokomousse in einen Spritzbeutel mit glatter Lochtülle (Nr. 5) füllen, auf die Teigböden in den Tortenringen verteilen und mit einem kleinen Spatel glatt streichen.

4 Die Törtchen kalt stellen, bis die Mousse fest ist. Dann die Ringe und das Backpapier entfernen.

5 Die restlichen 125 ml Rahm flaumigweich aufschlagen. Auf jedes Törtchen einen Klecks Schlagrahm setzen und mit gehobelter Schokolade garnieren.

Kokos-Zitronen-Soufflés

Viele halten die Zubereitung eines Soufflés für schwierig und zeitaufwendig – was aber gar nicht der Fall ist. Dieses Soufflé lässt sich 4 Stunden im Voraus zubereiten. Füllen Sie den Teig in die Förmchen und lassen Sie sie bei Raumtemperatur stehen. Gebacken werden sie kurz vor dem Servieren – und schon 10 Minuten später können Sie die herrlich aufgegangenen luftigen Soufflés aus dem Ofen holen. Frische Kokosnuss sorgt für ein noch frischeres, nussigeres Aroma – aber mit getrockneten Kokosraspeln funktioniert es auch.

Für 6 Soufflés (à 180 ml Inhalt)

- 1 kleine Kokosnuss (etwa 800 g)
- weiche Butter und Rohrzucker für die Förmchen
- 4 Eigelb
- 50 g naturbelassener Rohrzucker
- 2 EL Maisstärke
- 1 EL frisch gepresster Zitronensaft
- 2 TL fein abgeriebene Zitronenschale
- ¼ l Kokosmilch
- 1 Prise Salz
- 1 TL Kokosextrakt
- 6 Eiweiß
- ¼ TL Weinstein
- Puderzucker zum Bestäuben

1 Den Backofen auf 160 Grad vorheizen. Die Kokosnuss knacken, öffnen und das Fruchtfleisch aus der Schale lösen (siehe Seite 211). ½ Tasse Fruchtfleisch reiben, den Rest mit einem Gemüseschäler feinblättrig hobeln. Die Hobel auf einem Backblech verteilen, das geriebene Fruchtfleisch auf einem anderen Blech und beides im vorgeheizten Ofen 7 Minuten goldbraun backen. Kokosnussreste lassen sich luftdicht verschlossen einige Tage aufbewahren.

2 Mit einem Backpinsel die Soufflééförmchen in senkrechter Strichrichtung buttern, dann großzügig mit Zucker ausstreuen; überschüssigen Zucker ausklopfen und den Rand der Form mit dem Finger abstreifen. Die Zucker-Fett-Schicht ist wichtig, damit das Soufflé schön aufgeht.

3 Die Eigelbe und den Zucker in einer Schüssel verrühren. Maisstärke, Zitronensaft und Zitronenschale einrühren.

4 Kokosmilch und Salz in einem Topf bei mittlerer bis starker Hitze zu leisem Köcheln bringen und unter ständigem Rühren (um Klumpen zu vermeiden) zu der Eigelb-Zucker-Masse geben. Die Mischung zurück in den Topf geben und etwa 1 Minute köchelnd eindicken lassen. Die Creme in eine saubere Schüssel umfüllen und die ½ Tasse geriebener Kokosnuss sowie den Kokosextrakt einrühren.

5 Die Ofentemperatur auf 200 Grad erhöhen. Die Eiweiße zusammen mit dem Weinstein steif schlagen (aufpassen, dass die Masse nicht trocken wird). Zwei Drittel des Eischnees gründlich unter die warme Creme ziehen. Dann den restlichen Eischnee unterheben; darauf achten, dass der Teig nicht zusammenfällt.

6 Den Teig bis fast unter den Rand in die vorbereiteten Souffléförmchen füllen und im vorgeheizten Ofen 8–10 Minuten backen, bis die Soufflés aufgegangen und goldbraun sind. Mit Puderzucker bestäuben und mit den gerösteten Kokoshobeln garniert sofort servieren.

WIE MAN EINE FRISCHE KOKOSNUSS KNACKT

Bohren Sie zwei Löcher in den Boden der Frucht – dort, wo Sie die dunkleren Flecken sehen. Das Wasser ablaufen lassen. Dann die Kokosnuss in ein Küchentuch wickeln und auf eine harte Unterlage legen. Mit einem Hammer daraufschlagen, bis sich der erste Riss bildet. Dann entlang des Risses so lange weiterschlagen, bis sich die Nuss öffnet. Mit einem Messer zwischen Schale und Fruchtfleisch stechen und mit einer Drehbewegung das Fleisch lösen. Die Haut mit einem Gemüseschäler entfernen. Das Fruchtfleisch abspülen.

Rhabarber-Buchweizen-Törtchen

Erst kürzlich habe ich erfahren, dass Buchweizen der Samen einer mit dem Rhabarber verwandten Pflanze ist. Wahrscheinlich ist das der Grund, weshalb Rhabarber und Buchweizen so gut zusammen schmecken. Diese Crumble-Törtchen sind leicht sauer und erdig. Wir lieben sie zum Frühstück mit hausgemachtem Erdbeerkompott (siehe Seite 206).

Für 12 Törtchen

Für den Buchweizenstreusel
- 50 g heller brauner Zucker
- 2 EL Buchweizenmehl
- 2 EL extrafeines Vollkornreismehl
- 2 EL Kartoffelstärke
- 1 EL gemahlene Mandeln
- ⅛ TL Salz
- 350 g Butter (Raumtemperatur), in Stücke geschnitten

Für die Törtchen
- 170 g Rhabarber, in ½ cm große Stücke geschnitten
- 1 EL naturbelassener Rohrzucker
- 80 g extrafeines Vollkornreismehl
- 110 g Butter (Raumtemperatur)
- 90 g Puderzucker, gesiebt
- 1 TL Vanilleextrakt
- 1 TL fein abgeriebene Zitronenschale
- 1 Ei (Raumtemperatur)
- 60 g ungesüßtes Apfelmus
- 2 EL Buchweizenmehl
- 2 EL Tapiokastärke
- ½ TL Salz
- ½ TL Backnatron

Den Streusel zubereiten

1 Zucker, Mehle, Stärke, gemahlene Mandeln und Salz in einer Schüssel vermischen. Dann die weiche Butter mit den Fingerspitzen einarbeiten, sodass eine krümelige Masse entsteht. Diese kalt stellen, während die Törtchen zubereitet werden.

2 Für dieses Rezept brauchen Sie nur ½ Tasse Streusel; den Rest können Sie in einem Gefrierbeutel bis zu 1 Monat einfrieren.

Die Törtchen zubereiten

1 Rhabarber und Rohrzucker in einer kleinen Schüssel vermischen und bei Raumtemperatur 30 Minuten stehen lassen. Dann 1 EL Vollkornreismehl unterheben.

2 Den Backofen auf 180 Grad vorheizen. Butter, Puderzucker, Vanilleextrakt und Zitronenschale in der Rührschüssel der Küchenmaschine bei mittlerer Rührgeschwindigkeit luftig schlagen. Ei und Apfelmus einrühren.

3 In einer kleineren Schüssel das restliche Vollkornreismehl, das Buchweizenmehl, Tapiokastärke, Salz und Natron vermischen, zu der Buttermasse geben und alles zu einem glatten Teig verarbeiten.

4 Die Mulden eines Muffinblechs mit Papierbackförmchen auskleiden und den Teig einfüllen. Die Rhabarbermischung daraufgeben und ½ Tasse (90 g) Buchweizenstreusel darauf verteilen. Die Törtchen im vorgeheizten Ofen 22 Minuten goldbraun backen. Einige Minuten in der Form abkühlen lassen, dann auf ein Kuchengitter setzen und vollständig abkühlen lassen.

Geschmorte Aprikosen mit Rosmarin-Zitronen-Eiscreme

Ich liebe die Kombination von geschmortem Steinobst und frischen Kräutern – sie ist die perfekte Ergänzung zu Joghurt oder Eiscreme. Hier habe ich die Buttermilch-Eiscreme, die die geschmorten Aprikosen begleitet, mit Rosmarin aromatisiert.

Für 4–6 Portionen

Für die Rosmarin-Zitronen-Eiscreme

- 3 EL frischer gehackter Rosmarin
- 1 EL fein abgeriebene Zitronenschale
- ⅛ TL Salz
- 150 g extrafeiner Zucker
- 60 ml frisch gepresster Zitronensaft
- 340 g Crème fraîche bzw. Vollrahm oder Sahne extra
- 125 ml Vollmilch-Buttermilch

Für die geschmorten Aprikosen

- 3 EL naturbelassener Rohrzucker
- 1 Vanilleschote, längs aufgeschnitten, Mark ausgekratzt
- 1 EL abgeriebene Zitronenschale
- 500 g Aprikosen, halbiert und entsteint
- 2 EL fein gehackte ungesalzene Pistazienkerne

Die Eiscreme zubereiten

1 Rosmarin, Zitronenschale, Salz und 50 g des Zuckers im Mörser zerstoßen, bis sich der Rosmarinduft entfaltet. (Sie können es auch in der Küchenmaschine oder im Blitzhacker machen, aber das Resultat ist nicht dasselbe.) Den Zitronensaft dazugeben und die Mischung 30 Minuten stehen lassen.

2 Die Rosmarin-Zitronensaft-Mischung in eine größere Schüssel geben, Crème fraîche, Buttermilch und die restlichen 100 g Zucker dazugeben und gut verrühren. Dann durch ein feines Haarsieb in eine saubere Schüssel streichen. Die Masse in der Eismaschine gefrieren. Dann im Tiefkühler mindestens 2 Stunden durchfrieren lassen.

Die Aprikosen schmoren

1 Den Backofen auf 230 Grad vorheizen. Zucker, Vanillemark und Zitronenschale in einer Schüssel vermischen. Die Mischung zwischen den Fingerspitzen verreiben, damit sich die in der Schale enthaltenen ätherischen Öle lösen.

2 Die Aprikosen in eine Auflaufform geben, mit der Zuckermischung bestreuen und im vorgeheizten Ofen 5–8 Minuten schmoren, bis der Zucker zu karamellisieren beginnt.

3 Die Aprikosen warm mit der Rosmarin-Zitronen-Eiscreme gekrönt und mit gehackten Pistazien bestreut servieren.

Tipp: Ersetzen Sie den Rosmarin durch Estragon und servieren Sie das Eis anstatt mit geschmorten Aprikosen mit Kirschkompott.

Pistazien-Rosenküchlein

Diese niedlichen Teeküchlein sind gluten- und laktosefrei! Sie können sie in jeder beliebigen Form backen, aber ich mag die Rosenform besonders gerne – speziell im Frühling. Die grünen, ungesalzenen Pistazienkerne geben dem Innern der Küchlein eine leuchtend grüne Färbung.

Für 12 kleine Kuchen in Rosenform oder 12 Muffinformen

- 80 g ungesalzene, ungeröstete Pistazienkerne
- 150 g naturbelassener Rohrzucker
- 1 EL fein abgeriebene Zitronenschale
- 2 Eier
- 80 ml Kokosmilch
- 80 ml Olivenöl
- 70 g extrafeines Vollkornreismehl
- 40 g Kartoffelstärke
- ¾ TL Backpulver
- ½ TL Salz
- extrafeiner Zucker zum Bestäuben

1 Den Backofen auf 180 Grad vorheizen. Pistazienkerne, Zucker und Zitronenschale im Mixer etwa 1 Minute lang zu feinem Pulver mahlen.

2 Eier, Kokosmilch und Olivenöl dazugeben und durch mehrfaches kurzes Mixen vermengen. Dann Vollkornreismehl, Kartoffelstärke, Backpulver und Salz hinzufügen und kurz weitermixen, bis ein homogener Teig entstanden ist. Der Teig ist so flüssig, dass er sich gießen lässt.

3 Den Teig in einen Messbecher oder eine Schüssel mit Ausguss füllen. 12 kleine Formen mit Öl oder Backspray fetten und bis zur halben Höhe mit Teig füllen. Im vorgeheizten Backofen 18–20 Minuten backen (Stäbchenprobe machen).

4 Die Küchlein 10 Minuten in den Formen abkühlen lassen, dann aus den Formen lösen und noch warm mit Zucker bestäuben. Die Küchlein halten sich im Kühlschrank bis zu 3 Tage frisch; am nächsten Tag sind sie noch saftiger. Im Tiefkühler kann man sie bis zu 1 Monat aufbewahren.

Erdbeeren mit Amarettistreusel und Mascarponecreme

Ihnen ist sicher nicht entgangen, dass für verschiedene Rezepte in diesem Buch immer wieder andere Streuselzubereitungen verwendet werden. Manche verlangen nach zerlassener Butter, andere nach eiskalten Butterflöckchen und wieder andere nach der Butter-Zucker-Methode. Für Streusel oder für einen Tarteboden sollte die Butter vor dem Backen immer kalt sein. Dann wird der Teig bzw. der Streuselbelag knuspriger und leichter. Also: Vor dem Backen immer erst in den Kühlschrank.

Amarettikekse finden Sie in gut sortierten Supermärkten oder italienischen Feinkostgeschäften. Wenn Sie keine bekommen, ersetzen Sie sie durch 50 g gemahlene Mandeln und 2 TL naturbelassenen Rohrzucker.

Für 6 Souffléförmchen (à 120 ml Inhalt)

- 450 g Erdbeeren, geputzt und geviertelt
- 2 EL naturbelassener Rohrzucker
- 1 Vanilleschote, längs aufgeschnitten, Mark ausgekratzt
- 45 g Amarettikekse
- 50 g naturbelassener Rohrzucker
- 45 g extrafeines Vollkornreismehl
- 40 g Tapiokastärke
- 30 g geschälte gehobelte Mandeln
- ¼ TL Mandelextrakt
- ¼ TL Backpulver
- ⅛ TL Salz
- 110 g kalte Butter, ½ cm groß gewürfelt
- 2 TL Maisstärke
- 125 ml Vollrahm oder Sahne extra
- 110 g Mascarpone
- 1 EL naturbelassener Rohrzucker

1 Den Backofen auf 180 Grad vorheizen. Die Erdbeeren mit Zucker und Vanillemark in einer Schüssel vermischen und 15 Minuten ziehen lassen.

2 In der Zwischenzeit die Amaretti im Mixer oder Blitzhacker grob zerkleinern. Die 50 g Zucker, Vollkornreismehl, Tapiokastärke, gehobelte Mandeln, Mandelextrakt, Backpulver und Salz dazugeben und gründlich vermischen. Die kalten Butterwürfel hinzufügen und rasch einarbeiten, bis ein krümeliger Teig entstanden ist.

3 Inzwischen haben die Erdbeeren viel Saft gelassen. Die Maisstärke unterheben und die Erdbeermischung in die Souffléförmchen geben. Die Streuselmasse darauf verteilen.

4 Die Töpfchen im vorgeheizten Ofen 25 Minuten backen, bis die Erdbeerfüllung blubbert und sich der Streusel goldbraun färbt. Vor dem Servieren einige Minuten abkühlen lassen.

5 Rahm, Mascarpone und 1 EL Zucker mit dem Handmixer dickcremig aufschlagen. Auf jedes Töpfchen einen Klecks Schlagrahm geben und servieren.

Quinoabrot mit Banane und Karotte

Für dieses schnelle Brotrezept braucht man nur zwei Schüsseln und einen Rührer. Eine weitere glutenfreie Brotalternative voller Nährstoffe – meine Kinder finden immer eine Scheibe davon in ihren Brotzeitdosen. Ich mag es mit etwas Kokosöl beträufelt.

Für eine Kastenform von 22 cm Länge oder 18 Muffinförmchen

300 g zerdrückte Bananen (entspricht etwa 3 reifen Bananen)
3 Eier
150 g naturbelassener Rohrzucker
185 ml Olivenöl
2 TL Vanilleextrakt
70 g Quinoamehl
70 g extrafeines Vollkornreismehl
50 g gemahlene Mandeln
3 EL Tapiokastärke
½ TL Salz
½ TL Backnatron
¼ TL gemahlener Zimt
50 g Pekannüsse, gehackt
75 g geriebene Karotte

1 Den Backofen auf 180 Grad vorheizen. Das Bananenpüree, die Eier, Zucker, Olivenöl und Vanilleextrakt in einer Schüssel vermengen.

2 Quinoamehl, Vollkornreismehl, gemahlene Mandeln, Tapiokastärke, Salz, Natron und Zimt in einer großen Schüssel vermischen.

3 Die Bananenmischung zu den trockenen Zutaten geben und alles gründlich vermengen. Die Pekannüsse und die geriebene Karotte unterheben. Den Teig in eine gefettete Kastenform oder in 18 Muffinförmchen füllen. Im vorgeheizten Ofen in der Kastenform 45–55 Minuten, in Muffinförmchen 15 Minuten backen (Stäbchenprobe mit einem Holzspieß machen). Das Gebäck 20 Minuten in der Form abkühlen lassen, dann auf ein Kuchengitter stürzen. Vor dem Aufschneiden vollständig abkühlen lassen.

Buttermilch-Eiscreme mit Honig-Mandel-Tuiles

Buttermilch, Honig und Mandeln ergeben eine köstliche und wortwörtlich vielschichtige Eiscreme-Kreation. Die Honig-Mandel-Tuiles sind auch allein als Petits Fours nach dem Essen unwiderstehlich.

Für 8 Portionen

Für die Honig-Mandel-Tuiles
(ergibt 18 Stück)
30 g Butter
2 EL heller brauner Zucker
1½ EL Honig
1 EL extrafeines Vollkornreismehl
1 EL gemahlene Mandeln
⅛ TL Salz

Für die honigkandierten Mandeln
120 g geschälte gehobelte Mandeln
2 EL Honig
2 EL heller brauner Zucker
15 g Butter

Für die Buttermilch-Eiscreme
¼ l Vollmilch
100 g naturbelassener Rohrzucker
4 Streifen Zitronenschale
5 Eigelb
375 ml Vollrahm oder Sahne extra
125 ml Vollmilch-Buttermilch

Die Honig-Mandel-Tuiles zubereiten

1 Butter, Zucker und Honig in einem kleinen Topf bei mittlerer bis hoher Temperatur zum Schmelzen bringen und unter einmaligem Rühren 1 Minute aufkochen lassen. Den Topf vom Herd nehmen.

2 Vollkornreismehl, gemahlene Mandeln und Salz einrühren. Die Mischung in eine Schüssel geben und abkühlen lassen, bis sie geschmeidig ist.

3 Den Backofen auf 180 Grad vorheizen. Die Teigmasse zu Kugeln von 1–1½ cm Durchmesser formen und diese im Abstand von etwa 7 cm auf mehrere mit Backpapier oder Silikonmatten belegte Bleche setzen.

4 Die Tuiles im vorgeheizten Ofen 6–7 Minuten backen. Die Masse zerfließt dabei und färbt sich goldbraun. Die Tuiles auf dem Blech vollständig abkühlen lassen, dann behutsam abheben.

5 Bei Raumtemperatur in einem luftdicht verschlossenen Behälter aufbewahren. Im Kühlschrank werden sie weich und gummiartig.

Die honigkandierten Mandeln zubereiten

1 Den Backofen auf 180 Grad vorheizen. Die Mandeln gleichmäßig auf einem Blech verteilen und 5–8 Minuten hellbraun rösten.

2 Honig, Zucker und Butter in einem kleinen Topf 2 Minuten bei mittlerer bis starker Hitze aufkochen. Vom Herd nehmen. Die gerösteten Mandeln einrühren.

3 Die Mischung auf ein mit Backpapier oder Silikonmatte belegtes Backblech streichen und im Ofen nochmals 8–10 Minuten backen, bis die Mandeln karamellisieren. Vollständig abkühlen lassen, dann grob zerkleinern und in einem luftdicht verschlossenen Behälter aufbewahren.

Die Eiscreme zubereiten

1 Milch, 50 g Zucker und Zitronenschale in einem Topf bei mittlerer bis starker Hitze leise köcheln lassen.

2 In der Zwischenzeit die Eigelbe, die restlichen 50 g Zucker und den Rahm in einer Schüssel glatt rühren. Unter ständigem Rühren die warme Milchmischung dazugeben. Alles zurück in den Topf füllen

und unter ständigem Rühren bei mittlerer Hitze etwa 3 Minuten eindicken lassen. Nicht aufkochen lassen, sonst gerinnt die Mischung.

3 Die Mischung durch ein Haarsieb in eine saubere Schüssel streichen. Die Buttermilch einrühren. Die Schüssel über einem Eisbad unter gelegentlichem Rühren auf Raumtemperatur abkühlen. Dann die Creme mit Klarsichtfolie bedeckt mindestens 4 Stunden kalt stellen.

4 Die Masse in der Eismaschine gefrieren. Dann die honigkandierten Mandeln unterheben. Die Eiscreme im Tiefkühler vollständig durchfrieren lassen.

5 Die Eiscreme und die Honig-Mandel-Tuiles zu Türmchen aufschichten und sofort servieren.

Vanillecremetarte mit Orangenblütenwasser

Der meistverkaufte Kuchen in der Konditorei meiner Eltern war der *pastel de arroz*. Eine süße, mit Zimt gewürzte Eiercreme auf feinblättrigem Blätterteig. Am liebsten mochte ich ihn direkt aus dem Ofen – wunderbar cremig und knusprig zugleich. Dieses Rezept ist vom *pastel de arroz* meiner Kindheit inspiriert. Vanilleschoten und Orangenblütenwasser ergeben ein himmlisches Aroma. Man kann der Tarte auch mit Kardamom, Zimt und Zitronenschale das gewisse Etwas verleihen. Die Möglichkeiten sind endlos. Wer möchte, reicht dazu das Rhabarberkompott von Seite 198.

Für eine Tarte von 22 cm Durchmesser

Für den Teigboden
100 g extrafeines Vollkornreismehl
35 g Sorghummehl
40 g Kartoffelstärke
4 TL naturbelassener Rohrzucker
⅛ TL Salz
110 g kalte Butter, ½ cm groß gewürfelt
1 Eigelb
3–5 EL Eiswasser
Vollkornreismehl, mehr zum Bestäuben

Für die Vanillecreme mit Orangenblütenwasser
4 Eier
100 g naturbelassener Rohrzucker
30 g Maisstärke
1 Vanilleschote, längs aufgeschnitten, Mark ausgekratzt
1 EL Orangenblütenwasser
¼ l Vollrahm oder Sahne extra
125 ml Vollmilch

Den Teigboden zubereiten

1 Die Mehle, Stärke, Zucker und Salz in der Küchenmaschine oder im Blitzhacker vermengen und gründlich durchmischen. Die kalten Butterwürfel hinzufügen und rasch einarbeiten, bis sie Erbsengröße haben.

2 In einer kleinen Schüssel das Eigelb mit 3 EL Eiswasser verrühren, zur Teigmischung geben und gut untermischen. Der Teig sollte sich nun zu einem Klumpen zusammendrücken lassen. Ist die Masse noch zu krümelig, fügen Sie einen weiteren Esslöffel Eiswasser hinzu.

3 Den Teig auf der Arbeitsfläche durchkneten und zu einer Scheibe formen. Diese in Klarsichtfolie verpacken, flach drücken und 1 Stunde im Kühlschrank ruhen lassen.

4 Die Arbeitsfläche mit Reismehl bestäuben und den Teig 3–5 mm dünn ausrollen. Eine Tarteform von 22 cm Durchmesser mit dem Teig auskleiden; überstehende Teigkanten abschneiden. Falls der Teig reißt, drücken Sie ihn einfach wieder zusammen. 30 Minuten kalt stellen.

Die Cremefüllung zubereiten und die Tarte backen

1 Den Backofen auf 220 Grad vorheizen. Eier, Zucker, Maisstärke, Vanillemark und Orangenblütenwasser in einer Schüssel glatt rühren. Dann den Rahm und die Milch einrühren.

2 Die Tarteform auf ein Backblech stellen und die Creme einfüllen.

3 Im vorgeheizten Ofen 10 Minuten backen, dann die Ofentemperatur auf 180 Grad senken und weitere 20–25 Minuten backen, bis die Creme fest und hellbraun gefärbt ist.

4 Die Tarte auf einem Kuchengitter 20 Minuten abkühlen lassen, dann aufschneiden. Warm oder auf Raumtemperatur abgekühlt servieren.

Sorbet von geschmorten Erdbeeren und Kokosmilch

Wenn die ersten warmen Frühlingstage ins Haus stehen, gehört Erdbeerenpflücken zu meinen Lieblingsbeschäftigungen. Es erinnert mich an meine Kindertage, als wir im Garten meiner Großmutter genau dasselbe taten. Am liebsten naschten wir die Erdbeeren roh, aber auch geschmort mochte ich sie gerne, egal ob unter Joghurt oder in das Frühstücksporridge gerührt. Durch das Schmoren wird ihr Aroma noch süßer und intensiver.
Im folgenden Rezept kann man die Menge ruhig verdoppeln, wenn man eine große Eismaschine besitzt.

Für 4–6 Portionen

- 500 g Erdbeeren, geputzt und halbiert
- 3 EL naturbelassener Rohrzucker
- ½ Vanilleschote, längs aufgeschnitten, Mark ausgekratzt
- 60 ml Wasser
- 50 g Zucker
- 185 ml Kokosmilch
- 1 EL frisch gepresster Zitronensaft
- 1 EL Kirschwasser, nach Belieben
- ¼ TL Salz

1 Den Backofen auf 150 Grad vorheizen. Die Erdbeeren mit 3 EL Zucker, der Vanilleschote sowie dem Mark in einer Back- oder Auflaufform vermischen und im Ofen 1 Stunde schmoren. Die Erdbeeren geben dabei reichlich Saft ab, der leicht zu Sirup eindickt. Die Vanilleschote entfernen und die Erdbeeren samt Saft pürieren. Abkühlen lassen.

2 In der Zwischenzeit das Wasser mit den 50 g Zucker in einem kleinen Topf verrühren, bei mittlerer bis hoher Temperatur aufkochen, bis sich der Zucker aufgelöst hat. Den Topf vom Herd nehmen und den Zuckersirup auf Raumtemperatur abkühlen lassen.

3 Das abgekühlte Erdbeerpüree mit dem Zuckersirup verrühren. Kokosmilch, Zitronensaft, Kirschwasser, falls gewünscht, und Salz einrühren. Mindestens 2 Stunden kalt stellen.

4 Die Masse in der Eismaschine gefrieren. Anschließend das Sorbet im Tiefkühler nochmals etwa 30 Minuten durchfrieren lassen. Das Sorbet 10 Minuten vor dem Servieren aus dem Tiefkühler nehmen.

Sommer

SOMMER
Pikant

Focaccia mit Kirschtomaten • Cremesuppe mit gegrilltem Mais und Kräutern • Gemüsesuppe mit getrüffelter Polenta • Suppe von geschmorten schwarzen Kirschtomaten • Tomatentartelettes mit Ricotta und Piperrada • Kartoffel Eier-Salat mit Rucola-Kerbel-Pesto • Linsensalat mit Serranoschinken und Melone • Baskischer Fischeintopf • Sommerlicher Hummer-Apfel-Salat • Pikanter Hühnchen-Zucchini-Auflauf • Red Snapper aus dem Ofen mit Kartoffeln, Fenchel und Shiso • Kalte Tomatensuppe mit Wassermelone und Mandeln • Mit Hirse und Serranoschinken gefüllte Auberginen • Quinoa-Spaghetti mit Knoblauch-Calamari und schwarzen Oliven • Kartoffel-Tortilla mit Zucchini und Kresse

In meiner Familie bedeutet Sommer endlose Tage am Strand, vor Sonne glühende Gesichter, Eiscreme-Sandwiches am Nachmittag und am Abend Fisch vom Grill. Feuer und Grillen sind bei uns ein ganz wichtiger Teil des Sommers. »Gehen wir fischen, Dad?«, fragt Jon. Seitdem er letzten Sommer seine erste Makrele gefangen hat, hören wir diese Frage nun ohne Unterlass. Nachmittags füllen wir unsere Lunchbox mit Kartoffel-Tortilla (Seite 261), Linsensalat mit Serranoschinken und Melone (Seite 244) und ein paar Scheiben Wassermelone und auf geht's zum Juno Beach zum Angeln. Die Kinder jagen den Vögeln hinterher, wir sammeln Muscheln und hoffen, dass wir eine Makrele für den Grill fangen.

In meiner Kindheit begann der Sommer offiziell am 23. Juni, am Vorabend des Johannistags. Zusammen mit Nachbarn und Freunden wurden große Holzstapel aufgeschichtet, in die auch alte Lumpen und Sperrmüll kamen, und angezündet. Die Feuer symbolisierten einen Neubeginn und die Säuberung von bösen Geistern. Wir feierten die Sommersonnenwende. Und wie bei allen Festen gab es Unmengen von Essen – jeder brachte *pintxos* und Häppchen mit.

Diese Tradition sommerlicher Feste bestimmt bis heute unsere Sommereinladungen. Ich versammle Freunde um einen großen Tisch im Schatten und serviere einfache, schlichte Gerichte aus saisonalen Zutaten und Fisch aus regionalem Fang.

Focaccia mit Kirschtomaten

Diese Focaccia ist weich und luftig. Und mit den roten Kirschtomaten an der Rispe außerdem auch ein Augenschmaus. Verwenden Sie nur wirklich reife, saftige Früchte und wählen Sie wenn möglich alte, geschmackvolle Sorten. Statt Kirschtomaten können Sie auch normale Tomaten verwenden, diese schneiden Sie in Scheiben und lassen sie auf Küchenpapier abtropfen, da zu viel Saft die Focaccia feucht und pampig macht. Servieren Sie die Focaccia als pikanten Snack oder Beilage zu Suppen und Salaten.

Für ein Blech von 28 × 20 cm

- 1 EL Trockenhefe
- 185–250 ml Wasser, etwas mehr als handwarm
- 1 TL Zucker
- 2 EL gemahlene Chiasamen
- 3 EL kochendes Wasser
- 160 g Kartoffelstärke
- 140 g Sorghummehl
- 70 g Hirsemehl
- Salz, schwarzer Pfeffer aus der Mühle
- 60 ml Olivenöl
- 1 EL Honig
- 1 Ei, leicht verklopft
- 340 g Kirschtomaten an der Rispe
- 1 TL Fleur de sel
- frisches Basilikum und frischer Oregano zum Garnieren

1 Hefe, 185 ml warmes Wasser und Zucker in einer kleinen Schüssel verrühren und 10 Minuten stehen lassen, bis sich darauf Schaum bildet.

2 Die gemahlenen Chiasamen mit dem kochenden Wasser zu einer dicken Paste verrühren.

3 Kartoffelstärke, Sorghummehl, Hirsemehl, 1½ TL Salz, 1 TL Pfeffer, 2 EL Olivenöl, Honig, das Ei, die Hefemischung und die Chiasamenpaste in der Rührschüssel der Küchenmaschine vermengen und mit dem Flachrührer bei mittlerer Rührgeschwindigkeit 1 Minute rühren. Der Teig sollte die Konsistenz eines dicken Rührteigs haben. Falls nötig noch das zusätzliche warme Wasser dazugeben.

4 Den Teig auf das gefettete Blech geben und mit angefeuchteten Fingern glatt streichen. Dann mit gefetteter Klarsichtfolie abdecken und 40–50 Minuten gehen lassen, bis er sein Volumen verdoppelt hat.

5 Den Backofen auf 190 Grad vorheizen. Den Teig mit den restlichen 2 EL Olivenöl bestreichen und mit den Kirschtomaten belegen. Die Tomaten vorsichtig in den Teig drücken und nochmals mit etwas Olivenöl bestreichen. Die Focaccia mit Fleur de sel und Pfeffer würzen und im vorgeheizten Ofen 35–40 Minuten hellbraun backen; die Tomaten sollen dabei leicht aufplatzen. Mit frischen Kräutern garniert servieren.

Cremesuppe mit gegrilltem Mais und Kräutern

Ich bin nicht mit Mais aufgewachsen. Bei uns war Mais schlicht und einfach Tierfutter und wurde nur zu diesem Zweck angebaut und geerntet. Erst in den Vereinigten Staaten habe ich Mais für seine Süße und Textur schätzen gelernt. Ich liebe diese Cremesuppe mit dem rauchigen Aroma des gegrillten Mais, der interessanten Würze des Kreuzkümmels und der Frische von Koriander und Kerbel.

Für 4 Portionen

- 4 Maiskolben
- ½ l Kokosmilch
- 375 ml Gemüsebrühe
- 3 Zweige Thymian
- 3 EL Olivenöl
- 2 Knoblauchzehen, gehackt
- 1 mittelgroße Zwiebel, gewürfelt
- 2 Stangen Sellerie, gewürfelt
- Salz, schwarzer Pfeffer aus der Mühle
- ½ TL gemahlener Kreuzkümmel
- ½ TL gemahlener Koriander
- 1 EL gehacktes frisches Koriandergrün
- 1 EL gehackter frischer Kerbel

1 Den Grill vorheizen oder eine Grillpfanne erhitzen. Den Mais von Hüllblättern und Fäden befreien, waschen und bei mittlerer bis starker Hitze 8–10 Minuten grillen; er darf außen ruhig etwas ankohlen. Leicht abkühlen lassen, dann die Körner ablösen. Das sollte insgesamt etwa 3 Tassen Maiskörner ergeben.

2 Kokosmilch, Brühe, Thymian und die Maiskörner in einem Topf bei mittlerer bis starker Hitze aufkochen. Dann die Herdplatte ausschalten und die Suppe 15 Minuten durchziehen lassen.

3 Das Olivenöl in einem großen Topf erhitzen und darin Knoblauch, Zwiebel, Sellerie, ½ TL Salz, ½ TL schwarzen Pfeffer, den gemahlenen Kreuzkümmel und das Korianderpulver bei mittlerer Hitze 5 Minuten andünsten, bis das Gemüse weich, aber nicht gebräunt ist. Dann die Kokosmilch-Mais-Mischung dazugeben und die Suppe 10 Minuten leise köcheln lassen.

4 Die Suppe mit Salz und Pfeffer abschmecken. Koriandergrün und Kerbel einrühren und warm servieren.

FOOD-STYLING

Ich werde oft nach Styling-Tipps gefragt. Die Wahrheit ist, dass ich einen sehr natürlichen Ansatz verfolge – alles, was ich fotografiere, wird genau so gegessen. Ich arbeite kaum mit Tricks.
Für mich sind natürliche Garnierungen das schönste Styling. Kräuter, Sprossen, verschiedene Salze und grob gemahlener Pfeffer geben Gerichten Textur und Farbe. Allerdings müssen sie auch mit den Aromen des jeweiligen Gerichts harmonieren. Besonders dekorativ finde ich Kräuterblüten, die das Aroma der Blätter in etwas anderer Art fortführen. Kräuter lassen sich ganz einfach selbst anbauen. Anstatt sie fertig zu kaufen, kultivieren Sie sie doch einfach in kleinen Töpfen auf der Fensterbank.
Auch das Geschirr spielt eine Rolle. Ich achte darauf, dass Farbe und Struktur der Teller und Schüsseln zu jenen des Gerichts passen. Für bunte Gerichte wähle ich schlichtes weißes Geschirr. Altes Flohmarkt-Geschirr hingegen bringt viel Emotion und Charakter mit.

Gemüsesuppe mit getrüffelter Polenta

Menestra, eine bunte Mischung saisonaler Gemüse, kurz blanchiert und in einer leichten Brühe serviert, ist ein traditionelles Gericht der baskischen Region Navarra, wo viel Gemüseanbau betrieben wird. Meine Tante Marijo bereitet die *menestra* meisterhaft zu. Sie blanchiert jede Gemüsesorte separat, taucht sie in Eierteig und brät sie dann schnell in Olivenöl aus. Angerichtet wird das Gemüse zusammen mit dünn aufgeschnittenem Serrano-Schinken in einer leichten Sauce. Die Zubereitung ist immens zeitaufwendig, schmeckt aber köstlich.
Für meine Version habe ich mich von einem vegetarischen *Bollito misto* inspirieren lassen, den ich vor einigen Jahren in einem Bostoner Restaurant gegessen habe. Meine *menestra* serviere ich mit getrüffelter Polenta und gehobeltem Käse.

Für 4 Portionen

- 4 Zweige Thymian
- 1 kleines Bund Petersilie
- 1 Lorbeerblatt
- Salz
- 6 kleine junge Kartoffeln
- 225 g weißer Spargel, geschält, in 5 cm große Stücke geschnitten
- 8 kleine Bundkarotten
- 225 g grüne Bohnen, geputzt, in 5 cm große Stücke geschnitten
- 150 g ausgelöste Dicke Bohnen (ca. 450 g Bohnen in der Schote)
- 160 g Instant-Polenta
- 1 EL weißes Trüffelöl
- 30 g Parmesan, fein gerieben
- 3 EL Olivenöl
- 1 Frühlingszwiebel oder dünne Stange Lauch, fein geschnitten
- ½ TL schwarzer Pfeffer aus der Mühle
- Olivenöl und etwas gehobelter Käse zum Servieren

1 Thymian, Petersilie und Lorbeerblatt mit Küchengarn zusammenbinden. In einem Topf 2 l Wasser mit 1 TL Salz und dem Kräuterbündel zum Kochen bringen.

2 Die Kartoffeln ins kochende Wasser geben und bei mittlerer Hitze 8–10 Minuten kochen, bis man mit einer Messerspitze leicht bis in die Mitte der Kartoffeln stechen kann. Die Kartoffeln mit einem Schaumlöffel aus dem Wasser heben und abkühlen lassen. Dann in gut 1 cm dicke Scheiben schneiden.

3 Nun nacheinander alle weiteren Gemüse im kochenden Wasser garen, anschließend mit einem Schaumlöffel herausheben, in Eiswasser abschrecken, um den Garprozess zu stoppen, und auf Küchenpapier abtropfen lassen. Die Spargelspitzen 7 Minuten, die Stangen 8–9 Minuten, die Karotten 5–7 Minuten, die grünen Bohnen 5 Minuten, die Dicken Bohnen 1 Minute garen.

4 Vom Gemüsekochwasser 875 ml abmessen, die Kräuter entfernen und den Sud falls nötig mit Wasser ergänzen.

5 In einem Topf ¾ l des Suds bei mittlerer bis starker Hitze zum Kochen bringen. Unter Rühren die Polenta einrieseln lassen; sie wird innerhalb 1 Minute eindicken. Den Topf vom Herd nehmen, Trüffelöl, geriebenen Käse und ¾ TL Salz einrühren. Die Polenta in eine Servierschüssel füllen.

6 Eine große Pfanne bei mittlerer bis hoher Temperatur erhitzen. Das Olivenöl hineingeben und darin die Frühlingszwiebel und das blanchierte Gemüse 1 Minute andünsten. Mit ½ TL Salz würzen und die restlichen 125 ml Kochwasser einrühren.

7 Das Gemüse auf die Polenta geben. Vor dem Servieren mit Olivenöl beträufeln und mit gehobeltem Käse bestreuen.

Suppe von geschmorten schwarzen Kirschtomaten

Wenn man Tomaten mit Schalotten und Knoblauch schmort, entfaltet sich ihr ganzes Aroma. Verwenden Sie nur reife Tomaten. Wenn Sie keine schwarzen Kirschtomaten (eine alte Sorte) bekommen, verarbeiten Sie andere Kirschtomaten oder auch größere Tomaten, die Sie in Scheiben aufschneiden. Größere Tomaten sind in der Regel saftiger und ziehen beim Schmoren mehr Wasser. Deshalb dauert das Schmoren etwas länger – und die Suppe wird vermutlich auch etwas dünner. Um das auszugleichen, geben Sie etwas weniger Kokosmilch dazu.

Für 4 Portionen

- 1½ kg schwarze Kirschtomaten, halbiert
- 2 mittelgroße Schalotten, gewürfelt
- 4 Knoblauchzehen, angequetscht, aber ganz belassen
- 6 Zweige Thymian
- 60 ml Olivenöl
- 1 TL Salz
- 1 TL schwarzer Pfeffer aus der Mühle
- 250–375 ml Kokosmilch
- 60 ml Vollmilchjoghurt
- frische Kräuter nach Wahl zum Garnieren

1 Den Backofen auf 200 Grad vorheizen. Tomaten, Schalotten, Knoblauch und Thymianzweige auf ein Backblech mit hohem Rand verteilen. Mit Olivenöl beträufeln, salzen und pfeffern. Dann alles gut mischen.

2 Die Tomaten im vorgeheizten Ofen 25 Minuten schmoren, bis sie weich sind, ihren Saft abgegeben haben und beginnen zu karamellisieren. Das Blech aus dem Ofen nehmen und die Thymianzweige entfernen. Einige schöne Tomatenhälften zum Garnieren beiseitelegen.

3 Das Gemüse samt Saft (falls nötig in zwei Portionen) im Mixer pürieren. Das Püree durch ein mittelgrobes Sieb in einen großen Topf streichen, sodass Haut und Kerne im Sieb zurückbleiben. Die Kokosmilch in die Suppe rühren (genaue Menge nach gewünschter Suppenkonsistenz) und auf dem Herd erwärmen. Falls nötig nachwürzen.

4 Die Suppe warm oder auf Raumtemperatur abgekühlt mit den beiseitegelegten Tomatenhälften und mit einigen Tupfern Joghurt sowie frischen Kräuterblättchen garniert servieren. Im Kühlschrank hält sich die Suppe 3 Tage frisch.

Tomaten-Tartelettes mit Ricotta und Piperrada

»Heute habe ich keine Lust zu kochen«, sagte meine Mama oft, wenn wir vom Strand nach Hause kamen, nachdem wir zwei Stunden im Stau verbracht hatten, die Wangen noch glühend vor Sonne und Sand in unseren Kniekehlen. »Wie wär's mit Paprika und Spiegelei?« *Piperrada* ist eines meiner liebsten baskischen Sommergerichte. Es besteht aus Zwiebeln, Knoblauch und jeder Menge milder Paprika, langsam geschmort und herrlich karamellisiert. Oft wird es mit Eiern serviert, die im selben Topf mit den Paprika pochiert werden.

Meine Version besteht aus mürben Tartelettes, gefüllt mit karamellisierten Paprikas, süßen Kirschtomaten und cremigem Ricotta.

Für 4 Portionen

Für den Teigboden
70 g extrafeines Vollkornreismehl
30 g Amarantmehl
40 g Kartoffelstärke
35 g gemahlene Mandeln
½ TL Salz
½ TL schwarzer Pfeffer aus der Mühle
110 g kalte Butter, ½ cm groß gewürfelt
1 Ei, leicht verklopft
1–2 EL Eiswasser
Vollkornreismehl zum Bestäuben

Für die Füllung
3 EL Olivenöl
1 mittelgroße Zwiebel, in dünne Ringe geschnitten
2 Knoblauchzehen, fein gehackt
3 mittelgroße süße Paprika, in 5 cm breite Streifen geschnitten
2 Zweige Thymian
1 TL Salz
½ TL schwarzer Pfeffer aus der Mühle
⅛–¼ TL rote Chiliflocken, je nach gewünschter Schärfe
90 g Ricotta, abgetropft
340 g Kirschtomaten, größere halbiert
Olivenöl zum Beträufeln
Brunnenkresse zum Garnieren

Den Teigboden herstellen

1 Mehle, Stärke, gemahlene Mandeln, Salz und Pfeffer in der Küchenmaschine oder im Blitzhacker vermengen und gründlich durchmischen. Die kalten Butterwürfel hinzufügen und rasch einarbeiten, bis sie Erbsengröße haben.

2 Das Ei und 1 EL Eiswasser verrühren. Zur Mehlmischung geben und rasch einarbeiten, bis ein krümeliger Teig entsteht. Der Teig sollte nun, wenn man ihn mit den Fingern zusammendrückt, zusammenhalten. Falls nötig noch 1 EL Eiswasser hinzufügen.

3 Den Teig auf der Arbeitsfläche durchkneten und zu einem Kreis formen. Diesen in Klarsichtfolie packen, flach drücken und 1 Stunde im Kühlschrank ruhen lassen.

4 Den Teig auf einer kalten, mit Reismehl bestäubten Unterlage etwa 3 mm dünn ausrollen. Für eine große Tarte den Teig über ein Nudelholz schlagen, in die Form legen und leicht festdrücken; überstehende Ränder abschneiden. Für kleine Tartelettes zunächst 4 Kreise von 14 cm Durchmesser ausschneiden und die Formen damit auskleiden; dann die Teigreste erneut ausrollen und zwei weitere Kreise ausschneiden. Die mit Teig ausgelegten Formen 20 Minuten kalt stellen.

5 Den Backofen auf 190 Grad vorheizen. Den Teig mit Backpapier bedecken und mit getrockneten Bohnen oder Blindbackgewichten beschweren. Im vorgeheizten Ofen 20 Minuten blind backen. Die Formen aus dem Ofen nehmen, den Ofen aber nicht ausschalten. Gewichte und Papier entfernen.

Die Füllung zubereiten und die Tarte backen

1 Die Ofentemperatur auf 200 Grad erhöhen. In einer großen Pfanne bei mittlerer Temperatur das Olivenöl erhitzen und darin unter gelegentlichem Rühren Zwiebel, Knoblauch, Paprika, Thymian, Salz, Pfeffer und Chiliflocken 15 Minuten andünsten. Das Gemüse soll weich und leicht karamellisiert, aber nicht zu dunkel sein.

2 Die Füllung auf die blind gebackenen Teigböden verteilen; Ricotta und Kirschtomaten daraufgeben. Mit etwas Olivenöl beträufeln und leicht salzen.

3 Die Tartes 15 Minuten backen, bis die Tomaten weich geschmort sind und aufzuplatzen beginnen. Die Kresse mit etwas Olivenöl und Salz mischen und die Tartes damit garnieren. Warm servieren.

Kartoffel-Eier-Salat mit Rucola-Kerbel-Pesto

Dieser Salat ist das ultimative Grillparty-Mitbringsel. In meiner Version trifft Rucola-Kerbel-Pesto auf warme Kartoffeln und wachsweich gekochte Eier.

Für 4–6 Portionen

Für das Pesto
1 Knoblauchzehe, fein gehackt
3 EL Pinienkerne
30 g Rucola
10 g frischer Kerbel oder Petersilie
1 TL Selleriesalz
½ TL schwarzer Pfeffer aus der Mühle
30 g Parmesan, fein gerieben
125 ml Olivenöl

Für den Kartoffel-Eier-Salat
90 g Bacon oder Frühstücksspeck
1 EL Ahornsirup
700 g junge Kartoffeln
1 Stange Sellerie, gewürfelt
4 Eier (Raumtemperatur)

Das Pesto zubereiten

1 Knoblauch und Pinienkerne im Blitzhacker sehr fein hacken. Rucola und Kerbel dazugeben und ebenfalls sehr fein hacken. Selleriesalz, Pfeffer und Parmesan untermischen. Bei laufendem Motor das Olivenöl in dünnem Strahl einlaufen lassen, bis eine dicke Paste entstanden ist.

2 Das Pesto hält sich im Kühlschrank bis zu 3 Tage, luftdicht verschlossen tiefgefroren bis zu 1 Monat.

Den Salat zubereiten

1 Den Backofen auf 180 Grad vorheizen. Die Speckscheiben mit Ahornsirup bestreichen, auf ein Blech legen und im vorgeheizten Ofen 15–20 Minuten goldbraun rösten.

2 Die Kartoffeln in einem großen Topf mit kaltem Wasser bedeckt zum Kochen bringen und zugedeckt bei mittlerer Temperatur in 7–10 Minuten gar kochen. Abgießen und 5 Minuten abkühlen lassen. Dann schälen und halbieren.

3 Die Kartoffelhälften mit Sellerie, dem zerbröselten Speck und dem Pesto vermengen.

4 Die Eier wachsweich kochen (siehe unten), dann schälen, halbieren und mit dem Salat anrichten.

WACHSWEICH GEKOCHTE EIER

Wasser in einem großen Topf zum Kochen bringen. Das Wasser mit einem großen Löffel einige Sekunden lang umrühren, um einen Wirbel zu erzeugen. Dann vorsichtig die auf Raumtemperatur erwärmten Eier ins Wasser geben und das Wasser einige weitere Sekunden umrühren. Die Eier 5 Minuten kochen, dann herausnehmen und sofort in eine mit eiskaltem Wasser gefüllte Schüssel geben. Die Eier nach dem Abkühlen schälen.

Linsensalat mit Serranoschinken und Melone

Wenn ich mit meinen Kindern zu Besuch bei meinen Eltern bin, unternehmen wir mit meinem Vater oft Ausflüge. »Lasst uns *jamón*, Brot und die Melone mitnehmen, die wir gestern auf dem Markt gekauft haben.« Wir fuhren zu dem kleinen Ort Zugarramurdi, besichtigten die prähistorischen Höhlen und lauschten gebannt den Geschichten von Hexen und mythischen Gestalten der baskischen Folklore, die mein Vater erzählte. Nach dem Höhlenbesuch setzten wir uns auf eine Parkbank, legten Serranoschinken um die Melonenscheiben und aßen Brot dazu. Sommerfreuden pur.

Für 4–6 Portionen

- 2 TL körniger Dijonsenf
- 2 TL Honig
- 2 EL Champagner- oder Apfelessig
- 1 EL Pistazienöl, nach Belieben
- 60 ml Olivenöl
- Salz
- 200 g weiße oder rote Linsen, abgespült
- 50 g Radieschen, dünn aufgeschnitten
- 30 g Rucola
- 40 g Brunnenkresse
- 90 g dünn geschnittener Serrano- oder anderer Rohschinken
- ½ kleine Cantaloupe-Melone, geschält und in 6 Spalten geschnitten

1 Für die Vinaigrette Senf, Honig, Essig, Pistazienöl nach Belieben, Olivenöl und 1 TL Salz verrühren.

2 Die Linsen mit ¾ l Wasser und 1 TL Salz in einem Topf zum Kochen bringen und dann bei reduzierter Hitze zugedeckt 15 Minuten köcheln lassen, bis sie gar sind. Abgießen und kalt abschrecken.

3 Die gegarten Linsen, Radieschen, Rucola und Kresse mit der Hälfte der Vinaigrette in einer Schüssel vermengen. Die Melonenspalten mit den Schinkenscheiben umwickeln, auf dem Salat anrichten und mit der restlichen Vinaigrette beträufeln. Sofort servieren.

Tipp: Weiße Linsen sind toll in Salaten. Sie garen schnell und haben einen guten Biss. Wenn Sie keine weißen Linsen bekommen, können Sie sie durch rote Linsen, Quinoa, Hirse oder andere Körner bzw. Hülsenfrüchte ersetzen.

Baskischer Fischeintopf

Dieser klassische sommerliche Fischeintopf heißt auf Baskisch *marmitako*. Frischer Thunfisch und Kartoffeln werden in einem leichten Fischfond zusammen mit viel Paprika gegart. Das Geheimnis eines guten *marmitako* liegt im Fischfond. Fragen Sie Ihren Fischhändler nach Fischkarkassen und Haut, vorzugsweise von Thunfisch, Snapper oder Zackenbarsch. Fetterer Fisch wie Wolfsbarsch geht auch, ergibt aber einen fetteren Fond.

Für 4 Portionen

Für den Fond (ergibt etwa ¾ l)
450 g Fischkarkassen und -haut
½ Stange Lauch, geputzt und gewürfelt
½ Zwiebel, geschält, aber ganz belassen
1 Karotte, geschält und halbiert
10 g Petersilienblätter
10 g frische Kerbelblätter
1 TL Salz
½ TL schwarzer Pfeffer aus der Mühle

Für den Eintopf
1 Tomate
2 EL Olivenöl
½ Zwiebel, gewürfelt
2 Knoblauchzehen, fein gehackt
1 grüne Spitzpaprika oder ½ grüne Paprika, gewürfelt
½ rote Paprika, gewürfelt
½ TL Salz
700 g mehligkochende Kartoffeln, geschält und zerkleinert (siehe Seite 247)
1 TL spanischer Pimentón oder geräuchertes Paprikapulver
1 Prise rote Chiliflocken
¾ l Fischfond
450 g Thunfisch, ohne Haut und Gräten, 4 cm groß gewürfelt
gehackte Petersilie und gehackter Kerbel zum Garnieren

Den Fond kochen

1 Alle Zutaten mit 1 l Wasser in einem großen Topf bei mittlerer bis starker Hitze zum Kochen bringen und anschließend bei reduzierter Temperatur 30 Minuten zugedeckt köcheln lassen.

2 Den Sud durch ein feines Sieb abseihen; Fischteile und Gemüse wegwerfen.

Den Eintopf zubereiten

1 Die Tomate am unteren Ende mit einem spitzen Messer kreuzweise einritzen. In einem kleinen Topf Wasser zum Kochen bringen. Die Tomate 30 Sekunden blanchieren, herausnehmen und sofort in Eiswasser legen, dann häuten, den Stielansatz entfernen und die Tomaten mittelgroß würfeln.

2 Das Olivenöl in einem großen Topf erhitzen und darin Zwiebel, Knoblauch, grüne und rote Paprika sowie Salz 5 Minuten bei mittlerer Hitze unter gelegentlichem Umrühren andünsten. Wenn das Gemüse weich ist, die Tomatenwürfel zugeben und weitere 2 Minuten mitschmoren.

3 Kartoffeln, Pimentón und Chiliflocken einrühren und 1 Minute mitkochen. Dann den Fischfond zugießen, zum Kochen bringen und anschließend bei reduzierter Hitze zugedeckt 15 Minuten köcheln lassen, bis die Kartoffeln gar sind.

4 Den Thunfisch in den Sud geben und auf der ausgeschalteten Herdplatte 2 Minuten gar ziehen lassen, bis das Fleisch außen nicht mehr rosa ist. Falls nötig nachwürzen. Die Suppe mit frischen Kräutern garniert servieren.

SO SCHNEIDET MAN KARTOFFELN FÜR SUPPEN UND EINTÖPFE

Kartoffeln niemals auf einem Brett schneiden, weil beim Schneiden die wertvolle Stärke austritt und dann auf dem Brett zurückbleiben würde. Nach der Methode meiner Großmutter hält man die geschälte Kartoffel mit einer Hand über den Topf, schneidet sie mit der anderen Hand mit dem Messer leicht ein und bricht so Stück um Stück davon ab. So wird mehr Stärke freigesetzt und die Suppe dickt schön ein.

Sommerlicher Hummer-Apfel-Salat

Dieser farbenfrohe Salat besteht aus meinen Lieblingszutaten. Man kann ihn eiskalt servieren, ich bevorzuge jedoch mundwarme Salate – und ganz besonders bei diesem. Der lauwarme Hummer harmoniert perfekt mit den säuerlichen Tomaten, den knackigen Äpfeln und der cremigen Avocado – ein Feuerwerk der Texturen.

Für 4 Portionen

- 2 mittelgroße mehligkochende Kartoffeln
- Salz
- 340 g Hummerschwanz
- 2 mittelgroße Äpfel (Pink Lady oder eine andere herbe Sorte), entkernt und gewürfelt
- 1 Avocado, entsteint, geschält und gewürfelt
- 1 mittelgroße gelbe Tomate, gewürfelt
- ½ rote Paprika, gewürfelt
- ¼ kleine rote Zwiebel, gewürfelt
- 2 EL frisch gepresster Zitronensaft
- 1 TL körniger Dijonsenf
- 1 EL Apfelessig
- 2 EL fein gehackte Petersilie
- 3 EL Olivenöl

1 Die Kartoffeln in einem kleinen Topf mit Wasser bedeckt 20 Minuten gar kochen, abgießen und etwas abkühlen lassen. Dann schälen und in mundgerechte Stücke schneiden.

2 Einen Topf mit Wasser füllen, eine Handvoll Salz hineingeben, das Wasser zum Kochen bringen und den Hummerschwanz darin zugedeckt bei mittlerer Hitze 10 Minuten garen. Herausnehmen und etwas abkühlen lassen. Die Schale mit einer Schere aufschneiden, das Fleisch auslösen und in mundgerechte Happen schneiden.

3 Kartoffeln, Hummerfleisch, Äpfel, Avocado, Tomate, Paprika, Zwiebel und Zitronensaft in einer großen Schüssel behutsam mischen.

4 Für die Vinaigrette Senf, Apfelessig, Petersilie, Olivenöl und ½ TL Salz verrühren. Das Dressing über den Salat geben und vorsichtig unterheben. Den Salat in geeiste Gläser verteilen und sofort servieren.

SOMMEREINLADUNGEN

Sommerliche Einladungen halte ich bewusst einfach. Da in Florida die Sommer sehr heiß sind, meide ich den Herd so weit wie möglich. Ich bereite möglichst viele Gerichte im Voraus zu; Fleisch und Fisch werden draußen gegrillt.
Dieser Hummer-Apfel-Salat ist einer meiner Lieblingssalate. Ich bereite ihn vorab zu und stelle ihn bis 15 Minuten vor dem Servieren kalt. Dann erst die Vinaigrette unterheben und ihn auf Raumtemperatur erwärmen lassen. Zu kalt sollten Sie Salate nicht servieren.
Perfekt übrigens zusammen mit der kalten Tomatensuppe mit Wassermelone und Mandeln (Seite 254), die sich ebenfalls wunderbar im Voraus zubereiten lässt. Dazu eine Käseplatte und erfrischende Drinks – und die entspannte Sommerparty kann losgehen.

Pikanter Hühnchen-Zucchini-Auflauf

In meiner Familie werden Aufläufe und Frittatas aus allem Möglichen, insbesondere auch aus Resten zubereitet. Hier eine originelle Variation mit Brathähnchen und Gemüse. Aufläufe lassen sich gut transportieren und zu Einladungen mitbringen. Vegetarier ersetzen das Hühnchen durch dieselbe Menge gegarter Kichererbsen.

Für eine Auflaufform von 22 × 33 cm oder 8 kleine Portionenförmchen

340 g Hühnchenbrust ohne Knochen, mundgerecht zerkleinert
Salz, schwarzer Pfeffer aus der Mühle
2 EL Olivenöl
1 kleine Zwiebel, gewürfelt
2 Knoblauchzehen, fein gehackt
½ Fenchelknolle, gewürfelt
1 Zucchini, in dünne Scheiben geschnitten
6 Eier
2 Eigelb
1 EL Maisstärke
¼ l Kokosmilch
60 g Gruyère, gerieben
20 g frische Kräuter (z. B. Petersilie, Kerbel, Thymian, Sauerampfer, Estragon und/oder Oregano), fein gehackt

1 Das Hühnchenfleisch mit ½ TL Salz und ¼ TL Pfeffer würzen. Das Olivenöl in einer mittelgroßen Pfanne bei mittlerer bis hoher Temperatur erhitzen und darin das Hühnchenfleisch etwa 5 Minuten rundum anbraten, bis es leicht angebräunt ist. Das Fleisch herausnehmen und beiseitestellen.

2 Falls nötig noch 1 EL Öl in die Pfanne geben und darin Zwiebel, Knoblauch und Fenchel andünsten; mit einem Pfannenwender den Bratensatz vom Anbraten des Hühnchens lösen. Die Temperatur auf mittlere bis niedrige Stufe reduzieren und das Gemüse 5 Minuten weich schmoren, aber nicht verkochen.

3 Die Zucchini mit ½ TL Salz und ¼ TL Pfeffer hinzufügen und weitere 2 Minuten schmoren. Dann das Fleisch zurück in die Pfanne geben. Umrühren und die Pfanne vom Herd nehmen.

4 Den Backofen auf 180 Grad vorheizen. Eier, Eigelbe, Maisstärke, Kokosmilch, geriebenen Gruyère, Kräuter, ½ TL Salz und ½ TL Pfeffer in einer Schüssel vermengen. Die Hähnchen-Gemüse-Mischung in eine Auflaufform oder 8 Portionenförmchen geben und mit der Eier-Käse-Mischung übergießen.

5 Den Auflauf im vorgeheizten Ofen 30–35 Minuten oder Portionenförmchen 20 Minuten backen, bis die Mitte fest und die Kruste leicht gebräunt ist. Sofort servieren.

Red Snapper aus dem Ofen mit Kartoffeln, Fenchel und Shiso

Ich liebe den Geruch der salzigen Luft in den kleinen Fischerdörfern entlang der baskischen Küste und den Anblick der Fischerboote, die in den Hafen zurückkehren. Die hier beschriebene Schmormethode eignet sich für jeden mittelgroßen Fisch wie Red Snapper, Petersfisch oder Wolfsbarsch. Bitten Sie Ihren Fischhändler, den Fisch für Sie zu säubern, aber den Kopf möglichst daranlassen; er sorgt für ein intensives, volles Fischaroma.

Für 4–6 Portionen

Für das Fenchelgemüse
- 1 Fenchelknolle, fein geschnitten
- ½ rote Zwiebel, fein geschnitten
- ¼ Tasse purpurblättriger Shiso, grob zerzupft
- 2 EL frische Kerbel- oder Petersilienblätter, grob zerzupft
- ½ TL Salz
- 2 EL frisch gepresster Zitronensaft
- 3 EL Olivenöl

Für den geschmorten Red Snapper
- 2 mittelgroße mehligkochende Kartoffeln, geschält, in ½ cm dicke Scheiben geschnitten
- 3 EL Olivenöl
- Salz
- 1 Red Snapper (im Ganzen, etwa 1 kg), ausgenommen und geschuppt
- 1 Zitrone, in dünne Scheiben geschnitten
- 60 ml trockener Weißwein
- 2 Knoblauchzehen, in dünne Scheiben geschnitten
- 2 EL Apfelessig

Das Fenchelgemüse zubereiten

Alle Zutaten vermengen und kalt stellen, während der Fisch zubereitet wird. Wenn Sie keinen Shiso bekommen, können Sie eine Kombination aus frischer Minze, Basilikum und Estragon verwenden.

Den Fisch garen

1 Den Backofen auf 200 Grad vorheizen. Die Kartoffelscheiben in einer Schicht in einer Auflauf- oder Backform auslegen, die groß genug für den ganzen Fisch ist. Die Kartoffeln mit 1 EL Olivenöl beträufeln und mit ¼ TL Salz würzen. Im vorgeheizten Ofen 20–25 Minuten backen, bis sie zu bräunen beginnen.

2 In der Zwischenzeit den Fisch mit 1 TL Salz innen und außen würzen. Den Bauch mit den Zitronenscheiben füllen.

3 Die Form aus dem Ofen nehmen, den Fisch auf die Kartoffeln legen, den Wein in die Form gießen und den Fisch mit 1 EL Olivenöl beträufeln. Die Form in den Ofen schieben und weitere 20–25 Minuten schmoren. Um zu prüfen, ob der Fisch gar ist, mit einer Messerspitze neben dem Rückgrat in den Bauch des Fisches stechen; falls sich das Fleisch von den Gräten löst, ist der Fisch gar. Wenn nicht, muss er noch einige Minuten weiterschmoren. Herausnehmen und 5 Minuten ruhen lassen.

4 Für die Vinaigrette 1 EL Olivenöl in einer Pfanne erhitzen und die Knoblauchscheiben darin unter Schwenken 1 Minute andünsten (nicht verbrennen lassen!). Den Essig dazugießen.

5 Zum Servieren die Spitze eines Tranchiermessers hinter dem Kopf einstechen und dem ganzen Rückgrat entlang durchschneiden. Mithilfe eines flachen Pfannenwenders die Fischhälften auseinanderlegen und das Fischfleisch mit der Vinaigrette beträufeln. Sofort zusammen mit den Kartoffeln und dem Fenchelgemüse servieren.

Kalte Tomatensuppe mit Wassermelone und Mandeln

Dieses Rezept ist eine Variation der klassischen Tomaten-Gazpacho. Sie ist das, was ich eine »Mixersuppe« nenne: Alle Zutaten in den Mixer geben und Sekunden später ist die Suppe fertig. Servieren Sie sie eisgekühlt in kleinen Gläsern als Amuse-Bouche oder in Suppenschalen als Vorspeise.

Wenn Sie keinen rohen Knoblauch mögen, können Sie ihn weglassen – aber nach meiner Meinung gibt er der Suppe eine ganz besondere Würze.

Für 4–6 Portionen

- 300 g entkernte Wassermelone, gewürfelt
- 2 mittelgroße reife Tomaten, nach Belieben geschält, gewürfelt
- ¼ kleine rote Zwiebel, gewürfelt
- 2 EL gemahlene Mandeln
- 1 EL Rotweinessig
- 1 EL Olivenöl
- ¾ TL Salz
- ¼ TL fein geriebener Knoblauch, nach Belieben
- 30 g Feta, zerbröselt, 2 EL Olivenöl und frische Kräuter nach Wahl zum Garnieren

1 Alle Zutaten bis auf die Garnitur im Mixer pürieren. Die Suppe in einen Krug füllen und 1 Stunde kalt stellen. Im Kühlschrank lässt sich die Suppe 2 Tage aufbewahren.

2 Vor dem Servieren die Suppe umrühren, da sich die festeren Stoffe absetzen. Eiskalt, mit zerbröseltem Feta bestreut, mit Olivenöl beträufelt und mit frischen Kräutern garniert servieren.

Mit Hirse und Serranoschinken gefüllte Auberginen

Ich gebe zu, dass ich Auberginen lange nicht mochte. Sie hatten für mich immer einen seltsam bitteren Nachgeschmack, und ich habe mich immer gefragt, ob wir etwas falsch machten. Als ich einmal in New York in einem orientalischen Restaurant köstliche mit Lammfleisch gefüllte Auberginen genoss, konnte ich kaum glauben, was mir all die Jahre entgangen war.

Hirse macht das folgende Rezept herzhaft und nährstoffreich. Vegetarier lassen den Rohschinken weg und verwenden Gemüsebrühe.

Für 4–6 Portionen

- 3 mittelgroße Auberginen (jede etwa 450 g), halbiert
- 1 EL Olivenöl zum Bestreichen
- Salz
- 45 g Hirse
- 125 ml Hühnerbrühe
- 4 EL Olivenöl
- 1 mittelgroße Schalotte, fein gehackt
- 1 Stange Lauch, weißer und zarter grüner Teil gewürfelt
- 1 Knoblauchzehe, fein gehackt
- ½ grüne Paprika, entkernt und gewürfelt
- 1 reife Tomate, geschält, entkernt und gewürfelt
- 4 dünne Scheiben Serrano- oder anderer Rohschinken (60 g), fein geschnitten
- ⅛–¼ TL rote Chiliflocken (je nach gewünschter Schärfe)
- 1 EL fein gehackte Petersilie
- 1 EL frische Thymianblätter
- 1 EL fein gehackter frischer Oregano
- 3 EL Mascarpone
- 30 g Parmesan, fein gerieben
- 1 Ei, leicht verklopft

1 Den Backofen auf 200 Grad vorheizen. Die Auberginen mit der Schnittseite nach oben auf ein Backblech legen, mit 1 EL Olivenöl bestreichen und mit ½ TL Salz würzen. Im Ofen 20–30 Minuten schmoren, bis das Fleisch weich wird. 15 Minuten abkühlen lassen, dann das Auberginenfleisch mit einem Löffel aus der Schale lösen; dabei einen ½ cm breiten Rand stehen lassen. Das Fleisch würfeln.

2 Hirse, Hühnerbrühe und ¼ TL Salz in einem kleinen Topf zum Kochen bringen und bei reduzierter Hitze zugedeckt 25 Minuten köcheln lassen, bis die Hirse bissfest gegart ist.

3 In einer großen Pfanne 3 EL Olivenöl bei mittlerer Temperatur erhitzen und darin Schalotte, Lauch, Knoblauch, Paprika und ½ TL Salz unter gelegentlichem Rühren 5 Minuten andünsten. Das Auberginenfleisch, die Tomatenwürfel, Rohschinken, Chiliflocken und Kräuter einrühren und 3 Minuten mitkochen.

4 Die Mischung vom Herd nehmen, die gegarte Hirse, Mascarpone, Parmesan und Ei einrühren. Falls nötig nachwürzen.

5 Die Ofentemperatur auf 190 Grad reduzieren. Die Füllung in die Auberginenschalen verteilen und diese in eine Auflaufform setzen. Mit 1 EL Olivenöl beträufeln. 60 ml Wasser in die Form gießen und die Auberginen 30 Minuten im vorgeheizten Ofen schmoren. Sofort servieren.

Quinoa-Spaghetti mit Knoblauch-Calamari und schwarzen Oliven

Calamari stehen im Sommer auf dem baskischen Speiseplan ganz weit oben. Mit Zwiebeln gegrillt, gefüllt oder in ihrer eigenen Tinte geschmort, zählen sie zu meinen Lieblingsgerichten. Dieses Gericht ist in 15 Minuten zubereitet. Es ist ganz einfach und steckt voller Aromen – man darf den Tintenfisch allerdings nicht zu lange kochen, sonst wird er gummiartig.

Trinken Sie dazu einen trockenen Weißwein, am besten denselben, der auch im Rezept verwendet wird. Bei mir ist es Txakoli, ein junger, leicht moussierender, sehr trockener Weißwein aus dem Baskenland.

Für 4 Portionen

225 g Quinoa-Spaghetti
Salz
Olivenöl
2 Scheiben altbackenes glutenfreies Brot, entrindet und zerbröselt (etwa 35 g)
225 g Tintenfisch-Tuben und -tentakel, gesäubert, die Tuben in gut 1 cm breite Ringe geschnitten
½ TL schwarzer Pfeffer aus der Mühle
4 Knoblauchzehen, in feine Scheiben geschnitten
15 g gehackte Petersilie
1 EL gehackter frischer Koriander
¼–½TL rote Chiliflocken (je nach gewünschter Schärfe)
80 g Nizza-Oliven (ich verwende sie mit Stein, weil sie dann ein besseres Aroma abgeben; Sie können den Stein aber auch entfernen)
125 ml trockener Weißwein
Petersilie zum Garnieren

1 Einen großen Topf mit Wasser füllen, großzügig salzen und die Spaghetti darin nach Packungsangabe garen. Abgießen und beiseitestellen.

2 In der Zwischenzeit in einer kleinen Pfanne 2 EL Olivenöl erhitzen. Die Brotkrumen mit ¼ TL Salz bei mittlerer Temperatur unter häufigem Rühren etwa 5 Minuten anrösten. Beiseitestellen.

3 In einer großen Pfanne 3 EL Olivenöl bei mittlerer bis hoher Temperatur erhitzen. Den Tintenfisch mit ¼ TL Salz und dem Pfeffer würzen. Tintenfisch und Knoblauchscheiben im heißen Öl 1 Minute unter Rühren anbraten. Nicht zu lange braten, da der Tintenfisch sonst zäh wird. Petersilie, Koriander, Chiliflocken und Oliven dazugeben und umrühren. Mit dem Weißwein ablöschen und 30 Sekunden aufkochen lassen.

4 Die abgetropften Spaghetti zur Sauce in die Pfanne geben, einige Sekunden unterheben und mit erhitzen. Mit den gerösteten Brotkrumen und frischer Petersilie bestreuen und mit Olivenöl beträufelt servieren.

KNOBLAUCHTIPP

Ein alter Trick meiner Großmutter: Vor der Verwendung den Knoblauch längs halbieren und den hellgrünen Keim in der Mitte entfernen. Sie behauptete, der Knoblauch sei dann leichter verdaulich und der typische Knoblauchatem würde ausbleiben. Wahr oder nicht? Ich weiß es nicht, aber ich halte mich daran.

Kartoffel-Tortilla mit Zucchini und Kresse

Neulich bemerkte ein Freund von mir: »Immer wenn jemand, den du magst, zum Essen kommt, machst du Kartoffel-Tortilla. Wohl weil sie so viel Zeit und Liebe erfordert. Und wenn jemand kommt, den du nicht so gerne magst, gibt es teuren Fisch aus dem Ofen.« Ich konnte nur zustimmen.

Eine traditionelle Tortilla besteht nur aus Eiern, Zwiebel, Kartoffeln und einem exzellenten Olivenöl. Hier habe ich sie mit Zucchini und pfeffriger Brunnenkresse aufgepeppt – ein zusätzlicher Aroma-Kick.

Für 4 Portionen

125 ml Olivenöl
60 g Zwiebel, fein gewürfelt
300 g mehligkochende Kartoffeln, geschält und mittelgroß gewürfelt
Salz
225 g Zucchini, mittelgroß gewürfelt
4 Eier
30 g Brunnenkresse, grob gehackt

1 Das Olivenöl in einer tiefen beschichteten Pfanne (18–20 cm Durchmesser) bei mittlerer Temperatur erhitzen und darin die Zwiebel 2 Minuten glasig andünsten, aber nicht bräunen. Dann die Kartoffeln und ½ TL Salz dazugeben und unter gelegentlichem Rühren mitschmoren. Die Zucchini hinzufügen und ebenfalls unter gelegentlichem Rühren 5 Minuten weich dünsten. Zuerst mag die Pfanne übervoll erscheinen, doch das Gemüse fällt allmählich zusammen.

2 Mit einem Schaumlöffel die gegarten Kartoffeln und Zucchini auf eine mit Küchenpapier ausgelegte Platte heben; das in der Pfanne verbliebene Öl abgießen und beiseitestellen.

3 Die Eier mit ¼ TL Salz in einer Schüssel verrühren. Dann die abgetropften Zucchini und Kartoffeln sowie die Brunnenkresse unterheben.

4 1 EL des beiseitegestellten Olivenöls (vom Gemüsedünsten) zurück in die Pfanne geben. Bei mittlerer Temperatur erhitzen und die Eiermischung hineingeben. Die Eiermischung in der Mitte mit einem Holzkochlöffel einige Sekunden umrühren, damit sie sich setzt. Die Tortilla dem Rand entlang mit dem Kochlöffel etwas abrunden. 1–2 Minuten fest werden lassen.

5 Einen passenden flachen Teller oder Deckel auf die Pfanne setzen und die Tortilla wenden, sodass die gegarte Seite nach oben zeigt. Die Tortilla vorsichtig zurück in die Pfanne gleiten lassen, wieder die Ränder abrunden und die Tortilla von der anderen Seite 1–2 Minuten stocken lassen.

6 Die Tortilla auf eine Platte gleiten und 10 Minuten abkühlen lassen, dann aufschneiden. Warm oder auf Raumtemperatur abgekühlt servieren.

SUMMER

SOMMER Süß

Aprikosen-Tartelettes • Schokoladen-Kirschen-Auflauf • Meringue mit Blaubeeren • Kokos-Joghurt-Pannacotta mit Schmorpflaumen • Mohnkuchen mit Joghurt und Nektarinen • Kokos-Doughnuts • Joghurteis am Stiel auf roter Beerenconsommé • Quinoa-Cookies mit Schokolade und Pistazien • Buchweizengalette mit Sommerbeeren • Financiers mit Pistazien und Himbeeren • Buttermilchsorbet mit Pfirsichen • Baskischer Vanillepudding • Eiscreme-Sandwiches mit Kirsch-Cheesecake-Eis • Pfirsich-Pistazien-Tarte • Johannisbeerschnittchen mit weißer Schokolade

Wenn ich an Sommer denke, denke ich an Eis am Stiel, an zerdrückte Beeren in angeschlagenen Emailschüsseln, an Nektarinenkuchen am Nachmittag. Ich denke an Vormittage, die man in der Küche mit Einwecken verbringt, eine Steige Pfirsiche nach der nächsten, und an hohe Metalltöpfe voller schwarzer Brombeeren.

An warmen Tagen gehen wir mit den Kindern Beeren sammeln. Wir bahnen uns unseren Weg durch stachelige Brombeersträucher inmitten von Kamillefeldern. Mit seinem Stock in der Hand übernimmt Jon gerne die Führung. »Da vorne sehe ich was«, ruft er und läuft vor, dicht gefolgt von Miren. Wieder zu Hause, essen wir die Beeren aus vollen Händen. Im Kühlschrank landet nur selten ein Rest. Und die wenigen werden zu schnellem Kompott verarbeitet oder zu Galettes gegessen – das schmeckt im Sommer am besten. Manchmal wecken wir auch Beeren ein, um die Aromen des Sommers für die kalte Jahreszeit zu konservieren.

Eine meiner frühesten Sommererinnerungen ist, wie mein Großvater Angel von Hand Vanilleeis zubereitete. Ehrfürchtig schaute ich zu, wie er die dunkelgelbe Vanillecreme rührte – es kam mir vor wie Ewigkeiten. »Jetzt kannst du probieren«, sagte er dann irgendwann. Die dicke, kalte Eiscreme schmeckte leicht süß und enthielt eine Million Vanillekörnchen. »Wir servieren sie mit den Brombeeren, die wir hinter der Schule gepflückt haben«, fügte er hinzu. Vielleicht mache ich deshalb heute so gerne Eis mit meinen Kindern. Alles dreht sich um Erinnerungen.

Die Rezepte des folgenden Kapitels sind ganz einfach und größtenteils von Sommerfrüchten inspiriert. Ein wunderbar reifer Pfirsich lässt sich eben kaum noch verbessern oder verfeinern. Höchstens vielleicht durch ein bisschen Vanilleeis.

Aprikosen-Tartelettes

Aprikosen gehören zu den ersten Sommerfrüchten. Wenn sie nicht vollreif sind und noch etwas säuerlich-herb schmecken, geben Sie ein bisschen mehr Zucker hinzu. Doch insgesamt muss dieses Dessert nicht allzu süß sein.

Kürzlich habe ich die Sorte »Red Velvet« mit dunkelroter Schale und leuchtend orangefarbenem Fruchtfleisch entdeckt, die einen Tick süßer schmeckt als die gewöhnlichen Sorten. Sie gibt einer solch einfachen Tarte das gewisse Etwas.
Der Haselnuss-Mürbeteig ist herrlich blättrig und zart. Der Teig muss nicht ausgerollt werden, sondern wird in die Form gedrückt. Da der Boden sehr mürbe ist und leicht bricht, eignen sich kleine Tarteletteformen besser als eine große Form.

Für 6 Tarteletteformen von 12 cm Durchmesser

- 140 g extrafeines Vollkornreismehl
- 55 g Kartoffelstärke
- 40 g Tapiokastärke
- 35 g gemahlene Haselnüsse
- 1 Vanilleschote, längs aufgeschnitten, Mark ausgekratzt
- 225 g hochwertige gesalzene Butter (Raumtemperatur)
- 2 EL Vollmilch
- 7–8 Aprikosen, vorzugsweise mit roter Schale
- 1 EL gemahlene Mandeln
- 60 g weiße oder rote Johannisbeeren
- 1 EL naturbelassener Rohrzucker (oder je nach Süße der Aprikosen etwas mehr)
- ungesalzene, ungeröstete Pistazienkerne, fein gehackt, zum Garnieren

1 Vollkornreismehl, Kartoffelstärke, Tapiokastärke, gemahlene Haselnüsse und Vanillemark in einer großen Schüssel vermischen. Die weiche Butter in Flöckchen zu der Mehlmischung geben und mit den Fingerspitzen einarbeiten, sodass ein krümeliger Teig entsteht. Die Milch dazugeben und alles mit den Händen zu einem weichen Teig zusammenfügen.

2 Den Teig in 6 Portionen teilen und jede in eine Tarteletteform drücken; dabei in der Mitte beginnen und den Teig zu den Rändern hin pressen. Die Formen 30 Minuten kalt stellen.

3 Den Backofen auf 200 Grad vorheizen. Die Aprikosen halbieren, entsteinen und die Hälften in dünne Spalten schneiden.

4 Die Teigböden mit den gemahlenen Mandeln bestreuen und darauf kreisförmig von außen nach innen die Aprikosenspalten arrangieren. Mit den Johannisbeeren garnieren und mit Zucker bestreuen.

5 Die Tartelettes im vorgeheizten Ofen 30 Minuten backen, bis sich die Teigböden goldbraun färben und der Belag zu blubbern beginnt. 20 Minuten in den Formen abkühlen lassen, dann aus den Formen heben und warm oder auf Raumtemperatur abgekühlt mit gehackten Pistazienkernen bestreut servieren.

Schokoladen-Kirschen-Auflauf

Kirschen haben schon immer zu meinen liebsten Sommerfrüchten gehört. Ich wuchs inmitten von Kirschbäumen auf, und die Nachbarsjungen überwanden alle Zäune, um an die süßen Früchte zu gelangen. So himmlisch sie auch roh schmecken, so gerne mag ich sie geschmort. In diesem Rezept werden sie in einer leichten Eiercreme mit Schokolade, Mandeln und Mascarpone gegart. Die Kruste ist herrlich knusprig und das Innere cremig. Normalerweise lasse ich die Kirschen ganz, weil es schöner aussieht und die Steine ein mandelähnliches Aroma abgeben – Sie können die Kirschen aber auch entsteinen, was den Auflauf einfacher zu essen macht.

Für 6 Portionen

- 60 g Zartbitterschokolade, fein zerkleinert
- 2 Eier (Raumtemperatur)
- 1 Eigelb (Raumtemperatur)
- 50 g naturbelassener Rohrzucker
- ½ TL Mandelextrakt
- 110 g Mascarpone (Raumtemperatur)
- 35 g gemahlene Mandeln
- ¼ TL Salz
- 450 g Süßkirschen, entstielt und entsteint, falls gewünscht
- 1 TL ungesüßtes Kakaopulver
- 2 TL Rohrzucker
- 125 ml Vollrahm oder Sahne, nach Belieben

1 Die zerkleinerte Schokolade über einem heißen Wasserbad unter Rühren zum Schmelzen bringen (das Wasser darf aber nicht kochen).

2 In der Rührschüssel der Küchenmaschine Eier, Eigelb, 50 g Zucker und den Mandelextrakt mit dem Rührbesen bei hoher Geschwindigkeit 5 Minuten schaumig aufschlagen. Behutsam den Mascarpone, die flüssige Schokolade, die gemahlenen Mandeln und das Salz unterheben und zu einem homogenen Teig rühren.

3 Den Backofen auf 220 Grad vorheizen. Den Teig in eine Soufflé- oder Auflaufform von 25 cm Durchmesser füllen und mit den Kirschen belegen.

4 Das Kakaopulver mit dem Rohrzucker vermischen und die Mischung über die Kirschen streuen.

5 Den Auflauf im vorgeheizten Ofen 20 Minuten backen, bis sich eine knusprige Kruste gebildet hat, das Innere aber noch cremig ist. Lauwarm oder auf Raumtemperatur abgekühlt servieren. Wer mag, reicht dazu etwas Schlagrahm.

Meringue mit Blaubeeren

»Ich weiß schon, was es morgen zum Dessert gibt«, verkündet mein Mann Chad, während ich Eier trenne, um Eis zu machen. Wenn ich Eiweiß übrig habe, gibt es drei Möglichkeiten: Financiers, Macarons oder Meringue (Baiser).

Ich liebe die unterschiedlichen Texturen dieser Süßspeise, die größtenteils aus Meringue besteht, knusprig und cremig zugleich ist. Im angelsächsischen Raum ist sie auch als »Eton mess« bekannt.

Für 6 Portionen

150 g Blaubeeren
1 EL naturbelassener Rohrzucker
1 EL frisch gepresster Orangensaft
4 Eiweiß (Raumtemperatur)
⅛ TL Salz
½ TL Weinsteinpulver
200 g extrafeiner Zucker
4 TL Maisstärke, gesiebt
¼ l Vollrahm (Sahne)

1 Blaubeeren, Rohrzucker und Orangensaft in einem kleinen Topf verrühren und bei mittlerer Hitze 2 Minuten köcheln lassen, bis die Blaubeeren Saft lassen – sie aber nicht weich kochen! Vom Herd nehmen und 2 EL Saft abnehmen.

2 Den Backofen auf 110 Grad vorheizen und ein Backblech mit Backpapier belegen. Die Eiweiße in der Rührschüssel der Küchenmaschine bei mittlerer Geschwindigkeit aufschlagen. Salz und Weinsteinpulver zugeben und bei höherer Geschwindigkeit weiterschlagen, bis sich weiche Spitzen bilden.

3 Zucker und Maisstärke vermischen und bei laufendem Motor nach und nach jeweils 1 EL der Mischung zum Eischnee geben – nicht zu schnell, da der Eischnee sonst zusammenfällt. Wenn die Zuckermischung vollständig eingerührt ist, den Eischnee noch kurz weiterschlagen, bis er steife Spitzen bildet.

4 Nun die 2 EL beiseitegestellten Blaubeersaft zu dem Eischnee geben und mit drei raschen Bewegungen unterziehen, sodass er schön marmoriert ist. Den Eischnee in sechs Klecksen auf das Backblech setzen und im vorgeheizten Ofen 1 Stunde backen. Die Meringue sollte außen knusprig und innen noch weich sein. 15 Minuten abkühlen lassen.

5 Den Rahm in der Küchenmaschine flaumig aufschlagen.

6 Die abgekühlten Meringue mit der Blaubeersauce und dem Schlagrahm servieren.

Tipp: Wenn Sie keinen extrafeinen Zucker bekommen, mahlen Sie gewöhnlichen Raffinadezucker im Mixer oder Blitzhacker zu feinem Pulver.

EIWEISS VERARBEITEN

Eiweiß hält sich im Kühlschrank bis zu 1 Woche. Für Meringue (Baiser) verwende ich Eiweiß, das schon einige Tage im Kühlschrank steht. Es hat Wasser verdunstet, lässt sich steifer schlagen und ergibt eine stabilere Meringue. Also: Niemals Eiweiß wegschütten! Eiweiß lässt sich auch einfrieren, aber nach dem Auftauen nicht mehr gut aufschlagen. Verarbeiten Sie es zum Beispiel in Financiers (siehe Seite 283).

Kokos-Joghurt-Pannacotta mit Schmorpflaumen

Meine Familie liebt geschmortes Obst, insbesondere Steinobst. Ganz schlicht mit ein bisschen Zucker, Vanille und Zitronenthymian zubereitet, ist es das perfekte Topping für Joghurt oder Vanilleeis. Und auch ein tolles Last-Minute-Dessert für eine spontane Einladung.

Für 8 Portionen

Für die Kokos-Joghurt-Pannacotta
375 ml Kokosmilch
100 g naturbelassener Rohrzucker
1 Vanilleschote, längs aufgeschnitten, Mark ausgekratzt
2 TL Gelatinepulver
125 ml Vollmilch
375 ml Vollmilchjoghurt

Für die Schmorpflaumen
700 g rote Pflaumen, halbiert und entsteint
50 g naturbelassener Rohrzucker
1 Vanilleschote, längs aufgeschnitten, Mark ausgekratzt
5 Zweige Zitronenthymian
15 g Butter, in Stücke geschnitten

Die Pannacotta zubereiten

1 Kokosmilch, Zucker, Vanilleschote und -mark in einem Topf zum Kochen bringen, vom Herd nehmen und die Vanilleschote entfernen.

2 In der Zwischenzeit die Gelatine in einer kleinen Schüssel klumpenfrei mit der Milch verrühren, 5 Minuten ziehen lassen und dann unter die heiße Kokosmilch rühren. Anschließend den Joghurt klumpenfrei unterrühren.

3 Die Joghurtmasse in 8 Gläser oder Dessertschalen (je 120 ml Inhalt) füllen und mindestens 2 Stunden kalt stellen. Im Kühlschrank hält sich Pannacotta bis zu 3 Tage, eingefroren bis zu 1 Monat.

Die Pflaumen schmoren

1 Den Backofen auf 200 Grad vorheizen. Die Pflaumen mit der Schnittseite nach oben auf einem Blech auslegen. In einer Schüssel Zucker und Vanillemark vermischen und über die Pflaumen streuen. Die Blättchen des Zitronenthymians und die Butterstückchen darauf verteilen.

2 Die Pflaumen im vorgeheizten Ofen 10–15 Minuten schmoren, bis sie weich sind, aber noch nicht zerfallen. Abkühlen lassen und mit der kalten Pannacotta servieren.

HAUSGEMACHTER JOGHURT

1 l Bio-Vollmilch auf 76 Grad erhitzen, in eine saubere Schüssel gießen und auf 43 Grad bzw. etwas über Körpertemperatur abkühlen lassen. 125 ml der Milch mit 125 ml fertig gekauftem Bio-Vollmilchjoghurt verrühren. Die Mischung zurück zu der restlichen Milch geben und gut verrühren. Die Masse in Gläser füllen und diese in einem mit warmem Wasser gefüllten tiefen Blech über Nacht in den Ofen schieben (Ofenbeleuchtung einschalten). Nach 8 Stunden die Gläser herausnehmen, verschließen und im Kühlschrank aufbewahren. Sie halten sich 10 Tage frisch.

Mohnkuchen mit Joghurt und Nektarinen

Ein Rührkuchen muss drei Kriterien erfüllen: Er muss saftig sein, nicht zu süß und Biss haben. Dieser Kuchen erfüllt alle drei! Nektarinen und Joghurt machen ihn schön feucht, das Quinoamehl bewahrt ihn vor übermäßiger Süße und der Mohn sorgt für Biss. Perfekt für ein Picknick, für einen Nachmittag am Strand oder zum Nachmittagstee.

Für 4 Portionen

- 170 g Butter (Raumtemperatur)
- 150 g Muscovado- oder dunkler Rohzucker
- 100 g naturbelassener Rohrzucker
- 2 TL Vanilleextrakt
- 1 TL fein abgeriebene Zitronenschale
- 2 Eier (Raumtemperatur)
- 180 g Vollmilchjoghurt
- 100 g extrafeines Vollkornreismehl
- 45 g Quinoamehl
- 25 g gemahlene Mandeln
- 2 EL Tapiokastärke
- 1 EL Mohnsamen
- 2 TL Backpulver
- 1 TL gemahlener Ingwer
- ½ TL Salz
- 4 Nektarinen, halbiert, entsteint und in Spalten geschnitten
- 1 EL gehobelte Mandeln
- Rohrzucker zum Bestreuen

1 Den Backofen auf 180 Grad vorheizen. Die Springform fetten und den Boden mit Backpapier auslegen.

2 In der Küchenmaschine Butter, die beiden Zucker, Vanilleextrakt und Zitronenschale bei mittlerer Rührgeschwindigkeit etwa 3 Minuten schaumig schlagen. Nach und nach die Eier hinzufügen. Anschließend den Joghurt einrühren.

3 Vollkornreismehl, Quinoamehl, gemahlene Mandeln, Tapiokastärke, Mohn, Backpulver, Ingwer und Salz in einer Schüssel vermischen. Die Mehlmischung zur Buttermischung in die Rührschüssel geben und alles bei mittlerer Geschwindigkeit zu einem glatten Teig verrühren.

4 Den Teig in die Form füllen und mit einem Teigspatel glatt streichen. Mit den Nektarinenspalten belegen und mit den gehobelten Mandeln sowie etwas Rohrzucker bestreuen.

5 Den Kuchen im vorgeheizten Ofen 1 Stunde bis 1 Stunde 15 Minuten backen (Stäbchenprobe machen). Den Kuchen in der Form vollständig abkühlen lassen, dann auf ein Kuchengitter stürzen. Bei Raumtemperatur hält er sich 1 Tag, im Kühlschrank bis zu 3 Tage und tiefgefroren bis zu 1 Monat.

Kokos-Doughnuts

Diese Doughnuts sind herrlich saftig – Sie werden Ihnen auf der Zunge zergehen. Und das Rezept ist ganz einfach. Für kleine Heißhungerattacken habe ich immer einige Doughnuts im Tiefkühler. Die Doughnuts können nach dem Frittieren mit Kokos- oder einer anderen Glasur nach Wahl überzogen werden. Oder man bestäubt sie einfach nur mit extrafeinem Zucker.

Für 20 Stück (je 5 cm Durchmesser)

Für die Doughnuts
2 Eier (Raumtemperatur)
100 g naturbelassener Rohrzucker
300 ml Kokosmilch
2 EL frisch gepresster Zitronensaft
2 TL Kokosextrakt
60 ml Kokosöl
175 g extrafeines Vollkornreis-mehl
110 g gemahlene Mandeln
80 g Kartoffelstärke
60 g Kokosmehl
30 g Tapiokastärke
2 TL Backpulver
1 TL Backnatron
1 TL Salz
Vollkornreismehl zum Bestäuben
Pflanzenöl zum Frittieren

Für die Kokosglasur
240 g Puderzucker, gesiebt
75 ml Kokosmilch
1 Prise Salz

165 g Kokosraspel

Die Doughnuts zubereiten

1 Eier, Rohrzucker, Kokosmilch, Zitronensaft, Kokosextrakt und Kokosöl in einer Schüssel verrühren. Vollkornmehl, gemahlene Mandeln, Kartoffelstärke, Kokosmehl, Tapiokastärke, Backpulver, Natron und Salz in einer zweiten Schüssel vermischen. Dann die trockenen Zutaten zur Kokosmilchmischung geben und alles zu einem glatten, weichen Teig verarbeiten; mit den Händen durchkneten.

2 Die Arbeitsfläche großzügig mit Reismehl bestäuben, den Teig daraufgeben, ebenfalls mit Mehl bestäuben und etwas flach drücken, sodass er kompakter und leichter zu verarbeiten wird. Fühlt sich der Teig zu weich an, noch 15 Minuten kalt stellen. Den Teig 2 cm dick ausrollen.

3 Einen runden Ausstecher oder Doughnut-Ausstecher (5 cm Durchmesser) mehlen. Aus der Teigplatte Kreise ausstechen und auf ein mit Backpapier belegtes Blech setzen. Wenn Sie einen gewöhnlichen runden Ausstecher verwenden, stechen Sie zusätzlich aus der Mitte der Doughnuts 1 cm große Kreise aus. Diese Teigreste können Sie erneut ausrollen und weitere Doughnuts ausstechen.

4 Die Doughnuts 15 Minuten kalt stellen. In der Zwischenzeit eine flache gusseiserne Pfanne 5 cm hoch mit Pflanzenöl füllen und dieses auf 170 Grad erhitzen (mit Zuckerthermometer messen).

5 Die Doughnuts nach und nach (nicht zu viele auf einmal) vorsichtig ins heiße Öl gleiten lassen und goldbraun frittieren; dabei einmal wenden. Zuerst sinken sie nach unten; wenn sie gar sind, steigen sie wieder hoch. Auf einem mit Küchenpapier ausgelegten Blech abtropfen und leicht abkühlen lassen.

Die Glasur zubereiten

Alle Zutaten für die Glasur in einer Schüssel verrühren. Die Doughnuts in die Glasur tauchen und anschließend in Kokosraspeln wenden.

Joghurteis am Stiel auf roter Beerenconsommé

Lassen Sie die Kinder bei der Zubereitung helfen, zum Beispiel den Joghurt in den Sirup rühren und die Masse in die Formen gießen. Meine Kids lieben es besonders, die Stiele in die Formen zu stecken.

Für 6 Portionen

Für das Joghurt-Stieleis
- 100 g reife Erdbeeren, geputzt und gewürfelt
- 2 EL naturbelassener Rohrzucker (30 g)
- 2 TL frisch gepresster Zitronensaft
- 100 g naturbelassener Rohrzucker
- 125 ml Wasser
- 1 Vanilleschote, längs aufgeschnitten, Mark ausgekratzt
- 4 Kardamomkapseln, zerstoßen
- 250 g griechischer Vollmilchjoghurt

Für die Beerenconsommé
- 450 g reife rote Beeren (Erdbeeren, evtl. gemischt mit Himbeeren und/oder Johannisbeeren)
- 50 g naturbelassener Rohrzucker
- 1 EL frisch gepresster Zitronensaft

Das Eis am Stiel zubereiten

1 Stellen Sie 6 Shotgläser (hohe, schmale Gläser) in den Tiefkühler. Erdbeeren, 2 EL Zucker und Zitronensaft in einem kleinen Topf vermischen und bei Raumtemperatur 15 Minuten stehen lassen, damit die Erdbeeren Saft ziehen. Dann bei mittlerer Hitze 3 Minuten köcheln lassen, im Mixer pürieren und durch ein feines Sieb in eine saubere Schüssel streichen. 15 Minuten kalt stellen.

2 Kleine Mengen Erdbeerpüree an den Innenwänden der gefrorenen Schnapsgläser hinunterlaufen lassen, dann diese zurück in den Tiefkühler stellen.

3 In einem kleinen Topf die 100 g Zucker mit dem Wasser, der Vanilleschote samt -mark sowie den Kardamomkapseln köcheln lassen, bis sich der Zucker aufgelöst hat. Vom Herd nehmen und den Zuckersirup 15 Minuten durchziehen lassen, dann abseihen, Vanilleschote und Kardamomkapseln entfernen.

4 Den Joghurt unter den Zuckersirup rühren und 15 Minuten kalt stellen. Dann die kalte Joghurtmasse vorsichtig in die angefrorenen Schnapsgläser füllen und diese 15 Minuten zurück in den Tiefkühler stellen. Die Holzstiele ins Eis stecken und vollständig durchfrieren lassen.

Die Beerenconsommé zubereiten

1 Alle Zutaten in einer hitzebeständigen Schüssel vermischen und mit Klarsichtfolie abdecken. Die Schüssel über ein heißes Wasserbad setzen und die Beeren 1 Stunde dämpfen. Die Klarsichtfolie wird sich dabei aufblähen (sorgen Sie dafür, dass sie weiterhin dicht schließt). Die Beeren werden bald Saft abgeben.

2 Die Klarsichtfolie entfernen und die Flüssigkeit durch ein feines Sieb in eine saubere Schüssel abseihen. Die Früchte nicht durch das Sieb drücken, sonst trübt sich die klare Consommé, was nicht erwünscht ist. Die Consommé 30 Minuten kalt stellen.

Quinoa-Cookies mit Schokolade und Pistazien

Im Sommer backe ich meistens mit all dem wunderbaren, saftigen Stein- und Beerenobst der Saison, aber manchmal überkommt mich auch der Heißhunger auf Schokolade. Dann ist dieses Rezept genau das Richtige: üppige Schoko-Cookies mit Buchweizen, Pistazienkernen und Quinoaflocken.

Ich verwende eine Kombination aus normalem und schwarzem Kakaopulver. Das schwarze Kakaopulver gibt den Cookies die dunkle Farbe, die Feuchtigkeit und den Schmelz. Man bekommt es in Feinkostläden oder im Internetversand. Wenn Sie kein schwarzes Kakaopulver finden, verwenden Sie nur die normale Variante.

Die Mengen dieses Rezepts kann man gut halbieren. Oder aber man friert nicht verbrauchten Teig bis zur nächsten Heißhungerattacke ein.

Für 4 Portionen

- 110 g Butter (Raumtemperatur)
- 150 g naturbelassener Rohrzucker
- 100 g heller brauner Zucker
- 2 Eier
- 1 TL Vanilleextrakt
- 140 g extrafeines Vollkornreismehl
- 70 g Buchweizenmehl
- 70 g Quinoamehl
- 25 g normales Kakaopulver
- 25 g schwarzes Kakaopulver
- 30 g Tapiokastärke
- 1½ TL Backnatron
- ½ TL Salz
- 160 g ungesalzene, ungeröstete Pistazienkerne, grob gehackt
- 50 g Quinoaflocken

1 In der Rührschüssel der Küchenmaschine die Butter und die beiden Zuckersorten mit dem Flachrührer bei mittlerer Geschwindigkeit 2 Minuten luftig rühren. Nach und nach unter Rühren die Eier hinzufügen. Dann den Vanilleextrakt einrühren.

2 Die Mehle, Kakaopulver, Tapiokastärke, Natron und Salz mischen, und zur Butter-Ei-Mischung geben und alles zu einem Teig verarbeiten. Zuletzt Pistazienkerne und Quinoaflocken einrühren.

3 Den Teig auf die Arbeitsfläche geben, in zwei Portionen teilen, jede Portion auf ein Stück Backpapier setzen und jeweils zu einer Rolle von etwa 28 cm Länge und 4 cm Durchmesser formen. 30 Minuten bis 1 Stunde kalt stellen. Den rohen Teig kann man auch, gut in Klarsichtfolie verpackt, bis zu 3 Monate einfrieren.

4 Den Backofen auf 180 Grad vorheizen. Die Teigrollen in knapp 1 cm dicke Scheiben schneiden und diese auf mit Backpapier oder Silikonmatten belegte Bleche setzen. Im vorgeheizten Ofen 8–10 Minuten backen. Die Cookies aus dem Ofen nehmen, auch wenn sie noch nicht fertig gebacken scheinen; mit dem Abkühlen werden sie fest. Besser kürzer backen – dann werden die Cookies saftiger und zarter. Auf dem Blech abkühlen lassen und in einem luftdicht verschlossenen Behälter bei Raumtemperatur bis zu 3 Tage aufbewahren.

Buchweizengalette mit Sommerbeeren

Dies ist die einfachste Methode, eine köstliche Obsttarte zuzubereiten – ganz ohne Form. Ich liebe den Anblick einer solchen frei geformten Galette. In diesem Rezept habe ich gelbe, rote und schwarze Himbeeren verwendet – und außerdem wilde Erdbeeren, die in meinem Garten wachsen.

Für 6–8 Portionen

Für den Buchweizenteig

- 100 g extrafeines Vollkornreismehl
- 35 g Buchweizenmehl
- 40 g Kartoffelstärke
- 4 TL naturbelassener Rohrzucker
- 1/8 TL Salz
- 110 g kalte Butter, 1 cm groß gewürfelt
- 1 Eigelb
- 3–5 EL Eiswasser

Für die Füllung

- 450 g gemischte Beeren
- 50 g naturbelassener Rohrzucker
- 1 Vanilleschote, längs aufgeschnitten, Mark ausgekratzt
- 1 TL fein abgeriebene Zitronenschale

Zum Fertigstellen

- Vollkornreismehl zum Bestäuben
- 25 g gemahlene Mandeln

Den Teig zubereiten

1 Mehle, Stärke, Zucker und Salz in der Küchenmaschine oder im Blitzhacker vermengen und gründlich durchmischen. Die kalten Butterwürfel hinzufügen und rasch einarbeiten, bis sie Erbsengröße haben. Das Eigelb mit 3 EL Eiswasser verrühren, zur Mehl-Butter-Mischung geben und rasch unterkneten. Falls nötig noch 2 weitere EL Eiswasser dazugeben.

2 Den Teig auf der Arbeitsfläche kurz durchkneten und zu einer Scheibe formen. Diese in Klarsichtfolie verpacken, flach drücken und 1 Stunde kalt stellen.

Die Füllung zubereiten

Beeren, Zucker, Vanillemark und Zitronenschale in einer Schüssel vermengen und durchziehen lassen, während der Teig im Kühlschrank ruht.

Die Galette fertigstellen und backen

1 Den kalten Teig aus dem Kühlschrank nehmen und auf der mit Reismehl bestäubten Arbeitsfläche zu einem 1/2 cm dicken Kreis ausrollen. Bewegen Sie den Teig während des Ausrollens, damit er nicht an der Arbeitsfläche festklebt. Den Teig auf ein mit Backpapier belegtes Blech setzen.

2 Einen Kreis von etwa 25 cm Durchmesser aus dem Teig ausschneiden.

3 Die Mitte des Teigkreises mit gemahlenen Mandeln bestreuen und die Füllung darauf verteilen, sodass rundum ein 5–7 cm breiter Rand frei bleibt. Den Teigrand über die Füllung klappen. Sollte der Teig reißen, drücken Sie ihn einfach mit den Fingern wieder zusammen. Die Galette 15 Minuten kalt stellen.

4 Den Backofen auf 220 Grad vorheizen und die Galette 30–40 Minuten backen, bis die Füllung blubbert und der Teig knusprig ist. 10 Minuten auf dem Blech abkühlen lassen, dann aufschneiden. Warm oder auf Raumtemperatur abgekühlt servieren.

Financiers mit Pistazien und Himbeeren

Financiers bieten sich zum glutenfreien Backen an, da gemahlene Nüsse oder Kerne die Hauptzutat bilden. Traditionell verwendet man dafür gemahlene Mandeln, doch in diesem Rezept nehme ich Pistazien und Hafer. Die kleinen länglichen Küchlein bäckt man in einer Silikonform; Sie können aber auch ein Muffinblech mit Papierbackförmchen benutzen.

Für 12 rechteckige Financier- oder 10 Muffinförmchen

140 g Butter
100 g naturbelassener Rohrzucker
80 g ungesalzene, ungeröstete Pistazienkerne
50 g glutenfreies Hafermehl
1 TL fein abgeriebene Zitronenschale
¼ TL Salz
4 Eiweiß
110 g Himbeeren

1 Die Butter bei mittlerer bis hoher Temperatur in einem kleinen Topf schmelzen, bis sie am Topfboden bräunt und nussig duftet. Die flüssige Butter durch ein feines Haarsieb gießen und auf Raumtemperatur abkühlen lassen.

2 Den Backofen auf 180 Grad vorheizen.

3 Zucker, Pistazienkerne, Hafermehl, Zitronenschale und Salz im Blitzhacker zu einem feinen Pulver mahlen. In eine Schüssel geben, die Eiweiße einrühren. Dann die abgekühlte Butter dazugeben und alles zu einer homogenen Masse verrühren.

4 Den Teig bis zur halben Höhe in die Formen füllen und behutsam die Himbeeren hineindrücken.

5 Die Küchlein im vorgeheizten Ofen 20–25 Minuten backen, bis sie sich hell goldbraun färben. Auf Raumtemperatur abkühlen lassen, dann aus den Formen lösen. Sie halten sich bei Raumtemperatur 1 Tag, im Kühlschrank bis zu 3 Tage frisch. Gut verpackt und tiefgekühlt, kann man sie bis zu 1 Monat lagern.

Buttermilchsorbet mit Pfirsichen

Ich habe verschiedene Sorbetrezepte in meinem Repertoire, dieses aber liebe ich besonders. Die Buttermilch verleiht dem Sorbet gleichzeitig einen frischen Kick und zarten Schmelz. Das Rezept lässt sich vielfältig abwandeln, zum Beispiel mit anderem Steinobst oder auch mit Himbeeren.

Für 6–8 Portionen

- 200 g naturbelassener Rohrzucker
- 125 ml Wasser
- 800 g Pfirsiche, gehäutet, entsteint und geviertelt
- 3 EL frisch gepresster Zitronensaft
- 375 ml Buttermilch (mit niedrigem Fettgehalt)
- ½ TL Salz

1 Zucker und Wasser in einem kleinen Topf aufkochen, bis sich der Zucker aufgelöst hat. Den Zuckersirup in eine Schüssel geben und auf Raumtemperatur abkühlen lassen.

2 In der Küchenmaschine oder im Mixer die Pfirsiche zusammen mit dem Zitronensaft pürieren und in eine große Schüssel geben. Zuckersirup, Buttermilch und Salz einrühren. Mit Klarsichtfolie bedeckt 2 Stunden kalt stellen.

3 Die Masse in der Eismaschine gefrieren. Dann das Sorbet im Tiefkühler mindestens 4 Stunden durchfrieren lassen. Das Sorbet 15 Minuten vor dem Servieren in den Kühlschrank stellen, damit es weich wird.

PFIRSICHE HÄUTEN

Einwecken und Einkochen spielte in meiner Familie eine wichtige Rolle. Wir hatten immer einen beachtlichen Vorrat an Konserven – ob es nun Marmelade aus frisch gepflückten Brombeeren oder in Olivenöl eingelegte Tomaten waren.
Ich kann mich an viele Sommervormittage erinnern, an denen ich mit meiner Mutter in der Küche stand, reife Pfirsiche geschält, klein geschnitten und zu Pfirsichmarmelade eingekocht habe.
Folgenden Trick zum Häuten von Steinobst und Pfirsichen habe ich von meiner Mutter gelernt: Einen großen Topf, in dem alle Früchte Platz haben (oder andernfalls die Früchte portionsweise verarbeiten), mit Wasser füllen und zum Kochen bringen. Die Früchte am unteren Ende mit einem spitzen Messer kreuzweise einritzen. Eine große Schüssel mit Eiswasser füllen.
Die Früchte behutsam ins heiße Wasser geben (sie müssen damit ganz bedeckt sein) und 30 Sekunden bis 1 Minute blanchieren (je weicher die Frucht, desto kürzer die Pochierzeit). Dann die Früchte in ein großes Sieb abgießen und im Eiswasser abschrecken. Die abgekühlten Früchte aus dem Eiswasser heben – jetzt löst sich die Haut im Handumdrehen.

Baskischer Vanillepudding

Diese baskische Version des klassischen Vanillepuddings nennt sich *natillas.* Als Kinder liebten wir ihn. Meine Großmutter bereitete ihn mit roher Milch und frischen Eiern vom Bauernhof zu. Vanillemark, Zitronenschale und ein Hauch Zimt geben ein unvergleichliches Aroma.

Für 8 Portionen

½ l Vollmilch
100 g naturbelassener Rohrzucker
1 Vanilleschote, längs aufgeschnitten, Mark ausgekratzt
2 Kardamomkapseln, zerstoßen
abgeriebene Schale von ½ Zitrone
6 Eigelb
4 EL Maisstärke
¼ l Vollrahm oder Sahne extra
150 g gemischte Beeren (Johannisbeeren, Himbeeren, Erdbeeren usw.) sowie gehackte ungesalzene ungeröstete Pistazienkerne zum Garnieren

1 Die Milch mit 50 g Zucker, Vanilleschote und -mark, Kardamom und Zitronenschale in einem Topf bei mittlerer Hitze zum Kochen bringen.

2 In der Zwischenzeit die Eigelbe, die restlichen 50 g Zucker und die Maisstärke in einer Schüssel verrühren. Den Rahm dazugeben und alles gründlich verrühren.

3 Die heiße Milchmischung nach und nach unter die Eigelbmasse rühren und die entstandene Creme durch ein feines Sieb zurück in den Topf streichen. Vanilleschote, Zitronenschale und Kardamomkapseln entfernen. Die Creme bei mittlerer Hitze unter Rühren mit einem Holzlöffel zum Kochen bringen und etwa 2 Minuten köchelnd eindicken lassen. Die Creme wird dünnflüssiger als gewöhnlicher Vanillepudding. Die heiße Creme sofort in 8 Gläser, Schälchen oder Souffléförmchen (je 120 ml Inhalt) gießen.

4 Die Creme 30 Minuten bei Raumtemperatur abkühlen lassen, dann mit Klarsichtfolie abgedeckt 2 Stunden kalt stellen.

5 Die Puddings halten sich im Kühlschrank bis zu 3 Tage frisch. Mit Beeren und gehackten Pistazienkernen garniert servieren.

MILCHPRODUKTE ERSETZEN

Als meine Glutenunverträglichkeit diagnostiziert wurde, rieten mir die Ärzte, zunächst alle Gluten- und Milchproteine aus meiner Ernährung zu verbannen, damit die Entzündungen in meinem Körper abklingen konnten. Ich habe schnell Alternativen zu beiden gefunden.

Kokosmilch ist die beste Alternative zu Kuhmilch – ich schätze sie besonders wegen ihres hohen Fettgehalts, ihrer Cremigkeit und natürlichen Süße. Eiercremespeisen und Eiscreme stelle ich aus einer Kombination von ungesüßter Kokosmilch und Mandelmilch her. Butter lässt sich in Kuchenrezepten und für Kuchenteige problemlos durch Kokosfett und Olivenöl ersetzen.

Oft bereite ich dieses Puddingrezept auch laktosefrei zu. Dann verwende ich ½ l Kokosmilch und ¼ l Mandelmilch anstelle der Vollmilch und des Rahms.

Eiscreme-Sandwiches mit Kirsch-Cheesecake-Eis

Mit sechzehn kam ich in die USA, um einen Sommer bei den Bryants in Colorado Springs zu verbringen. Schon nach einer Woche wusste ich, dass aus dem Sommer ein ganzes Jahr werden würde. Wenn ich damals nicht bei den Bryants gelandet wäre, wäre mein Leben in vielerlei Hinsicht anders verlaufen. Von ihnen habe ich gelernt, mich selbst nicht allzu wichtig zu nehmen – und noch entscheidender: Sie stellten mich meinem heutigen Mann Chad vor.

Doch nicht nur die Liebe lernte ich dank ihnen kennen, sondern auch ihren Blaubeer-Käsekuchen. Er war wunderbar leicht und wurde nicht im Ofen gebacken; die Füllung bestand aus Frischkäse und Rahm. Ich konnte gar nicht genug davon bekommen. Als das Jahr vorüber war und ich zu meiner Familie zurückkehrte, hatte ich Robyns Käsekuchenrezept im Gepäck, und noch heute, zwanzig Jahre später, fragen mich Freunde danach.

Später lernte ich eine Eiscremeversion davon kennen. In diesem Rezept verwende ich eine Mischung aus Mascarpone und Crème fraîche. Ich liebe die leichte Säure und Cremigkeit der Crème fraîche und die Textur der zerbröselten Cookies. Servieren Sie das Eis in Kugeln in Dessertschälchen oder aber als Eiscreme-Sandwich zwischen Shortbread-Cookies – so lieben es meine Kinder.

Für 6–8 Portionen

Für die Mandel-Shortbread-Cookies (ergibt 2-mal ca. 24 Stück)
110 g Butter (Raumtemperatur)
200 g naturbelassener Rohrzucker
2 TL Vanilleextrakt
1 Ei (Raumtemperatur)
175 g extrafeines Vollkornreismehl
115 g gemahlene Mandeln
60 g Kartoffelstärke
30 g Tapiokastärke
½ TL Salz
Vollkornreismehl zum Bestäuben

Die Shortbread-Cookies backen

1 Butter und Zucker in der Küchenmaschine mit dem Flachrührer bei mittlerer Rührgeschwindigkeit etwa 2 Minuten luftig aufschlagen. Vanilleextrakt und Ei einrühren.

2 Alle weiteren Zutaten in einer separaten Schüssel vermischen. Bei niedriger Rührgeschwindigkeit zur Buttermasse geben und alles zu einem glatten Teig verrühren.

3 Den Teig in zwei Portionen teilen, zu Scheiben formen, beide Scheiben in Klarsichtfolie verpacken und mit den Handballen flach drücken. Für dieses Rezept brauchen Sie nur die Hälfte des Teigs (diesen 30 Minuten im Kühlschrank kalt stellen); die andere Hälfte können Sie auf Vorrat einfrieren oder als Teigboden für eine Tarte weiterverwenden.

4 Den Backofen auf 180 Grad vorheizen. Den Teig auf einer kalten, dünn mit Reismehl bestäubten Unterlage 5 mm dünn ausrollen. Beim Ausrollen den Teig bewegen, damit er nicht an der Arbeitsfläche festklebt.

5 Mit einem runden Ausstecher mit gewelltem Rand (5 cm Durchmesser) Cookies ausstechen und auf zwei mit Backpapier belegte Bleche setzen. Die Teigreste erneut ausrollen und ausstechen. Der Teig sollte etwa 24 Cookies ergeben.

Fortsetzung Seite 290

Für die Kirschsauce
(ergibt 375 ml)
340 g Süßkirschen, entstielt und entsteint
50 g naturbelassener Rohrzucker
Saft von ½ Zitrone

Für die Eiscreme (ergibt 950 ml)
225 g Mascarpone
225 g Crème fraîche
125 ml Vollmilch
120 g extrafeiner Zucker
fein abgeriebene Schale von ½ Zitrone
1 TL Vanilleextrakt
¼ TL Salz
6 Mandel-Shortbread-Cookies, zerbröselt
abgetropfte und zerkleinerte Kirschen

6 Die Cookies im oberen und unteren Drittel des vorgeheizten Ofens einschieben und 10–12 Minuten hell goldbraun backen; nach der halben Backzeit die Bleche drehen. Aus dem Ofen nehmen und die Cookies vollständig abkühlen lassen.

7 6 Cookies zerbröseln. Die Brösel benötigen Sie für die Eiscreme; die restlichen Cookies werden für die Eiscreme-Sandwiches verwendet.

Die Kirschsauce zubereiten

1 Alle Zutaten in einem Topf verrühren und bei mittlerer Hitze etwa 7 Minuten köcheln lassen, bis die Kirschen weich sind und der Saft leicht sirupartig eindickt.

2 Die Kirschsauce in eine saubere Schüssel füllen und 2 Stunden kalt stellen.

Die Eiscreme herstellen

1 Mascarpone, Crème fraîche, Milch, Zucker, Zitronenschale, Vanilleextrakt und Salz im Mixer zu einer glatten Masse verarbeiten. In eine Schüssel füllen und 2 Stunden kalt stellen.

2 Dann die Masse in der Eismaschine gefrieren, dabei gegen Ende die Shortbread-Brösel und die Kirschen einrühren. Nicht mehr zu stark rühren, sonst verliert sich die hübsche Marmorierung.

3 Die Eiscreme im Tiefkühler mindestens 2 Stunden durchfrieren lassen. In Kugeln oder zwischen den Shortbread-Cookies als Sandwich servieren.

Pfirsich-Pistazien-Tarte

Die samtweiche, cremige Füllung dieser Tarte ist ein Mittelding zwischen Frangipane und Flan. Ich liebe die leuchtenden Sommerfarben der Aprikosen und Pistazien.

Für eine Tarte von 22 cm Durchmesser

225 g Butter (Raumtemperatur)
100 g Puderzucker, gesiebt
1 Vanilleschote, längs aufgeschnitten, Mark ausgekratzt
½ TL fein abgeriebene Zitronenschale
1 Ei (Raumtemperatur)
140 g extrafeines Vollkornreismehl
100 g Sorghummehl
80 g Kartoffelstärke
60 g Tapiokastärke
½ TL Backpulver
¼ TL Salz
Vollkornreismehl zum Bestäuben

Den Teigboden herstellen

1 Butter und Puderzucker in der Rührschüssel der Küchenmaschine bei mittlerer Geschwindigkeit 2 Minuten luftig aufschlagen. Vanillemark und abgeriebene Zitronenschale und anschließend das Ei einrühren.

2 In einer separaten Schüssel alle weiteren Zutaten vermischen, zur Buttermasse geben und alles bei mittlerer Rührgeschwindigkeit zu einem glatten, weichen Teig verarbeiten.

3 Den Teig in zwei Portionen teilen, jede Portion auf ein Stück Klarsichtfolie geben und zu einer Scheibe formen. Gut in die Klarsichtfolie verpacken und zu einer flachen Scheibe drücken. Eine der Teigscheiben mindestens 1½ Stunden im Kühlschrank fest werden lassen. Die andere Teigscheibe können Sie einfrieren; der Teig lässt sich vielseitig für Tartes weiterverwenden. Zum Auftauen einfach über Nacht in den Kühlschrank legen.

4 Eine kalte Arbeitsfläche mit etwas Reismehl bestäuben und den Teig mit dem bemehlten Nudelholz etwa 3 mm dünn ausrollen. Beim Ausrollen den Teig hin und her bewegen, damit er nicht an der Arbeitsfläche festklebt. Mit dem ausgerollten Teig eine Tarteform auslegen und den Teig behutsam festdrücken; überstehende Teigränder abschneiden. Die Tarteform 30 Minuten kalt stellen.

Fortsetzung Seite 293

Die Füllung zubereiten und die Tarte backen

1 Die Butter bei mittlerer Hitze in einem kleinen Topf schmelzen und auf Raumtemperatur abkühlen lassen.

2 Den Ofen auf 200 Grad vorheizen.

3 Pistazien, Tapiokastärke und Salz in der Küchenmaschine oder im Blitzhacker zu feinem Pulver vermahlen.

4 Eier, Zucker, die fein gemahlene Pistazienmischung und die flüssige Butter in einer Schüssel verrühren. Die Masse auf dem Teigboden verteilen und mit den Pfirsichspalten belegen.

5 Die Tarte im vorgeheizten Ofen 5 Minuten backen, dann die Ofentemperatur auf 180 Grad reduzieren und die Tarte weitere 30 Minuten backen, bis die Füllung fest ist und sich hell goldbraun färbt.

6 Die Tarte auf einem Kuchengitter 30 Minuten abkühlen lassen, dann aufschneiden. Im Kühlschrank hält sich die Tarte bis zu 3 Tage frisch, tiefgefroren kann man sie bis zu 1 Monat aufbewahren.

Für die Pfirisch-Pistazien-Füllung

95 g Butter
50 g ungesalzene, ungeröstete Pistazienkerne
2 EL Tapiokastärke
¼ TL Salz
2 Eier
50 g naturbelassener Rohrzucker
450 g reife, aber noch feste Pfirsiche, gehäutet, halbiert, entsteint und in dünne Spalten geschnitten

Johannisbeerschnittchen mit weißer Schokolade

Dieses einfache Blechkuchenrezept verwende ich als Grundteig für Geburtstagskuchen, als Boden für Erdbeerkuchen oder Schichtdesserts. Diesen Teig habe ich immer für Last-Minute-Desserts im Tiefkühler vorrätig. Hier wird das Rezept durch weiße Schokolade und rote Johannisbeeren zu einer süß-säuerlichen Köstlichkeit. Das Ergebnis ist herrlich saftig und mürb.

Für ein Blech von ca. 33 × 22 cm

170 g Butter (Raumtemperatur)
200 g naturbelassener Rohrzucker
70 g heller brauner Zucker
3 Eier (Raumtemperatur)
1 TL Vanilleextrakt
140 g extrafeines Vollkornreismehl
45 g Sorghummehl
80 g Kartoffelstärke
30 g Tapiokastärke
25 g gemahlene Mandeln
1¼ TL Backpulver
1 TL Salz
90 g weiße Schokolade, zerkleinert
225 g rote Johannisbeeren

1 Den Backofen auf 180 Grad vorheizen. Die Butter und die beiden Zuckersorten in der Rührschüssel der Küchenmaschine bei mittlerer bis hoher Geschwindigkeit etwa 3 Minuten luftig schlagen. Nach und nach die Eier hinzufügen und gut verrühren. Dann den Vanilleextrakt einrühren.

2 Mehle und Stärkemehle, gemahlene Mandeln, Backpulver und Salz in einer separaten Schüssel vermischen, unter die Buttermischung heben und zu einem glatten Teig verarbeiten. Die zerkleinerte weiße Schokolade und 150 g der Johannisbeeren unterheben.

3 Den Teig auf ein gefettetes Blech geben und glatt streichen. Die restlichen 75 g Johannisbeeren auf dem Teig verteilen.

4 Den Kuchen im vorgeheizten Ofen 35–40 Minuten backen, bis er sich goldbraun färbt (Stäbchenprobe machen). Den Kuchen in der Form vollständig abkühlen lassen, dann in beliebiger Größe aufschneiden. Im Kühlschrank hält sich der Kuchen bis zu 3 Tage frisch, gut verpackt im Tiefkühler bis zu 3 Monate.

Bezugsquellen

ALLERGICO
Glutenfreie Mehle und Lebensmittel.
www.allergico-shop.de

APFELBACHER'S GEWÜRZ-EXPRESS
Anbieter von Gewürzen, Salzen, Kräutern und Nusskernen.
www.gewuerz-express.de

BACK-ART
Backutensilien aller Art.
www.back-art.ch

BACKFIEBER
Ausgefallene Kuchen- und Torten-dekorationen.
www.backfieber-pro.com

BACKFEE
Versender von Backformen und Backzubehör.
www.backfee.de

BAKERIA
Backzubehör in großer Auswahl.
www.bakeria.ch

COVIN
Spanische Spezialitäten und Getränke.
www.covin.ch

GEWÜRZPROFI
Online-Shop für Gewürze und Kräuter.
www.gewuerzprofi.ch

GLUTENFREIE PRODUKTE
Glutenfreie Mehle und Lebensmittel.
www.glutenfreieprodukte.ch

GLUTENFREI-SUPERMARKT
Glutenfreie Mehle und Lebensmittel.
www.glutenfrei-supermarkt.de

GOURMONDO
Online-Versender von Zucker- und anderen Spezialitäten.
www.gourmondo.de

GRUBAUER'S
Anbieter ausgefallener Kräuter und Gewürze.
www.grubauer.de

I CAN EAT
Glutenfreie Mehle und Lebensmittel.
www.i-can-eat.ch

LA TIENDA
Online-Shop, der spanische Spezialitäten wie Fleischprodukte, Käse, Konserven und Olivenöle vertreibt.
www.tienda.com

MOLLY HATCH
Außergewöhnliche Keramikprodukte mit charakteristischen Blumenmustern.
www.mollyhatch.com

MUD AUSTRALIA
Modernes Geschirr mit klaren Linien.
www.mudaustralia.com

QUERFOOD
Glutenfreie Mehle und Lebensmittel.
www.querfood.de

SABRE
Witziges, buntes Besteck aus Frankreich.
www.sabre.fr

SAMANTHA ROBINSON
Australische Keramikkünstlerin, die Einzelstücke mit wunderschönen Blumenmustern herstellt.
www.samantharobinson.com.au

SCHAER
Glutenfreie Mehle und Lebensmittel.
www.schaer.com

SPANISCHE BODEGA
Versender spanischer Spezialitäten.
www.spanische-bodega.com

SHOP HORNE
Toller Anbieter von modernen Küchenutensilien und Geschirr.
www.shophorne.com

SUITE ONE STUDIO
Keramikprodukte von Lindsay Emery mit klaren Linien und wunderschönen Farben.
www.etsy.com/shop/suiteonestudio

SUR LA TABLE
Spezialisiertes Küchengeschäft für Backutensilien und andere Küchendinge.
www.surlatable.com

TORTISSIMO
Online-Shop für ausgefallene Backformen und Backzubehör.
www.tortissimo.de

WILLIAMS-SONOMA
Ein weiterer toller Küchenladen, der Back- und Kochutensilien, ausgefallene Zutaten und Kochbücher anbietet.
www.williams-sonoma.com

Danksagungen

Danke, Jon und Miren. Für euch wache ich jeden Morgen auf, ihr zaubert immer wieder ein Lächeln auf mein Gesicht und ihr erlaubt mir, offen und verletzlich zu sein. Danke, Chad, dass du mir das geschenkt hast, was mir in meinem Leben am wertvollsten ist: unsere Kinder. Und danke, dass du mich ermutigt hast, jene Ziele zu erreichen, von denen ich zuvor noch nicht einmal wusste.

Danke, Mama – *eskerrik asko, amatxu* – dafür, dass immer ein Topf Essen auf deinem Herd steht, und dafür, dass du mir die Schönheit der kleinen Dinge des Lebens gezeigt hast. Und danke, Papa *(aitatxu)*, dass du in mir die Liebe zu Kunst und Natur geweckt hast. Durch euch beide habe ich Empathie und Selbstdisziplin gelernt.

Danke an meine Familie und Freunde im Baskenland, die mir trotz der räumlichen Entfernung nah geblieben sind. Danke an Jokin und Jon – ihr seid mein Dreh- und Angelpunkt. Danke an Bego für die jemals am besten angelegten 850 Dollar. Danke an Kuadrilla dafür, dass du das Kind in mir zum Vorschein gebracht hast. *Eskerrik asko.*

Ein besonderer Dank geht an Jill und die Familie Bryant, die es ein ganzes Jahr mit mir ausgehalten haben und die mir die Augen für eine ganz neue Lebensweise geöffnet haben. Danke an meine Freundin Nadia Dole für ihre Großzügigkeit und Geduld und dafür, dass sie mir während der Arbeit an diesem Buch ihr Haus geöffnet hat.

Dankbar bin ich auch Hilda Smagorinsky für all die Stunden der Kinderbetreuung, während wir in den Straßen von New York unterwegs waren.

Danke an meinen Verleger Michael Sand für die angenehme und reibungslose Zusammenarbeit. Danke auch an alle anderen von Little, Brown and Company für die Unterstützung bei der Entstehung dieses schönen Buches.

Ein großer Dank gebührt meiner Agentin Judy Linden, die mir einen Schubs gab, der mich aus der Wohlfühlzone hinausbeförderte und mir zeigte, was ich zu leisten in der Lage bin. Dank auch an Amy Atlas, die mich mit den Stonesongs bekannt gemacht hat. Ihr habt mich alle sehr unterstützt.

Danke an meine Rezepttester Regan Burns-Cafiso, Lauren Jones, Jenny Howard, Kate Ramos und Vanessa Sender.

Und der wichtigste Dank geht an alle Leser meines Blogs »Cannelle et Vanille«, die meine Arbeit in all den Jahren unterstützt haben. Ohne euch gäbe es heute dieses Buch nicht.

Rezeptverzeichnis

Zur Autorin

Aran Goyoaga hat eine fundierte Kochausbildung und ist als Food-Autorin, Stylistin und Fotografin tätig. Ihr preisgekrönter Blog »Cannelle et Vanille« verzeichnet Jahr für Jahr Millionen von Klicks. Im spanischen Baskenland geboren und aufgewachsen, lebt sie heute mit ihrem Ehmann und den gemeinsamen Kindern in Seattle, Washington.

Die Originalausgabe dieses Buches ist unter dem Titel »Small Plates & Sweet Treats« 2012 bei Little, Brown and Company, New York, USA, erschienen.

Aus dem Amerikanischen übersetzt von Kirsten Sonntag.

Sämtliche Fotos: Aran Goyoaga, außer Seite 6 und 230 oben rechts: Lena Hyde; Seite 96 oben links: Nadia Dole
Vor- und Nachsatz: Liberty-Stoffdesign, verwendet mit Genehmigung von Liberty Ltd, London
Gestaltung: Laura Palese
Bildaufbereitung: Vogt-Schild Druck, Derendingen
Druck und Bindearbeiten: Offizin Andersen Nexö, Leipzig
Printed in Germany

ISBN 978-3-03800-703-6

www.at-verlag.ch